高职高专"十三五"资源库精品教材·经管系列

人力资源管理

（第四版）

葛红岩　冯江华　主　编
翟海燕　李兰英　副主编

上海财经大学出版社

图书在版编目(CIP)数据

人力资源管理/葛红岩,冯江华主编.—4版.—上海:上海财经大学出版社,2020.7
(高职高专"十三五"资源库精品教材·经管系列)
ISBN 978-7-5642-3412-6/F·3412

Ⅰ.①人… Ⅱ.①葛… ②冯… Ⅲ.①人力资源管理-高等职业教育-教材 Ⅳ.①F243

中国版本图书馆CIP数据核字(2019)第260723号

□ 责任编辑 刘晓燕
□ 封面设计 钱宇辰

人力资源管理
(第四版)
葛红岩 冯江华 主 编
翟海燕 李兰英 副主编

上海财经大学出版社出版发行
(上海市中山北一路369号 邮编200083)
网 址:http://www.sufep.com
电子邮箱:webmaster@sufep.com
全国新华书店经销
上海华业装璜印刷厂印刷装订
2020年7月第4版 2020年7月第1次印刷

787mm×1092mm 1/16 15印张 384千字
印数:17 001—20 000 定价:45.00元

前　言

本书自2006年第一版发行以来，深受教育界与企业界广大读者的欢迎，被国内众多院校选用为人力资源管理、经济管理等专业课程教材。这些学校的任课教师普遍认为这是一本适合高职高专教育的实用性教材。同时，他们也给我们提出了一些修订建议，这是对我们全体作者的支持与肯定，在此深表谢意。

根据全国教育工作会议精神的要求，全面贯彻以科学发展观为指导、以服务为宗旨、以就业为导向的精神，按照德育为先、能力为重、全面发展、系统培养的要求，培养学生职业道德、职业技能和继续学习的能力，充分发挥教材建设在提高人才培养质量中的基础性作用，有必要更新教材内容。修订本教材时，继续发挥并提升教材的现有特色，如案例教学，突出应用性的特点，理论讲解与实例分析相结合、突出实践训练等；注重吸收行业发展的新知识、新方法，对接职业标准和岗位要求，丰富实践教学内容。基于上述情况，我们认为对本书做一次局部修订，以进一步提高其质量是非常有必要的。

第四版修订的内容主要包括：(1)更新了部分知识点。与时俱进，对各章涉及的相关知识点，进行了更新。由于《劳动法》在2018年12月29日进行了修订，相应地，作者对第八章劳动关系中所涉及的相关知识进行了更新。(2)修订了部分案例，使案例更加新颖、典型与实用。

2015年3月进行的第三版修订的主要变动如下：(1)在内容上去旧更新，更换各章节中部分知识、案例与实践训练等内容。(2)根据高职高专的职业要求与部分高校任课教师的反馈，删除了第二章第四节的内容，该节中学生需掌握的部分知识并入该章第三节；删除第四章第五节的内容，该节中的部分知识并入该章第一节。

2010年12月进行的第二版修订的主要变动如下：(1)更新各章的“导入案例”，使“导入案例”更具有代表性与时代性，更好地引起学生的兴趣，从而顺利导入各章的内容。(2)将原第四章“招聘、甄选与录用”更改为“人员招聘”，内容由原来的四节改为五节，使招聘的各环节更具有系统性与实用性。(3)将原第五章“员工教育培训与发展”更改为“教育培训与职业生涯管理”，从企业与员工两个角度充实了“职业生涯管理”部分。(4)将原第七章“员工激励制度”改为“薪酬与激励管理”，内容由原来的三节改为四节，使内容更加充实合理。(5)在原第八章“劳动关系管理”的第二节“劳动合同管理”中增加了2008年1月1日开始实施的《劳动合同法》，使知识更新，更具有现实操作性。

全书作者均为从事人力资源管理教学或曾在企业担任多年人力资源管理工作的中青年教师，有较强的理论功底和娴熟的实务能力。本书共八章，上海电子信息职业技术学院冯江华老师负责第一章、第六章；上海立信会计金融学院翟海燕老师负责第二章、第四章；上海立信会计金融学院葛红岩老师负责第三章、第七章与全书的统稿工作；上海外国语大学贤达经济人文学院的李兰英老师负责第五章；上海工商外国语职业学院的张虹老师负责第八章。

由于我们的水平和精力有限，书中难免会有一些疏漏或不足，敬请读者一如既往给我们提出宝贵意见。

另外，为了方便教师的教学，作者制作了配套的教学用课件。如有需要，请致电或发电子邮件给上海财经大学出版社编辑李成军老师，电话：021-65904706，E-mail：littlelcj2@163.com。

编　者

2020年3月

目　录

第一章　人力资源管理导论

学习目标

通过本章学习，你应能够：
掌握人力资源管理的基本概念；
理解人力资源管理的新理念；
了解人力资源管理的发展趋势。

导入案例

各地的“抢人大战”升级，简直到了“是人就抢”的地步！

2019 年，各地人才政策密集出台，“抢人大战”再次爆发。截至 2019 年 2 月 23 日，发布各种人才引进与落户等政策的城市已经超过 19 个。从 2 月 11 日到 2 月 23 日的 11 天中，共有 9 个城市发布人才新政。

春节过后，如此多的城市扎堆出台新政，吸引人们前来落户，看似非同寻常。像深圳，把抢人重点依然放在高端人才、学历类人才、技能类人才、留学回国人员和博士后 5 类。而像西安，放宽到本科（含）以上学历、本科（不含）以下学历且年龄在 45 周岁以下、全国高校在校生可直接落户……南昌的力度更大，根据南昌最新落户政策，在南昌市大中专、职业技工院校就读学生，凭新生入学通知书或在校学习证明办理落户。这意味着即使是中专学历，也可以在江西的省会南昌落户了。

“抢人大战”同时带来“楼市大战”。宽松的落户政策、购房首套不限购、提供购房补贴是大部分二三线城市发布的主要人才政策，目前看，全国一线城市严格的限购措施，叠加高房价，使得很多人才难以居住，这种情况下，二三线城市更有吸引力。“人才政策变相降低了限购门槛，将人才吸引来之后，推向本来就供需结构紧张的房地产市场，这明显带来了房地产市场的上涨预期”。像南京、武汉等城市，受惠于落户人才的大量涌入，房地产市场明显受益，房价尤其是二手房价均出现小幅上涨。

日前，国家发改委发布《关于培育发展现代化都市圈的指导意见》，其中明确指出，要放开放宽除个别超大城市外的城市落户限制，这也促使近期国内多个城市密集调整了落户政策，不仅在购房、社保等要求上降低门槛，同时抛出购房补贴、创业贷款支持等优惠政策，招揽人才。与之形成对比的是，北京、上海这样的超级大都市常住人口呈现负增长态势。2018

年末，北京全市常住人口 2 154.2 万人，比上一年减少 16.5 万人；上海常住人口为 2 415.27 万人，比上年减少 3 万人以上。在政策吸引下，一些人已经选择"逃离"京沪等超大城市，前往其他城市发展。

人口和人才从超大城市分流，其实并非都是政策影响，早在《关于培育发展现代化都市圈的指导意见》发布前，一些城市已经先一步采取措施。这说明，很多城市都把人才乃至人口视为"第一所需要务"并加以重视。人口增长与经济增长比例关系是社会再生产过程中，物质资料再生产与人口再生产发展速度之间一定的数量对比关系，包括生产资料生产增长与劳动力再生产发展的比例关系、消费资料生产增长与总人口增长的比例关系。人口增多，人才的绝对数量就多。人口多，市场就大，商机也就多。而人口多，劳动力资源就丰富，劳动力价格比也就相对较低。

低人口增长态势下，各地的"抢人大战"升级，简直到了"是人就抢"的地步！这一方面说明不少城市都很有长远眼光，而另一方面，却也需要警惕由此带来的盲目性。"抢人大战"承载的已不仅是集聚自身发展所需的优质人力资源的功能，更承载了从战略上优化城市的人才和人口结构的功能。总体而言，其社会效果是积极的，尊重人才，拥抱青春，为城市增添活力和生气，也让千万大学生直接受益颇多。

然而，也要对"见人就抢"反思。仅有招人之策或容人之量，但如果没有配套的"留人之制"，暂时抢到人，也会走掉。人口进入城市后，如果缺乏必要的社保制度、配套的医疗体系及住房空间，不会长久。尤其对那些普通人来说，如果不为其建立可持续工作乃至生存的长效机制，为引进人口创造稳定的工作和生活环境，不断完善生活品质、环境质量等，也就很难留住人。

资料来源：http://k.sina.com.cn/article_2810373291_a782e4ab0200172nl.html，2019 年 7 月 10 日。

第一节 人力资源管理概述

随着全球化竞争和知识经济时代的到来，越来越多的管理学者、企业家和管理者普遍认为，人力资源日益成为企业竞争优势的基础。芝加哥大学教授、诺贝尔经济学奖获得者西奥多·T. 舒尔茨(Theodore T. Schultz)认为，人力资本是通过对人力资源投资而体现在劳动者身上的体力、智力和技能，它是另一种形态的资本，与物质资本共同构成了国民财富，而这种资本的有形形态就是人力资源。这种资源是企业、地区和国家生产和发展的要素之一。

当代经济学家普遍接受了舒尔茨的观点。经济学家认为，与土地、厂房、机器、设备、工具、原料、资金等生产资料相比较，人力资源才是企业和国家发展之根本。

我国传统计划经济体制下的人浮于事、平均主义、裙带关系、激励和约束机制空缺等问题，至今仍困扰着众多企业，尤其是国有企业。人力资源管理的适当运用与创新发展，已经成为一项迫在眉睫的任务。

一、人力资源的含义

(一)人力资源的定义

《辞海》把资源解释为"资财的来源"。在经济学上，资源是指为创造物质财富而投入生产活动中的一切要素。当代经济学家把资源分为以下四类：

1. 自然资源。一般用于生产活动的一切未经人加工的自然物。如未经开发的土地、山川、森林、矿藏等,它们有待于人们去开发利用。

2. 资本资源。一般用于生产活动的一切经人加工的自然物。如资金、机器、厂房、设备等。人们并不直接消费资本本身,而是利用它去生产和创造新的产品与新的价值。

3. 信息资源。它是指对生产活动及与其有关的一切活动的事、物描述的符号集合。信息是对客观事物的一种描述,与前两种资源不同的是,前两种资源具有明显的独占性,而信息资源则具有共享性。

4. 人力资源。它是生产活动中最活跃的因素,也是一切资源中最重要的资源,由于该资源特殊的重要性,它被经济学家称为第一资源,或者称之为构成企业核心竞争力的战略性资源。

那么到底什么是人力资源呢?经济学家从不同的角度给出了不同的定义。但一般认为有广义和狭义两种定义:广义的人力资源是指一切智力正常的人;狭义的人力资源是指能够推动社会发展的,为社会提供劳动和服务的具有智力和体力劳动能力的人的总和。本书所阐述的人力资源是狭义的定义。

(二)人力资源的构成

人力资源由数量和质量两个方面构成。

1. 人力资源的数量构成

人力资源的数量分为绝对数量和相对数量两种。

(1)人力资源的绝对数量的构成。从宏观上看,它指的是一个国家或地区中具有劳动能力、从事社会劳动的人口总数。人力资源的构成如图1—1所示。

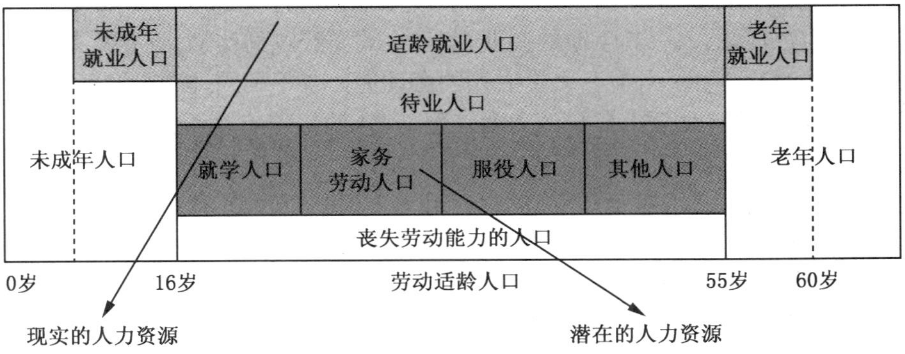

图1—1 人力资源构成

从图1—1可知,适龄就业人口、未成年就业人口、老年就业人口、待业人口四部分构成了现实的社会劳动力供给,这是直接的、已经开发的人力资源;就学人口、家务劳动人口、服役的人口及处于劳动年龄之内的其他人口并未构成现实的社会劳动力供给,他们是间接的、尚未开发的、处于潜在形态的人力资源,可称之为潜在的人力资源。

(2)人力资源相对数量的构成。人力资源相对数量即人力资源率,它是指人力资源的绝对量占总人口的比例,它是反映经济实力的重要指标。一个国家或地区的人力资源率高,表明其经济有某种优势。因为,在劳动生产率和就业状况既定的条件下,人力资源率越高,表明可投入生产过程中的劳动数量越多,从而创造的国民收入也就越多。

2. 人力资源的质量构成

人力资源的质量是人力资源所具有的体质、智力、知识和技能水平，以及劳动者的劳动态度。它一般体现在劳动者的体质水平、文化水平、专业技术水平、劳动的积极性上，它们往往可以用健康卫生指标（如平均寿命、婴儿死亡率、每万人口拥有的医务人员数量、人均日摄入热量等）、教育状况（如劳动者的人均受教育年限、每万人中大学生拥有量、大中小学入学比例等）、劳动者的技术等级状况（如劳动者技术职称等级的现实比例、每万人中高级职称人员所占的比例等）和劳动态度指标（如对工作的满意程度、工作的努力程度、工作负责程度、与他人的合作性等）来衡量。

与人力资源数量相比较，其质量方面更为重要。随着社会生产的发展，现代科学技术对人力资源的质量提出了更高的要求。人力资源质量的重要性还体现在其内部的替代性方面。一般来说，人力资源的质量对数量的替代性较强，而数量对质量的替代作用较差，有时甚至不能替代。人力资源开发的目的在于，提高人力资源的质量，为社会经济的发展发挥更大的作用。

（三）人力资源的特征

人力资源是进行社会生产最基本、最重要的资源，与其他资源相比较，它具有如下特点：

1. 能动性。这是人力资源区别于其他资源的最根本的特征。人具有思想、情感和思维，具有主观能动性，能够有目的、有意识地主动利用其他资源去推动社会和经济的发展，因而它在经济建设和社会发展中起到了积极和主导的作用，其他资源则处于被动使用的地位。另外，人力资源还是唯一能起到创造作用的资源，可在两个方面发挥作用：一是人在社会和经济发展过程中往往能创造性地提出一些全新的方法，加速社会的进步和经济的发展；二是人能主动适应环境的变化和要求，积极地应变、进取，创新地完成任务，从而使组织充满活力。

2. 时效性。人力资源存在于人的生命之中，它的形成、开发和利用都要受到生命周期的限制。作为生物有机体的人有其生命的周期，每个人均要经过幼年期、青壮年期、老年期，由于每个时期人的体能和智能的不同，其各个时期的劳动能力各不相同，因此这种资源在各个时期的可利用程度也不相同。从个人成长的角度来看，人才的培养有幼稚期、成长期、成熟期和退化期。因此，企业人力资源如果不能长期储而不用，就会荒废、退化；同时企业人力资源具有劳动能力发挥的最佳时期，必须适时开发、及时利用。

3. 再生性。企业人力资源是“活”的资源。一方面，通过人口的繁衍，人力资源能够不断地再生产出来，世世代代延续下去；另一方面，人的体能在一个生产过程中消耗之后，又可以通过休息和补充能量而得到恢复。更重要的是，企业人力资源在使用过程中，有一个可持续开发、丰富再生的独特过程，使用过程也是开发过程。例如，人在工作以后，可以通过不断的学习，更新知识，提高技能；而且，通过工作，可以积累经验，充实提高，从而实现自我补偿、自我更新、自我丰富、持续开发。因此，人的体能与知识技能都是可以再生的。这就要求人力资源的开发与管理要注重终身教育，加强后期培训与开发，不断提高人员的德才水平。

4. 社会性。人类生活于社会中，各种社会劳动都是协作性的活动。人力资源在社会各部门中都是互相联系、互相促进的。每一个民族（团体）都有其自身的文化特征，每一种文化都是一个民族（团体）的共同的价值取向，这种文化特征是通过人这个载体表现出来的。由于每个人受自身民族文化和社会环境影响的不同，其个人的价值观也不相同，他们在生产经营活动、人与人交往等的社会性活动中，其行为可能与民族（团体）文化所倡导的行为准则发生矛盾，可能与他人的行为准则发生矛盾，这就要求人力资源管理注重团队的建设，注重人与人、人与群体、人与社会的关系及利益的协调与整合，倡导团队精神和民族精神。

二、人力资源管理的含义

现代人力资源管理源于英国的劳工管理，并经由美国的人事管理演变而来。20 世纪 70 年代后，人力资源在组织中所起的作用越来越大，传统的人事管理已明显不适用，它从管理的观念、模式、内容、方法等全方位地向人力资源管理转变。自 20 世纪 80 年代初期起，西方人本主义管理的理念与模式逐步凸显出来。所谓人本主义管理，就是以人为中心的管理。人力资源被当作组织的首要资源，现代人力资源管理便应运而生。它与传统的人事管理的差别，已不仅仅是名词的转变，两者已有了本质的差异。

(一)人力资源管理的概念

所谓人力资源管理，是指组织为了实现人力资源的取得、开发、保持和利用而进行的计划、组织、领导和控制活动。企业人力资源管理所关注的焦点，是如何依据发展战略及其目标，进行人与人关系的调整、人与事的配合，以充分开发和利用人力资源，激发员工的积极性和创造性，在提高企业生产率和竞争力的同时，提高员工的工作生活质量和满意度。人力资源管理包括人力资源的规划和预测，工作设计和工作分析，人员的招聘、甄选和录用，人员的培训和开发，薪酬设计，绩效考评，人员调整，劳动关系的处理，人力资源的核算评估，建立组织文化等方面的工作。

(二)现代人力资源管理与传统人事管理的主要区别

现代人力资源管理与传统的人事管理有很大的区别。传统的人事管理工作仅限于人员招聘、选拔、分派、工资发放、档案保管之类较琐碎的具体工作，后来渐次涉及职务分析、绩效评估、奖酬制度的设计与管理、其他人事制度的制定、员工培训活动的规划与组织等。传统人事管理基本上属于行政事务性的工作，活动范围有限，以短期导向为主，主要由人事部门职员执行，很少涉及组织高层战略决策。随着时代的发展，传统的人事管理已明显不适应现代生产管理的需要，人力资源作为组织的首要资源已得到普遍的认同，人力资源管理的职能已远远超过人事管理职能。

1. 管理的内容

传统的人事管理只从事雇用关系层面的管理工作，主要工作内容是人员招聘、选拔、录取、考核、工资福利、档案管理等具体工作。

人力资源管理不仅包括雇用关系层面的工作内容，还要从组织目标的角度，对组织中的人力资源进行规划和全方位的管理。其工作内容涉及根据组织目标进行组织设计和工作分析，制订人力资源计划，对员工进行岗前、岗中、岗后培训，指导考核评定，确定职务升降，在工作中建立沟通渠道，为员工进行职业生涯设计等。

2. 管理的性质

传统的人事管理属于行政事务性工作，主要是作为一个普通部门行使职能，很少涉及组织高层的战略决策。人事部门只是收集整理员工的信息，供高层管理部门决策参考。

人力资源管理以人为中心，重视对人的能力、智慧和创造力的开发，把人力资源管理工作作为一个综合的整体。管理工作既要有战略的高度，又要有进入员工感情世界和心理活动领域的深度。管理的理念是把员工看成有社会性的人，有自我实现愿望的人，并且对组织内员工持帮助、服务的态度。

3. 组织中的地位

传统人事管理被看作技术含量低、无需专长、无足轻重的工作。人事管理部门属于执行层,无决策权。

人力资源管理在高层、中层和低层都发挥作用。在高层方面要参与企业高层决策,包括从确立战略目标到人力资源规划;在中层方面要对各部门的工作予以协调和指导;在低层方面则要完成许多与员工有关的事务,在这一层次上它包含人事管理的工作。

实用范例

人力资源经理与管理的多重责任

星期一,清晨7:30,山姆·雷诺克斯(Sam Lennox),高级纺织公司湖景(Lakeview)工厂的人力资源经理,驱车缓缓离开他在郊区的家,驶向工厂上班。天气美好,万里晴空,阳光明媚,晨风轻轻拂过。工厂离山姆的家有9英里的路程,开车需要15分钟到达,所以山姆有足够的时间思考一些工作方面的问题。

高级纺织公司拥有和经营5家工厂:一家纺纱厂、两家针织厂和两家制衣厂。高级纺织公司在全国以其高质量的产品而享有盛誉,尤其在男士运动上衣方面非常有名气。公司总部位于双城(Twin-cities),离其中的两家工厂不远。另外三家工厂离总部也只有100～200英里的路程。每家工厂雇用70～100名员工,在双城大约有250名员工。

山姆大学毕业后便就职于高级纺织公司。他做过一些不同的工作,但晋升得很快。之后,他又做了两年夜班领班。他因为具有组织"和谐团队"的能力而在公司出名,他从来没有被投诉过。尽管他取得的业绩并不十分突出,但是他仍然受到了公司中许多人的称赞,被提升到了助理人事经理的位置上。

山姆的进步被公司的人事副总裁格兰·约翰逊(Glen Johnson)注意到了。格兰把山姆调到了湖景工厂担任特别人事助理,当时湖景工厂出现了一些人事问题。六个月后他因前任经理的突然离任而被任命为人事经理。山姆依靠自己的能力已经解决了湖景工厂面临的人事问题中的大部分,并开始着手考虑如何设计出一个一流的人事计划。

山姆心情轻松,提高了车速,汽车嗡嗡地在新建好的高速公路上前进。山姆自言自语地说:"今天我一定要做一些事情。"

于是他开始考虑今天一天要做的工作,一个项目,另一个项目,思考着哪一个更重要。几分钟后,他认为目标管理的计划(MBO)可能是最重要的。他蹙眉思考了一会儿,回忆起格兰曾在星期五问过他是否进一步考虑了这个计划。他考虑这个计划已经有三个多月了,但是总是有一些其他的事情突然出现。"我没有许多时间坐下来真正做这件事",他对自己说,"我最好今天一定解决这个问题。"所以,他开始细分计划的目标、程序和实施步骤。"是时候了,"他自言自语,"这个问题我已经考虑许久了。"他记得他和格兰在一年前就讨论过这个问题,当时他们俩一起参加了一个关于目标管理的研讨会。当时,他们都认为这个计划很好,并且在山姆调到湖景工厂的时候,就决定试着在湖景工厂实施这个计划。那时他们就认识到这个计划会遭到某些工厂经理的反对。

一辆汽车长鸣疾驶而过,把他从沉思中惊醒,但是他的思绪很快又进入他决定进行的其他项目中。他又开始考虑主管培训的问题。他还需要简化员工档案制度。目前的制度不仅繁琐,而且缺乏一些主要的信息。还有许多员工投诉问题需要解决。其中一些问题与监管力度不够有关,有的则与工作条件恶劣有关,还有一些反映了沟通不畅通和员工士气低落。还有一些需要处理的问题他一时想不起来,但是在午饭前后他会想起来的。"是的,先生,"

他自言自语，“今天的确要做一些事情。”

山姆把车开进了停车场时便停止了思考。当他在码头遇到仓库工头艾尔·诺润(Al Noren)时，他才知道出了问题。“早晨好，艾尔！”山姆高兴地跟他打招呼。

“没有那么好，山姆，替班的新人今天没有来，”艾尔抱怨道。

“你有没有得到他的消息？”山姆问。

“没有，”艾尔回答。

山姆蹙着眉头。“最好打个电话给他，”他说。

艾尔犹豫了一下说，“好的，山姆，但是你能帮我再找一个人吗？今天有两辆车的货要卸。”

在山姆要离开时，他大声说：“我半个小时后给你打电话，艾尔。”然后径直向办公室走去。

他坐在办公桌前，他的办公桌在泰瑞(Terry)和其他两个文员的对面。一个女文员给他搬来了一大堆信件。他告诉她准备一些办公用品，然后开始打开这些信件。电话铃响了，是工厂经理打来的，要求他替他们找一个新的秘书。他开始给几个工头打电话，看看他们有没有人能到艾尔的仓库工作，就在这时，他被另一个文员打断，她要他看几份辞职报告。他试图找到这些有代表性的问题的症结，这时电话铃又响了。这次是格兰·约翰逊打来的。他尖着嗓子说，“我听到反映说我们不能解决一些申诉问题，是哪些问题？”山姆回答说他没有时间，但他会弄清楚的。然后他们谈了一些问题，最后谈话结束，“山姆，你的确需要解决好这些问题，”山姆叹了口气。泰瑞站在他的办公桌前等着他审批几项费用。

周末公司登出了一些招聘广告，现在有几位应聘的人来到办公室。在应聘和面试进行的时候有点嘈杂。山姆开始帮忙，并开始和一位应聘者谈话，这时赛西尔·哈迪(Cecil Hardy)进来了。赛西尔是工厂的工程师，路过这里想进来喝杯咖啡，聊聊天。他快要退休了，今天他主要是想谈谈公司的养老福利的事。他还描述了他在星期日打高尔夫球的情况。还在上大学期间，山姆打过高尔夫，偶尔也和赛西尔一起打过球。

时间很快到了上午10:45，是给员工开会讨论质量控制问题的时候了。山姆并不是特别感兴趣，但是工厂经理要求所有的部门领导都要参加这个会议。“他们总是拖沓，我们总是做一些对我们不是那么重要的事情，”山姆边想边走向会议室。

山姆和一位做塑料纤维生意的朋友一起去吃午饭。这位朋友在一个小时之前给他打电话，说他想谈谈一项重要的医疗计划项目，这个项目是一家保险公司建议的。他们驱车来到镇上一家新开张的餐厅。

山姆在大约下午2点回到办公室，这时办公室里仍在忙着给应聘者面试。他突然想起仓库还需要一个人手。“现在已经太迟了，”他思忖。他坐下并开始整理与投诉有关的材料。生产主管打电话来说要跟他讨论他需要几个生产人员的事。他需要有经验的人员，并且对山姆的部门新近给他们招聘的员工不太满意。山姆到休息室休息了一会儿，喝了饮料。他注意到一些机密员工的档案被拿了出来但没有放回去。他边整理边想：“是谁干的？”

山姆回到办公桌前，想找一个帮他们销售广告的童子军。这是工厂经理给他提出的怪异的工作之一。下午的时间在一分一秒地过去，但山姆处理的申诉工作仍然没有什么进展，他变得着急起来。“问题是，”他想，“我不能确定对莎莉·福斯特(Sally Foster)和克特·戴维斯(Curt Davis)的问题究竟该做些什么。”

下午 4:45,东部工厂的人事经理打电话过来,向山姆询问一些员工的问题,这些问题在原先山姆在这个工厂时是由山姆处理的。结束之后,已经 5:30 了,山姆一个人留在办公室。他有些疲倦。穿上外套,走向停车场。“谢谢你帮仓库找了人,”艾尔大声说,这时山姆的车驶离了停车场。

山姆的双眼注视着交通状况,同时回想起今天一天他所完成的工作。“忙吗?”他问自己。“事情太多,但我是否完成了什么事情?”他的脑海中快速闪过今天所做的工作。是或不是似乎都是问题的答案。“有些日常的工作,跟其他任何一天没有多大区别。人事部门要不停地工作,我们应该再雇用几个新的员工。有没有完成什么有创造性或特殊的项目?”山姆不情愿地回答:“没有。”同时做了个鬼脸。

带着一丝内疚,他继续开车前进。“我是一个经理吗? 他拿的是经理的工资,受人尊敬,并且负有执行经理职责的权利。然而,公司能够从一个经理那里得到的最大的价值就是他的有创造性的思想和成就。你需要时间思考。今天与往常的任何一天没有什么区别;我几乎没有做什么有创造性的工作。我今天早晨满怀热情计划要做的那些项目跟上周一样仍然没有完成。而且,我不能保证明天是否真正完成它们。但是必须有一个答案。”

山姆的思绪继续着,“晚上加班吗? 是的,有时候需要。可以理解。但是近来加班太多了。我欠妻子和家庭一些时间。我工作的真正目的是为了他们。如果我总不能跟他们在一起,这就违反了我个人的人生目标。到教堂做礼拜的时间呢? 应该取消吗? 我花了许多时间到教堂,但是我觉得我也欠上帝一些时间。此外,我相信我正在做出有价值的贡献。也许我应该减少与兄弟姐妹相处的时间,那会挤出一点时间来。但是娱乐的时间怎么办呢?”

山姆在寻找着答案。这时他已经驶离了高速公路,开上通往家的路,但是这些问题仍然萦绕在他的脑海中。“我猜我的确不知道答案,”他边开车边对自己说。“今天早晨,所有的事情似乎都很简单,但是现在……。”他的儿子向汽车奔跑过来,大声喊着:“妈咪,爹地回来了。”

问题:

1. 人力资源管理包括许多活动。山姆这一天的日程安排是如何解释人力资源管理活动领域的?

2. 列出无效管理的领域。

资料来源:http://ishare.iask.sina.com.cn/f/19jJXuRc1H3.html,2019 年 11 月 5 日。

现代人力资源管理与传统的人事管理相比较,更具有战略性和主动性,更适合当今组织的管理模式与发展趋势。现代人力资源管理与传统人事管理的主要区别如表 1—1 所示。

表 1—1　现代人力资源管理与传统人事管理的区别

项　目	人力资源管理	人事管理
观念	视员工为有价值的重要资源	视员工为成本负担
目的	满足员工自我发展的需要,保障组织的长远利益实现	保障组织短期目标的实现
模式	以人为中心	以事为中心
视野	广阔、长远性	狭窄、短期性
性质	战略、策略性	战术、业务性
深度	主动、注重开发	被动、注重管好

续表

项　目	人力资源管理	人事管理
功能	系统、整合	单一、分散
内容	丰富	简单
地位	决策层	执行层
工作方式	参与、透明	控制
与其他部门的关系	和谐、合作	对立、抵触
本部门与员工的关系	帮助、服务	管理、控制
对待员工的态度	尊重、民主	命令式的、独裁式的
角色	挑战、变化	例行、记载
部门属性	生产与效益部门	非生产、非效益部门

三、人力资源管理的目标和任务

微型案例

善用人者得“天下”

汉朝刘邦得天下后，在洛阳宫大宴群臣。总结经验时，他坦陈己见，说：“运筹帷幄之中、决胜于千里之外，我不如张良；善用人才，治理国家、安抚百姓、为军队提供补充，我不如萧何；率百万之众，战必胜、攻必取，我不如韩信。此三人，皆人中豪杰，为我所用，是我取得天下的得力助手。而项羽逞其匹夫之勇，刚愎自用，根本不懂用人之道。他连自己的亚父范增都容不得，更不用说善用贤者，这就是项羽自取灭亡的深刻教训。”一代帝王在胜利面前，能够有如此清醒而又颇具现代意识的头脑，尤为难得。

项羽虽然有勇冠三军之威猛、万夫不挡之雄武，但其最大的弱点就是不会用人，在你死我活的争斗中，项羽众叛亲离，最后落得乌江自刎的可悲下场，究其原因，也就不足为奇了。

现代商品的竞争市场就是没有硝烟的战场。人力资源是组织宝贵的资本，是企业在竞争中克敌制胜的根本所在。因此，人力资源管理对任何一个自负盈亏的组织而言都是非常重要的。

（一）人力资源管理的目标

人力资源管理的目标就是充分发挥人力资源的潜力，合理配置人力资源，调动人的积极性，提高工作效率，实现组织的发展目标。

从企业战略的角度看，人力资源管理不仅要使其目标与企业战略目标相一致，而且要为企业战略目标提供人力资源保障。

从管理理念的角度看，企业要将员工视为宝贵的资源，视为企业的重要组成部分。只有对这部分资源进行有效管理，才能使企业增长得到重要保证。

从管理职能的角度看，人力资源管理是为企业提供全方位的人力资源服务，协调并控制企业内部的人力资源流动。

从人力资源管理自身的角度来看，企业的总目标是获取和保持企业的竞争优势，使企业的生产力、产品质量和服务水平在竞争中占据有利地位。要实现这一目标，企业就要尽可能地拥有高素质的员工，将人力资源合理地配置，充分发挥员工的潜力。

实用范例

艾尔逊公司的人力资源管理

艾尔逊公司是一家中等规模的私有企业，员工有 2 000 余人。该公司主要从事电信行业的生产与销售，连续多年出现了高利润、高增长的发展趋势，未来发展潜力看好。在当今激烈的市场竞争中，公司提出以人为动力的“人本原则”，倡导“沟通、合作、团队、奋斗”的企业文化。

鲍尔今年 29 岁，获得 MBA 学位后，进入艾尔逊公司工作，担任人事部经理。在此之前，他曾在一家设备安装公司做过 3 年的人力资源管理工作；现在，他准备到新公司好好干一番事业。

艾尔逊公司人事部有 40 多名员工，相对于全公司而言，大体是 1 个人事员工对应 50 名普通员工。人事部有多名职能主管，分管薪酬设计、人员招聘和培训开发以及绩效考核工作。

鲍尔到任之后不久便发现了问题。比如，公司各部门的工作很少有“规划”，每个员工的工作都没有明确的分工，一份工作可以由甲干，也可以由乙干，全凭个人的技能和兴趣完成。有不少个人能力强于本人职务要求的雇员为此感到不快。当问及公司为何如此时，回答是：“一开始就是这样的。”

另外，人事部仅有一半员工具备人力资源及相关专业的学历，仅有 1/4 的员工具备人力资源管理经验。除此之外，很多员工都是由普通员工转任或提升上来的。人事部的 4 名主管：一名原先是图书馆管理员，一名是办公室秘书，另两名主管虽然有人事工作经验，但又没有专业学历。至于 4 名主管手下的员工，更是五花八门。

公司内部其他职能部门的员工，拥有公认的学历与相关的工作经验后，就获得了一种“资历”，这些拥有“资历”的员工可以对新员工进行业务上的指导和帮助。在人事部一般无人具备这种“资历”，所以很少能对新员工进行帮助和指导，大家都是各干各的，彼此很少沟通。尽管人事部的工作任务非常繁重，但其他部门似乎并不满意，总认为人事部不能及时对他们的要求做出反应。而且，人事部对公司的战略规划了解甚少，而且人事部的决策也很难对公司的大政方针产生影响。

鲍尔的前任比尔在担任人事经理的任期内，员工工资涨幅不大，员工不满情绪日益高涨。比尔也曾向公司总裁提出调整雇员工资标准的方案，并建议公司适当修改一下薪资制度。总裁虽然表示可以考虑，但至今没有动静。

鲍尔认为，公司的实际情况与先前所想象的大不一致。但仔细想想，自己又不能对此提出太多的异议。公司的每项制度与管理方式都有自己的传统，鲍尔还不敢说这种传统有多么不好，况且，目前公司运转情况还是不错的。

正当他犹豫不决时，他无意中听到财务部经理在训斥一名雇员：“你最近怎么搞的？连连出错！这样下去对你没什么好处！你知道吗？像你这样，即使送你去人事部，恐怕人家也不要你！”

鲍尔听后，心里很不是滋味。他该怎样强化人事部的职能作用呢？

问题：艾尔逊公司在人力资源管理上存在哪些问题？

资料来源：鲍尔公司的人力资源管理，https://wenku.baidu.com/view/bb5ff144bfdsqf3f90f76c66137eeo6eff—94ed 8.html，2018 年 6 月 27 日。

(二)人力资源管理的任务

人力资源管理的基本任务就是根据组织目标,制订人力资源计划,优化人力资源配置,开发人力资源,采取高效的激励措施来挖掘人力资源潜能,建立人力资源有效沟通渠道,协调劳动关系,并建设组织文化。

一般来说,企业人力资源管理的具体任务为:根据企业战略目标,设计组织结构,制定岗位说明书,确定薪酬制度,制订人力资源计划;组织招聘、甄选、录用工作;对人员进行岗前、岗中、岗后的培训和开发,为员工设计职业生涯;组织绩效考核,并处理考核结果,调整人力资源;建立员工之间、部门之间的沟通渠道,妥善处理劳动关系,负责企业文化建设。人力资源管理活动如图 1—2 所示。

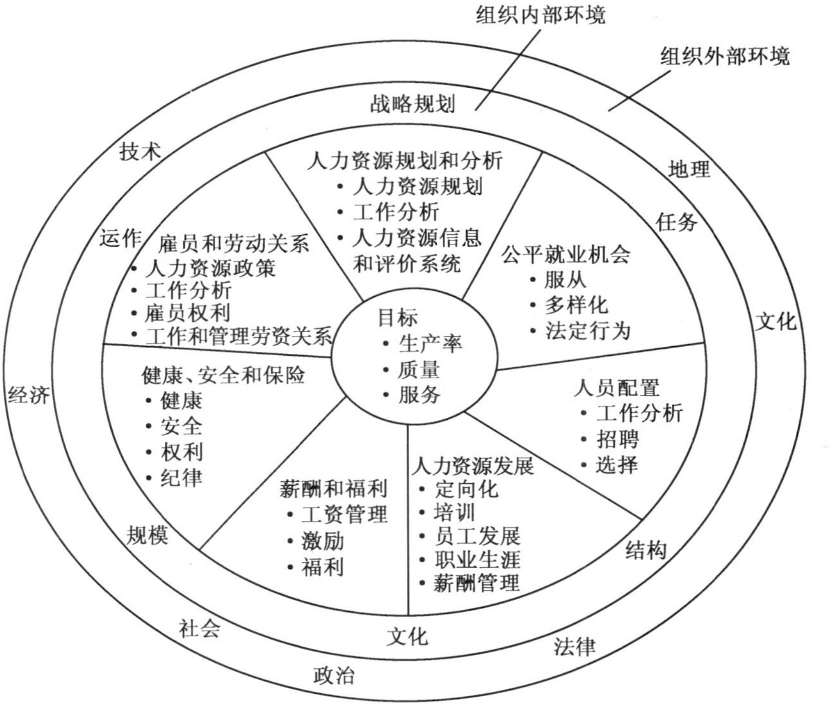

图 1—2　人力资源管理活动

第二节　人力资源管理理念

人力资源管理理念是指组织管理人力资源的最基本原则或价值观。自 20 世纪 80 年代末以来,悄然兴起的知识经济对人力资源管理提出了新要求。知识经济改变了传统的人力资源管理理论和方法,并催生出人力资源管理的新理念。

一、人本化管理理念

在知识经济时代,员工的积极性、主动性和创造性是企业竞争优势的源泉,这就促使人本化管理上升为管理的主流价值观,即确立人在管理中的主导地位,使企业的管理活动主要围绕调动员工的积极性、主动性和创造性进行和展开。人本化管理理念要求更多地实行个性化管理，注重提高员工的工作满意度和工作、生活质量，尽可能减少对员工的控制与约束，更多地为员工提供帮助与咨询，更好地为员工提供培训与发展的机会，指导员工设计职业生涯，帮助员工在企业中成长与发展，实现员工个人和企业整体的双赢。

"以人为本"中的"本"，我们既可以解释为"根本"，也可以解释为"资本(人力资本)"。由于作为人力资本载体的人不仅具有生产性，还具有社会性，因此对企业中的人应当视为人之"本身"，不仅是作为一种资源，而是将人作为第一要素，作为第一生产力。当今科技、经济发展一日千里，谁拥有人才优势，谁就能抢占经济发展的制高点。

以人为本的管理是一种软管理。它注重对人的管理，注重宽松和谐的气氛，注重灵活的领导方式，承认只有人才具有无限的价值，通过尊重人、关心人、培养人、重视人、激励人，把人力资源视为比资金、产品等更重要的资源，认为人是生产力诸要素中最具主观能动性的因素，是企业在日趋激烈的市场竞争中立于不败之地的重要保证。

以人为本的管理是一种文化控制的管理。强调通过企业文化创造宽松和谐、适合员工自由发展的环境，通过文化的力量来提高凝聚力，使管理变得刚柔并济，人性味十足。惠普公司的管理举世闻名，最引人注目的是其以"文化控制"作为管理理念，使得惠普公司文化像有一块吸引力强劲的磁石，善于抓住人心，爱戴员工、尊重员工和肯定员工，深得员工的信任，激励他们勇于开拓市场，创造骄人业绩。

以人为本的管理是人与企业达到"双赢"的管理。把员工视为合作伙伴，这是一种很重要的观念。企业获得成功要与员工一起分享，比如组织员工旅游、发放生活福利和调高员工薪水等，因为企业成长、成功的背后是所有员工共同努力的结果。员工得到了企业价值的肯定和满足，其积极性得到了充分发挥，以更旺盛的斗志投入一轮又一轮的挑战，必定为企业创造更大的财富。

微型案例

名企的以人为本之道

美国拍立得公司的首席行政官埃德温·兰德(Edwin Land)的管理哲学是："让公司所有的员工都有竭尽才智的机会，能表达其意见，能在其能力许可之下共享公司的繁荣，能赚足够的钱，使他不至于把赚更多的钱这件事一直放在心头。总而言之，让他们的工作得到充分的报酬，而且使工作成为他们生活中重要的组成部分。"韩国三星集团李健熙会长的管理哲学是："三星不是我的公司，是我们的公司。"正是在这种积极健康的管理哲学的驱使下，这些公司才能制定和实行既有利于员工成长也有利于公司发展的人力资源管理决策。

惠普公司非常强调尊重和体谅员工个人，承认个人所获得的成就，并在公司内努力创造一种人尽其才的环境，因此才造就了"以人为本"的"惠普之道"。通常情况下，如果员工一旦辞职离开，企业就坚决拒绝再次录用他们。而在惠普公司，如果有人曾经为了更有诱惑力的机遇而离职过，只要不是为一家直接的竞争对手工作，只要他们有良好的工作表现，就欢迎他们再次加盟，因为他们了解惠普，不需要进行职前培训，而且通常还会因这种特别的经历而产生"浪子回头"的效果。

二、人力资源竞争力理念

在一定意义上，企业竞争力可以归结为人力资源竞争力。现代人力资源管理与传统人事管理相比，更突出战略性。企业要突出人力资源管理的战略性，就必须集中时间、精力于人力资源管理的战略性项目，专注于与构筑人力资源竞争力紧密相关的业务管理。这就要求企业一方面把事务性的、非核心的、重复性较强的人力资源管理项目由机器取代或外包，另一方面要努力营造员工与企业共同成长的组织氛围，关注员工职业生涯管理，为有远大志向的员工提供施展才华、实现自我超越的舞台。

三、人力资源开发理念

现代人力资源管理将人力视为组织的第一资源，更注重对其进行开发。人力资源开发是指培养和提高员工的素质与技能，使他们的潜能得以充分发挥，从而最大限度地实现个人价值，为企业创造效益。人力资源开发的方式多种多样，岗位轮换、员工职业生涯规划等均成为新型的人力资源开发方法，传统的院校培养、企业使用或企业自己培养、自己使用的方式已经落伍，转为更注重理论与实际相结合的院校与企业联合培养的方式，同时，也更注重对员工的有效使用。事实上，对员工的有效使用是投资最少、见效最快的一种人力资源开发方法。当员工得到有效使用时，对员工而言，就意味着用其所学、用其所长、用其所愿，员工满意度增强，工作积极性提高；对企业而言，则表现为员工得到合理配置、组织高效运作、劳动生产率提高。

四、人力资源社会化理念

许多成功的企业从战略高度看待人力资源管理，把人力资源看作一种社会资源。他们把人力当作一项潜在资本，而不仅仅是一种可变成本。在此前提下，对人力资源的管理从企业、个人、社会等不同角度进行多层次的评估。国外一些企业大力支持员工学习深造，而且在他们学成和取得学位后离职时，不需负任何补偿责任。这不仅对整个社会有益，而且这么做的企业多了，形成了良性循环，整个社会的人力资本的质量就会大为提高，最终对企业也是有利的。

小资料

成功企业人力资源管理理念荟萃

1. 以人为本：

(1)不仅要造就有成就的人才个体，而且应培育人才团队，发挥人力资源团队规模效应；

(2)不仅要发挥人力资源体力劳动密集型功能，更应发挥人才之智力密集型功能；

(3)不仅要发挥人才自身功能，而且要充分利用与其连带的社会关系网络功能；

(4)不仅要利用内脑，而且要利用外脑。

2. 企业通过吸纳成熟型人才、成长型人才，有效拓宽利用社会人才渠道。

3. 企业开辟三条人才渠道：

(1)立足区域，充分发挥本地人才的主渠道作用；

(2)面向全国，吸纳高层次人才；

(3)注重与国际接轨，寻找留学生或外籍管理者、专家的支持。

4. 在三个层面上开发人力资源：

(1)企业高层形成职业精英团队；

(2)企业内部实施全员培训；

(3)企业外部正面影响客户、公众。

5. 用人原则：

(1)知人：了解人、理解人、尊重人，不但知人之表，更要知人之潜力；

(2)容人：创造宽松环境，使人心情舒畅，不求全责备，允许改进自律；

(3)用人：为每个员工提供施展才能的舞台，创造学习、发展、升迁的机会；

(4)做人：以诚相待，与人为善，宽容人、体谅人，不搞内耗，敬业乐业、忠于职守，以公司为家，与公司共荣辱。

6. 持续开发人力资源，将人才作为取之不尽、用之不竭、具有倍增放大效应的资本。

7. 人尽其才，人人都是人才。

8. 公平竞争：

(1)不拘一格、机会均等、任人唯贤；

(2)没有性别、籍贯、身体特征的偏见；

(3)没有校友派系、出身门户之见；

(4)没有领导个人用人偏好。

9. 人才个体生涯成长规划与企业人力资源发展目标相互匹配，员工与企业一同成长。

10. 保持企业一定的员工流动性：

(1)过于稳定，造成一潭死水，没有竞争压力；

(2)流动过于频繁，造成队伍不稳、技术没有积累，反而流失。

11. 实施工作多样性和工作丰富性。打破员工岗位固定化和单一专长化模式，适时调换员工工作岗位和地点，或建立工作小组制，使职工做到一专多能或全面发展，保持员工工作热情、新鲜感和挑战性。

12. 建立员工正常晋升机制，使普通员工拥有被提拔的权利和机会。

13. 大力开展制度化的合理化建议活动，从中发现、挖掘人才。

14. 对突破常规机制能够脱颖而出的尖子人才，要委以重任。

第三节 人力资源管理的发展趋势

在21世纪，人力资源管理经历着前所未有的来自全球一体化的力量(如信息网络化的力量、知识与创新的力量、顾客的力量、投资者的力量、组织的速度与变革的力量等)的挑战和冲击。21世纪人力资源管理既有工业文明时代的深刻烙印，又反映了新经济时代游戏规则的基本要求，从而呈现出新的特点。

中国人民大学人力资源管理系副教授林新奇博士于2009年2月13日在《光明日报》发表了题为“人力资源管理发展八大趋势”的文章，他认为未来10年甚至30年里，中国人力资源管理将呈现出以下八大趋势：从现场管理到非现场管理——非现场管理越来越重要；从动荡流动到稳定内敛——企业HR趋向稳定和内敛；从相对低成本到相对高成本——企业的HR成本快速提高；从自给自足到分工合作——人力资源外包逐渐成为潮流；从手工过渡到自动化——HR 信息化正在加速发展；从分割到统一——区域合作导致 HR 循环经济圈形成；从国内竞争到国际竞争——劳动力大国正在过渡到人力资源强国；从泛化普用过渡到职业和专业——HR 的职业化和专业化进一步加强。综合国内各位学者的观点，作者认为我国人力资源管理在企业的地位、人力资源管理的手段、管理的边界及对人力资源管理者的要求方面都呈现出新的趋势。

一、人力资源管理在组织中的战略地位逐步上升

国内外许多成功的企业，已将人力资源切实当成了企业的战略性资源。人力资源管理要为企业战略目标的实现承担责任。人力资源管理在组织中的战略地位上升，并在组织上得到保证，如很多企业成立人力资源委员会，使高层管理者关注并参与企业人力资源管理活动。

二、人力资源开发正逐步成为培育企业核心竞争力的源泉

企业核心竞争力是一个以企业技术创新能力为核心，包括企业的反应能力、生产制造能力、市场营销能力、连带服务能力和组织管理能力在内的复杂系统，而技术创新能力等多项能力的增强主要取决于人力资源的状况与开发。因此，企业核心竞争力的根本在于企业人力资源的开发。离开了企业人力资源的开发，企业核心竞争力便会成为无源之水、无本之木。在信息时代，在一个以服务为基础的经济环境中，企业间的竞争越来越体现在建立、培养和应用有限的知识和专长的能力上。

三、"以人为本"的理念越来越为众多的企业所认可

21 世纪，企业要以新的思维来对待员工，要以营销的视角来开发组织中的人力资源。从某种意义上说，人力资源管理也是一种营销工作，即企业要站在员工需求的角度，通过提供令顾客满意的人力资源产品与服务来吸纳、留住、激励、开发企业所需要的人才。

"没有满意的员工就不会有满意的顾客"，已经成为国外企业界的共识。国内外绝大部分成功的企业无论采用何种语言或表达方式，均将员工视作企业最宝贵的财富，将"以人为本"奉为企业核心的管理理念。

这些变化归根结底源自人力资源管理理念的变化，即不再将员工视作"逃避工作、喜欢偷懒的人"，而是将其视作"愿意承担责任，能够自我指导与控制的人"。人力资源管理理念的变化，实际上是对传统人性假设的反思，既是行为科学进步、社会环境变迁的结果，也是知识员工和客户导向型企业大量涌现的结果。毫无疑问，尊重、理解、信任和关心员工，将成为未来企业成功的重要"基因"。

四、人力资源管理边界逐渐扩大

经济的全球化使全球市场的联系越来越紧密，一方面使跨国公司乃至全球企业成为世界经济的主宰性力量，另一方面也使战略联盟、虚拟型组织成为新的重要的组织形式。相应地，人力资源管理的边界也从清晰到模糊，从封闭走向开放，国际人力资源管理与柔性化组织的人力资源管理成为人力资源管理的新领域。突破传统意识中的企业边界与地理边界，培养全球观念和团队协作精神、实施有效的跨文化培训与管理，将成为 21 世纪企业人力资源管理必然面对的挑战。

五、人力资源管理信息化逐步完善

知识经济的发展，人力资源管理信息化成为企业关注的焦点，企业通过导入人力资源管理软件系统，建立了一个综合性的、功能丰富的人力资源平台，实现了企业人力资源的优化和管理的现代化。目前，加快信息化建设成为我国企业的焦点，诸如人事信息管理、薪酬福利管理、岗位管理、员工培训管理、全面绩效管理等已经纳入企业的完整人力资源管理系统。企业通过网上招聘系统、远程网络培训系统、人力资源管理信息系统、人事政策自助服务系统等的建立与使用，不仅使员工的个性化需求得到了满足，而且提高了人力资源管理的效率，为人力资源管理者将更多的精力集中到对企业价值贡献更大的管理活动创造了条件。

六、人力资源管理工作外包化趋势日益明显

外包就是将组织的人力资源活动委托给组织外部的专业机构承担，基础性管理工作向社会化的企业管理服务网络转移，比如档案管理、社会保障、职称评定等庞杂的事务性工作、知识含量不太高的工作等，逐渐从企业内部人力资源部门转移出去，而工作分析、组织设计、招聘培训、绩效考核等具有专业性的职能则交给外部管理咨询公司。

在发达国家和跨国企业，人力资源外包已经成为潮流。我国企业也必将顺应趋势，从自给自足过渡到更加注重分工合作。通过人力资源的外包，企业可以相应地降低成本、提高效率，从而有效地适应外部环境，使企业人力资源管理部门运行更精干、灵活、高效，实现企业可持续性竞争优势和战略目标。

七、人力资源管理人员的职业化和专业化要求日益提高

人力资源价值的显现和地位的提升，使人力资源管理成为一个热门行当，对人力资源管理者本身也提出了越来越高的要求。国外人力资源专家认为，现代企业的人力资源管理人员要想真正发挥作用，应该具备以下四个条件：其一是人事管理专家，要求熟悉机构或企业的人事管理程序，了解政府有关政策法规；其二是业务伙伴角色，要求熟悉组织业务，参与制订业务计划，处理问题，保证业务计划得到有效执行；其三是领导者角色，要求发挥影响力，协调平衡组织、部门要求与员工需求之间的关系；其四是变革推动者角色，要求协助组织及其管理者，在人力资源及理念方案上为组织变革提供有力的支持。也就是说，一名称职的人力资源管理人员，必须能够同时胜任职能性角色与战略性角色，需要同时具备战略意识与综合服务的“通才”能力。

小　结

关键术语

人力资源　人力资源管理　人力资源管理理念　人力资源管理发展趋势

本章小结

1. 人力资源一般认为有广义和狭义两种定义。广义的人力资源是指一切智力正常的人；狭义的人力资源是指能够推动社会发展的，为社会提供劳动和服务的具有智力和体力劳动能

力的人的总和。

2. 人力资源管理是指组织为了实现人力资源的取得、开发、保持和利用而进行的计划、组织、领导和控制活动。

3. 人力资源管理的目标就是充分发挥人力资源的潜力，合理配置人力资源，调动人的积极性，提高工作效率，实现组织的发展目标。

4. 人力资源管理理念是指组织对人力资源进行管理的最基本原则或价值观。

5. 人力资源管理理念主要包括人本化管理理念、人力资源竞争力理念、人力资源开发理念和人力资源社会化理念。

6. 随着时代的发展，人力资源管理的发展逐渐呈现出以下七种趋势：第一，人力资源管理在组织中的战略地位逐步上升；第二，人力资源开发正逐步成为培育企业核心竞争力的源泉；第三，"以人为本"的理念越来越为众多的企业所认可；第四，人力资源管理边界逐渐扩大；第五，人力资源管理信息化逐步完善；第六，人力资源管理工作外包化趋势日益明显；第七，人力资源管理人员的职业化和专业化要求日益提高。

知识结构图

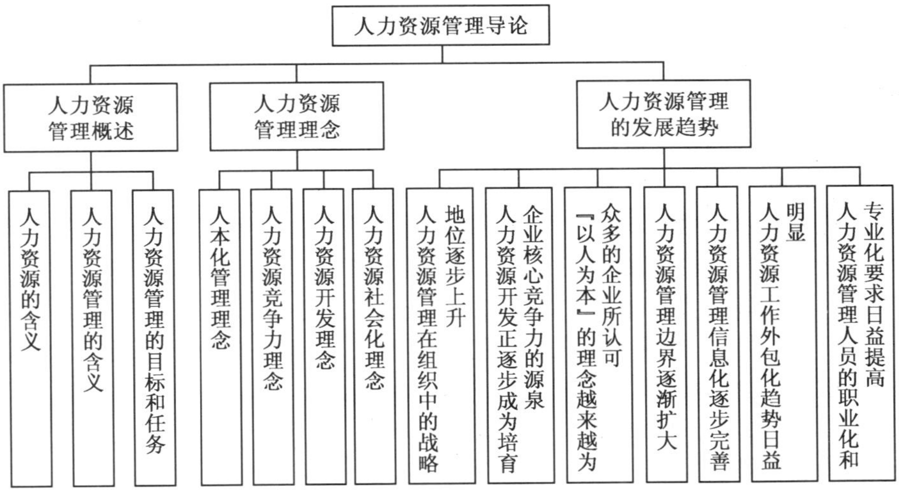

应　用

案例研究

"以人为本"人才管理理念在华为的运用

一、"以人为本"人才管理理念在华为的运用情况

(一)唯才是用，不拘一格

华为在任用人才时，摒弃了传统的任人唯亲文化，无论是高级管理人员的任用，还是员工的聘用，均通过一系列考核流程选拔人才到相应的工作岗位，以人才做出的贡献作为晋升激励与薪酬激励的标准。

(二)以轮岗制历练人才

华为在某些相关职能部门之间以及与业务流程紧密相联的部门之间设置了轮岗制度，一方面是为了内部控制有效性的监督与制衡，另一方面使得员工能够充分了解公司运营的模式，从工作流程的上游到下游共同提高人才的多元化素质，提升人力资本价值。

（三）高薪酬，高激励

1. 以岗定级、以级定薪、人岗匹配、易岗易薪

卓越的人才值得更高的薪水，更何况像华为这样的世界知名企业，给人才的薪酬非常高，这也说明了为什么华为拥有国内外顶尖的设计师。新员工在接受培训期间工资和福利也会照常发放。华为给新员工的薪水也遥遥领先于同行业水准，因此更多的高素质人才自然而然地愿意进入华为工作。此外，华为在对新人的培训上也不惜投入大量的资金，这更加吸引了想要提升自身水平的高素质人才。另外，华为采用的是与员工能力相挂钩的职能工资制，员工的工资与员工的能力、责任心等有着不可分割的关系，这使得员工在获得物质奖励的同时，也渴望提高能力，更大限度地激发员工的上进心，员工的心凝聚在一起，自然会发挥出应有的才能。

2. 股权分配激发员工进取心

员工股权激励使得员工的利益与公司股票价格挂钩，此时员工获得的奖金不仅仅是货币性薪酬，更大一部分包括了公司整体绩效带来的股价效应。华为在2017年第三季度季报中披露，员工持股占有了公司总股本的2.4%，表明华为员工看好公司发展前景，另外在华为2017年第二次股东大会上，董事会鼓励员工增持本公司股票，并做出了互相制衡的大股东增持公司股票的计划，通过定向增发的方式展示了大股东看好公司未来的经营状况，也给了员工用自身的不懈努力为公司业绩做出贡献的激励。

（四）末位淘汰机制

末位淘汰机制能够有效地使员工自觉地改正偷懒行为并且增强员工的工作动力，为了保全自身的工作岗位和自身的薪资，员工会更加自觉地努力工作，还促进了人力资本的有效配置。当员工因为不适应或者其他原因而导致排名垫底，华为会选择将其转换岗位并且为其提供再次学习和培训的机会，如果还是无法胜任岗位要求，华为将会给予解聘的决定，但会给予一定的经济补偿，以此来达到人才管理的目的。

二、“以人为本”人才管理理念对华为的重要影响

（一）凸显员工贡献，不埋没人才

首先，华为通过具有竞争性的薪酬与差异化的激励措施，使得员工获得的薪酬与其为公司做出的贡献相挂钩，在华为人人都可以凭借自身优势和专长获得晋升与较高薪酬，增加了员工工作积极性。

（二）轮岗制丰富员工经历，学会从全局思考

轮岗制使得员工接触不同部门的工作流程，丰富了员工的工作经历，提升了员工工作技能，使得员工更能从大局出发，兼顾各部门的利益；同时，定期轮岗制也是内部控制的重要方面，有助于及时发现并纠正内部控制的缺陷，增加内部控制运行有效性。

（三）高薪、高福利为华为吸引优秀人才

华为通过较高薪酬激励和员工股权激励吸引众多能力出众的优秀人才为其服务，同时还有助于华为留住人才，为华为的进一步发展提供强大的人力资本支持。

（四）激发员工危机意识，提高价值创造能力

华为实行末位淘汰制，使得员工具有一定工作压力，正是这种压力使得他们为自身的高薪酬与来之不易的工作机会努力工作而自觉地杜绝偷懒行为，同时还能激发人力资本的潜力，提

升员工的价值创造能力，提升华为经营绩效。

资料来源：王美茹：《“以人为本”人才管理理念在华为的应用与启示》，《企业改革与管理》，2018年第8期。

问题：

1. 谈一谈你对华为公司人力资源管理的了解。

2. 华为的“以人为本”的管理理念对其他企业有哪些借鉴作用？

实验实训

1. 通过你的父母或朋友等途径，调查他们所在的单位，画出该单位的组织结构图，并写出各部门的工作职责。

2. 讨论下面的观点：“从某种意义上说，所有的管理者都是而且必须是人力资源管理者。”将讨论结果及你的观点写一篇不少于500字的小论文。

复习思考题

1. 什么是人力资源？为什么说人力资源是企业的关键性资源？

2. 企业人力资源管理的职能有哪些？企业人力资源管理和传统人事管理有什么区别？

3. 为什么许多国内外大型企业实行“以人为本”的人力资源管理理念？

第二章　人力资源规划

学习目标

通过本章学习，你应能够：
了解人力资源规划的基本概念、任务和内容；
认识人力资源规划的基本程序；
掌握人力资源存量分析的方法和内容。

导入案例

人力资源经理的委屈

1. 问题的背景

D企业由一家手工作坊发展而来，已经历8年的风风雨雨。企业步入正轨后，每年年初制订计划，如收入、利润、产量、员工定编人数等，人数不足则招聘，人数超编则减员，一般年初招聘新员工。可是，一年中不时有人升职、平调、降职、辞职，又因编制限制不能多招，而且人力资源部也不知应招多少人，招什么样的人，结果人力资源经理一年到头往人才市场跑，苦不堪言。

最近有3名高级技术工人退休，2名技术工人跳槽，生产线立即瘫痪，造成大量订单延误，客户投诉不断，严重影响企业的正常经营和商业信誉。公司召开紧急会议，命令人力资源经理3天之内务必招到合适的人员顶替空缺，恢复生产。

人力资源经理两晚没睡觉，频繁奔走于各地人才市场，最后勉强招到2名已经退休的高级技术工人，恢复了生产。

人力资源经理刚刚喘口气，地区经理打电话说，公司已经超编，不能接收前几天分去的5名大学生，人力资源经理怒气冲冲地说："你自己说缺人，我才招的，现在你又不要了！""是啊，我两个月前缺人，你现在才给我，现在已不缺了。""招人也是需要时间的，我又不是孙悟空，你一说缺，我就变出一个给你？"……

此时人力资源经理内心充满了无尽的委屈和痛苦。

2. 问题的分析

很多企业都出现过这种情况，以前没觉得缺人是什么大事情，什么时候缺人了，什么时候再去招聘，虽然招来的人不是十分满意，但对企业的发展也没产生大的影响，所以从来没把时间和金钱花在这上面。即使是在企业规模日益扩大以后，也只是每年年初做人力资源定编计划，而对于人力资源战略性储备或者人员培养都没有给予足够的重视，认为中国人多的是，不可能缺人。

造成这种现象的原因是：中国市场在20世纪90年代以前处于机会时期，企业的成功往往不需要战略，抓机会、抓资源、抢速度、快节奏成为中国企业的制胜之道。中国企业的这种战略无意识状态，使它不需要对组织的人力资源进行长远的规划，即使有战略，竞争战略的模糊性和易变性也使规划无从进行。因此许多企业并没有人力资源规划。

随着市场的日益规范、企业的日益壮大，企业出现了发展的"瓶颈"——人才匮乏，想要进一步发展壮大、要长治久安必须依靠源源不断的人才。但是，很多企业仅限于缺人，却不知道为什么缺人，以及如何解决这一问题。

3. 问题的解决

首先，提前制订人力资源计划。根据组织的发展战略和经营计划，评估组织的人力资源现状及发展趋势，收集和分析人力资源供给与需求方面的信息和资料，预测人力资源供给和需求的发展趋势，制定人力资源招聘、调配、培训、开发及发展计划等政策和措施。

其次，注重关键岗位的人才储备和激励。对于关键岗位的人员招聘要具有预见性。就公司现有的高级技术人员，对于因年龄问题正常退休而即将出现的岗位空缺，公司应提前进行外部招聘或者内部提拔；对于有跳槽倾向的，公司应提高预见性，主动极力挽回，实在不行，再进行人才交接。做好关键岗位的人才储备和培训，缓解人才匮乏的现状，提高企业用人的灵活性。

再次，规范企业招聘的流程和责任。人才招聘是部门主管必不可少的工作和职责，不只是人力资源部门的工作。出现人员不足或者岗位空缺时，部门主管应提前提交招聘申请报告，由人力资源经理核实与汇总，交由总经理签字确认，在报告中应涉及：所招聘人员的基本要求，是紧急招聘还是储备性招聘，避免招聘导致人员超编的情况，否则应由部门主管承担责任，降低招聘的盲目性。

组织在发展过程中，必须有与其目标相适应的人力资源配置，但不断变化的内部环境和外部环境，又会对组织的人力资源配置产生不同程度的影响，因此，必须预测和规划组织的人力资源供给和需求，制定系统的政策和措施，从而实现组织发展与人力资源的动态匹配，最终实现组织的可持续发展目标，这就要求制定组织的人力资源发展规划。人力资源规划(Human Resource Planning，HRP)是企业发展战略的有机组成部分。它甚至比物质配置计划更为重要。

第一节 人力资源规划概述

俗话说"凡事预则立，不预则废"，人力资源管理应以规划为先导。人力资源规划又称人力资源计划，是人力资源管理的重要组成部分。计划是对未来事件的预先筹划，每一位管理者都知道，做事如果没有计划，成功的可能性就非常小，即使成功也是盲目的。同样道理，要成功地进行人力资源管理，充分发挥人力资源的整体作用，制订适当的人力资源计划是至关重要的。人力资源计划是各项具体人力资源管理活动的起点和依据，直接影响企业人力资源管理的效率。

一、人力资源规划的概念及作用

(一)人力资源规划的概念

人力资源规划的内涵可以从以下四个方面解读。

第一,人力资源规划以组织的战略目标为依据,当组织的战略目标发生变化时,人力资源规划也随之变化。企业在成本领先、差异化和目标集聚等不同的竞争战略下要制定不同的人力资源规划,在人员招募、员工培训、职业管理、薪酬管理等方面提出不同的要求和方向,做出不同的计划和安排。如在成本领先战略下,人力资源规划应强调与工作有关的特定培训和以工作为基础的薪酬;而在差异化战略下,人力资源规划应注重外部招募和制定以个人为基础的薪酬体系。

第二,人力资源规划的制定,必须对组织所面临的人力资源环境进行分析,科学地预测人力资源的需求和供给。组织外部环境中政治、经济、法律、技术、文化等一系列因素处于不断的变化之中,这使得组织的战略目标也处于不断变化与调整之中,组织战略目标的变化则必然影响组织外部人力资源供需的变化,人力资源规划就是要对人力资源供需状况进行分析预测,以确保组织在近期、中期和长期对人力资源的需求。例如,当企业面临失业率较高的经济环境时,一般岗位有较充足的外部劳动力供给。

第三,人力资源规划要确定其目标和措施,以确保组织如期实现的人力资源目标。人力资源规划的目标要明确,措施要具体可行,才能成为各项人力资源管理工作的行动指南和衡量依据。

第四,人力资源规划要有利于组织和个人的长远发展。现代人力资源管理崇尚人性化管理,更加强调将个人发展与组织发展的有效结合,人力资源规划应使组织和员工双方的需要都能得到满足,从而实现组织与个人的共赢。

(二)人力资源规划的作用

劳动力构成的重大转变要求经理人员更多地关注人力资源规划,因为这些变化不仅影响员工的招募,而且影响员工选拔、训练、薪酬、激励的方法。尽管计划一直就是管理的关键环节,但当组织考虑合并、分立、增减或撤销营运机构的时候,对人力资源规划的关注显得尤为重要。

当缺乏人力资源规划或对人力资源规划不足时,组织会因此承受较高的代价。例如,不完善的人力资源规划会导致职位空缺而无法填补,效率上的损失是昂贵的,特别是有时要重新培训人员填补空缺。有时还可能发生这样的情况,类似的职位会在一个部门撤销而在另一个部门招人,于是可能造成人员冗余,不得不解雇新雇用的人员。此外,组织缺乏人力资源规划会使员工很难做出职业生涯设计或个人发展计划,结果一些有能力、有事业心的人可能会另谋高就。对企业各项具体的人力资源管理活动而言,人力资源规划具有先导性和全局性,能不断地调整人力资源政策和措施,指导人力资源管理活动的有效进行。

具体来说,人力资源规划的作用主要体现在以下五个方面。

1. 有利于制定组织战略目标和发展规划

一个组织的高层管理者在制定战略目标和发展规划以及在选择决策方案时,总要考虑到本身的资源,特别是人力资源的情况。例如,企业在考虑进行多元化发展时,是否具备或者容易获得发展新业务所需的人员,成为高层领导决策参考的重要因素。人力资源规划促使高管层了解和分析本组织内目前各种人才的余缺情况,以及在一定时期内内部晋升、培训或对外招聘的可能性，有助于进行目标决策和战略规划。人力资源规划以组织整体战略目标及发展规划为依据，有利于高层决策者制定战略目标和发展规划，促进实现组织战略目标和发展规划。

2. 有利于改变组织内部人力资源分配的不合理状态

计划的制定建立在对人力资源现状的分析及对未来人力资源预测的基础上，着眼于发掘人力资源的潜力。其改善方案不受现有条件的限制，而是需要领导者进一步开阔视野，谋求改进人员结构和素质水平，使现有的人力资源发挥最大的作用，为组织的发展提供人力保证。人力资源规划的任务，就是要规划组织在未来需要什么样的人才、需要多少不同种类的人才、分布在哪些岗位，一旦需要又能及时找到。这样，人力资源规划就把人力资源的发展与组织经营的发展紧密结合起来，为组织发展提供适量、优质的人力保证。

3. 有利于指导职业转移

由于新技术、新科技的不断兴起，人们职业的更新与流动加快，职业转移成为社会生产发展的必然结果。在工业化程度日益提高的今天，职业转移的广度、深度都是过去所无法预见的。“经合组织”国家的职员平均每 5 年要更换一次工作。美国的职工平均每人一生职业流动 12 次，在 16～65 岁的美国人中，有 36％处于“实际的”职业转移状态。因此，在制定人力资源规划时，要分析劳动力转移的趋势，提早研究对策，进行规划。

4. 有利于控制人工成本

组织的人工成本取决于组织中人员在不同岗位、不同层次上的分布状况。不同的发展时期，组织的人员分布状况不同，人工成本也随之变化。在组织初创期，低职务人员所占比重较大，人工成本较低；随着组织的发展，工资成本因人员职务等级水平的上升而增加，同时受到工资刚性的作用和物价上涨等不可控因素的影响，人工成本往往超过了企业能够承受的能力。许多企业采取各种措施来缓解物价上涨的压力，如组织团购、福利家庭化、消费者物价指数(Consumer Price Index，CPI)补贴、普调薪酬等方式。良好的人力资源规划通过预测未来企业内外的发展状况，有计划、有步骤地调整人员结构，使人员分布日趋合理，避免出现冗员和断层，减少人力资源配置上的浪费和低效，从而使人工成本合理可行。

5. 有助于调动员工的工作热情

人力资源规划不仅是面向企业的计划，也是面向员工的计划。许多企业面临着源源不断的员工跳槽，表面上看来这是因为企业无法给员工提供优厚的待遇或者晋升渠道，其实是显示了企业人力资源规划的空白或不足。因为并不是每个企业都能提供有诱惑力的薪金和福利来吸引人才，许多缺乏资金、处于发展初期的中小企业照样可以吸引到优秀人才并迅速成长。它们的成功之处不外乎立足企业自身情况，营造企业与员工共同成长的组织氛围，充分发挥团队精神，规划企业的宏伟前景，让员工对未来充满信心和希望，与企业共同发展，为有远大志向的优秀人才提供施展才华、实现自我超越的广阔空间。制定企业人力资源规划能够促进企业将自身的发展和需要与员工的发展和需要相互匹配。企业在人力资源规划的基础上，引导员工进行职业生涯设计和发展，让员工清晰了解未来的职位空缺，看到自己的发展前景，从而去积极地努力争取，调动其工作积极性和创造性，营造良好的工作士气。

此外，人力资源规划在建立人力资源信息系统、协调不同的人事管理工作等方面，也发挥着积极作用。

二、人力资源规划的类型

人力资源规划有多种形式，可以从不同的视角进行分类。

（一）按内容分类

根据规划的内容，人力资源规划可分为总体规划和具体计划。

人力资源总体规划是指规划期内人力资源管理和开发的总目标、总政策、实施步骤以及总预算的筹划和安排。具体计划即人力资源的各项具体业务的计划，是总规划的细化和分解，一般包括人力资源补充计划、配置计划、培训开发计划、晋升计划、绩效评估计划、薪酬计划、职业发展计划、劳动关系计划、退休解聘计划等。这些具体的业务计划由目标、任务、政策、措施及预算构成，从不同的方面支持和保证人力资源总体规划的实现。

（二）按时间跨度分类

根据规划期的时间跨度，人力资源规划可分为长期规划、中期规划和短期计划。

长期人力资源规划也称战略人力资源规划，时间跨度一般为5～10年，是组织为了长远发展，特别是为了达到组织的战略目标而制定的人力资源规划。长期人力资源规划的制定要着眼于企业的战略目标、外部环境的影响和各种因素的制约。长期人力资源规划常常包含若干个中期与短期人力资源规划。

中期人力资源规划即2～5年的规划。对一个规模较小的组织来说，特别是有着较长历史的组织而言，必须与长期人力资源规划相衔接而制定中期规划，它服从于组织的中期目标。

短期人力资源规划，是指组织2年以内的人力资源规划，其目的明确、内容具体，具有很强的操作性，并且在制定过程中较多地考虑微观的影响与制约因素。其典型代表是年度人力资源计划，顾名思义，该计划年年制定。

组织的性质、规模不同，会影响人力资源规划的时限。而且长期人力资源规划为组织人力资源管理提出了框架，中期规划则指明了路径，短期计划则规定各项人力资源管理工作的具体步伐。

三、人力资源规划的内容

人力资源规划是组织对人力资源管理工作的预先安排，是各项人力资源管理活动的依据。一份完整的人力资源规划应该包括两大层次。

（一）人力资源总体规划

人力资源总体规划从整体上统筹工作，属于人力资源规划的第一大层次，主要阐述了人力资源计划的总原则、总方针和总目标。各项具体专项计划要以此为基础，并支持总体规划的贯彻和执行。

（二）人力资源各项规划

人力资源各项规划也称人力资源子规划、人力资源专项计划、人力资源具体规划。每个子规划仅仅针对一个主题，所有子规划综合起来，与人力资源总体规划共同形成一套完整的人力资源规划体系。

1. 人力资源补充更新计划

人力资源补充更新计划是指组织根据实际运作情况和人力资源供给与需求状况，合理预测职位可能的空缺情况并采取相应对策的动态计划过程。该计划能促进改善人力资源数量、质量，优化人员结构，是企业招聘人员的依据。该计划包括补充人员的类型、数量及其对人力资源结构和绩效的影响、所需人员的标准、来源和待遇等政策。

一般来说，人力资源补充更新计划与人员晋升计划相联系，由于晋升计划会造成组织内部的职位空缺逐级向下移动，从而出现大量的较低层次人员需求。而对于较高的位置空缺，组织可以依靠外部劳动力市场来弥补。所以组织在进行人员招聘时，应考虑若干年后的人员使用情况，以此为基础制定出合理的人员补充更新计划，从而持续满足组织对人员在数量上和质量上的需求。

2. 人力资源配置计划

组织内的人员在未来职位的分配，可以通过有计划的内部水平流动来实现，这种人员流动计划就是人力资源配置计划。该计划的作用在于：第一，能够制定组织内各部门的人员编制；第二，通过人员有计划的流动，可以使员工获得不同职务的知识和经验，从而有利于培养高素质复合型人才；第三，优化人力资源结构并满足组织对人员质量和数量的要求；第四，解决企业中工作负荷不均等问题，满足员工对工作丰富化的需求，从而改善工作绩效。岗位轮换制度、岗位责任制度与资格制度、企业内部员工流动制度等方面的政策都属于人力资源配置计划的范畴。

3. 人力资源晋升计划

人力资源晋升计划是组织根据对人员需要和人员分布状况所制定的员工发展计划。制定该计划的目的是保持后备人才的数量，有计划地提升表现优秀的员工，从而调动员工的积极性和提高人力资源利用率。晋升是对个人的认可和鼓励，也意味着进行新的挑战，在两者的作用下，使员工产生一种强大的能动性，从而提高工作绩效，使组织获益。

晋升计划要制定出晋升条件、晋升比率、晋升时间以及对未被晋升的资深人员的安置等内容。例如，某企业某一级别的晋升比率如表 2—1 所示。

表 2—1　　某企业某一级别的晋升比率

任职时间(年)	1	2	3	4	5	6	7	8	9	10
晋升比率(%)	0	0	0	0	30	40	52	0	0	0

从表 2—1 可知，这一级别向上一级别晋升的最低任职时间为 5 年，第 5 年的晋升率为 30%，第 6 年为 40%，第 7 年为 52%，其他时间段的人员很难有晋升机会。

4. 绩效评估计划

绩效评估计划主要是通过有效的绩效评估体制以及各种奖励措施来确认并表彰对企业有突出贡献的员工，以激励士气，增进绩效。在制订该计划时要注重员工参与，体现人本管理思想，才能提高组织成员对该计划的可接受性和执行程度，并能起到增强组织凝聚力、改善企业文化的效果。绩效评估计划要制订出绩效评估标准、激励重点、奖罚制度以及沟通机制等。

5. 薪酬计划

薪酬计划的目的在于帮助组织吸引优秀人才，有效控制人工成本。在制订该计划时，组织要进行薪酬调查，首先了解同行业、同规模的组织工资状况，以确保组织的工资水平具有在劳动力市场上的竞争力，这有利于吸引优质人力资源。其次，组织应进行内部工资调查，分析员工分布状况，以使组织人工成本与经营状况保持在合理的水平。组织通过该计划，在薪酬调查和预测组织发展的基础上，对未来薪酬总额进行预算和推测，并制定规划期内的激励政策，如激励方式、激励重点等，以充分调动员工的工作热情。薪酬计划主要包括薪酬结构、工资总额、奖励计划、福利计划等有关政策。

6. 员工培训计划

有一则寓言，说的是一个樵夫正在路边的小树林里挥舞着斧头很费力地砍树，一个路人经过时就问他："你为什么不先磨一下斧头再砍，那样就不会这么吃力了？"樵夫头也不抬地说：

“你没看见，我正忙着吗？还有一大片树要砍，哪有时间磨斧头呀！”如果我们把砍树比作经营企业，那么，这则寓言对我们有很深的启示。“磨斧头”无异于企业对员工的培训。据国外有关统计资料表明，对员工培训投资 1 美元，可以创造 50 美元的收益，它们的投入产出比为 1∶50。由此可见，培训是一项高额回报的投资。

制订培训计划的目的，是使员工具备与岗位相匹配的技能与素质，端正工作态度，提高工作效率，降低企业经营成本和机会成本，并为企业储备发展所需的人才，促进企业步入良性的经营循环。该计划主要确定培训时间和内容、培训的效果和考核、培训后的使用等。

7. 职业发展计划

美国人力资源管理协会最近的一项调查结果显示，85％的调查对象认为对职业发展前景不满是员工离职的主要原因。如果企业帮助员工制订了职业计划，那么这些计划必然与组织密切相关，这样员工离开企业的可能性就较小。

职业发展计划就是管理和规划员工的职业生涯，将个人成长需求与组织发展对人的需求紧密结合，使组织在向上发展的同时也能使员工的个人能力和价值获得成长，实现两者的双赢。该计划要设定组织职业计划目标，制订职业道路计划，并要与员工培训计划相配套。

8. 劳工关系计划

许多企业劳动者归属感弱、失落感重，劳动关系不稳定，从而带来员工惊人的流失率。中国人民大学教授常凯认为，中国劳资关系这个问题如果再不引起重视，下一步工人的权利问题将直接影响企业和竞争力的问题。劳动关系计划可以协调干群关系，增进员工沟通，降低员工离职率，完善组织文化，提高员工满意度。该计划涉及员工参与管理制度、合理化建议制度、员工沟通制度等政策。

9. 员工退休解聘计划

员工退休解聘计划可以帮助组织做好员工退休和解聘工作，使员工离岗正常化、规范化。组织应根据有关规定使员工按期退休，解聘不合格的员工，从而降低人工成本，提高工作效率。该计划涉及员工退休政策和规定、员工解聘制度和程序、确定和实施退休与解聘人员。

10. 投资预算

上述各项计划的费用预算如表 2—2 所示。

表 2—2 人力资源规划一览表

计划类别	目　标	政策及措施	预　算
总体规划	总目标（绩效、人力资源总量、素质、员工满意度）	基本政策（如扩大、收缩、改革、稳定等）	总预算×××万元
补充计划	类型、数量、对人力资源结构及绩效的改善等	人员标准、人员来源、起点待遇、员工招聘	招聘、挑选费用×××万元
配置计划	部门编制、人力资源结构优化及绩效改善、职务轮换幅度	岗位责任制度与资格制度、岗位轮换制度、	按使用规模、类别及人员状况确定的薪资变化
晋升计划	后备人才数量保持、优化人才结构、提高绩效	选拔标准、资格、试用期、提升比例	职位变化引起的薪酬变化
绩效评估计划	人才离职率降低、士气水平和绩效提高	激励重点、工资政策、奖励政策、反馈	增加工资、奖金
薪酬计划	内外部员工薪酬调查，员工薪酬管理有效化	薪酬制度、福利计划	薪酬预算、福利预算

续表

计划类别	目 标	政策及措施	预 算
培训计划	素质及绩效改善、企业文化推广、员工入职引导	时间保证、培训效果保证（待遇、考核、使用）	培训投入、工作脱产损失
职业发展计划	规划员工职业生涯	晋升条件、职业咨询、培训体系	培训投入、咨询费用
劳动关系计划	降低非期望离职率、减少投诉率及不满	参与管理、加强沟通	诉讼费及相关费用
退休与解聘计划	编制，人力成本降低及生产率提高	退休政策、解聘程序	安置费、人员重置费用

四、人力资源规划与人力资源战略、企业战略的关系

（一）企业战略与人力资源战略

企业战略就是确定企业的目标和方向，并采取一定的行动实现这些目标的过程。企业战略管理就是整合企业的主要目标、政策和行为的过程，主要包括五个方面：第一，企业宗旨和使命的定义。明确企业所要服务的相关利益群体以及为满足这些群体所要采取的行动。如惠普公司的使命是“为人类的幸福和发展做出技术贡献”，迪士尼公司的使命为“让人们快乐”等。第二，企业外部环境的分析。对影响企业实现其宗旨的经济、政治、法律以及社会文化等因素进行研究。第三，企业内部环境的评价。分析企业内部各种资源和能力对企业目标实现的影响，特别是发现和评价在这些资源中，哪些是企业成功的因素（即企业的竞争优势），哪些是限制企业发展的因素（即企业的劣势）。第四，企业发展目标的确定。在外部、内部环境分析的基础上，寻求企业竞争的最佳方式，即企业应利用自身的优势参与竞争，并克服劣势的不利影响。根据迈克尔·波特的竞争理论，企业的业务层战略有三种基本形式：成本领先、差异化和集中化战略。此外，企业也应明确其中期、短期的发展目标，例如销售额、资本收益率以及员工发展等关键领域的目标。第五，制定企业战略行动方案。进一步明确企业在组织结构、人力资源、财务会计、营销方式等方面采取的政策和方案，以利于实现企业战略目标。

人力资源与市场营销、财务会计和生产制造对实现企业总体战略具有重要意义。当企业的高层管理者在制定企业战略行动方案时，思考员工招聘、选拔、发展和激励等有关事项时，为人力资源战略和规划奠定了基础；反之，没有考虑企业人力资源战略，就不会促使形成有效的人力资源战略。

理论界对人力资源战略有很多定义。一般而言，人力资源战略是企业根据内部和外部环境的分析，确定企业目标，从而制定企业的人力资源管理目标，进而通过各种人力资源管理职能活动实现企业目标和人力资源目标的过程。

人力资源战略是组织战略的一个重要组成部分，是一种职能战略，这种职能战略应当与企业的总体战略相一致，例如实行成本领先战略的企业，会采取降低劳动力成本的措施以追求成本上的竞争优势，为了降低成本可能会裁减员工；如果企业采取的是产品领先和技术创新战略，而仍采取成本导向战略，那么其人力资源状况就不足以支撑产品和技术领先战略，进而影响企业目标的实现。可见，在人力资源成为企业竞争力之源的今天，人力资源战略应与企业战略相匹配，与波特的竞争战略相协调的人力资源战略如表 2—3 所示。

表 2—3 与波特的竞争战略相协调的人力资源战略

企业战略	组织特点	人力资源战略
成本领先战略	持续的资本投资 严密的员工监督 严格的成本控制 低成本的系统配置 产品设计以制造便利为原则	有效率地生产 明确的工作说明书 详细的工作规划 强调与工作有关的特定培训 强调以工作为基础的薪酬 绩效评估成为控制的机制
差异化战略	营销能力强 产品的策划与设计优秀 基础研究能力强 以质量或科技领先著称 吸引高技能和具有创造力员工的公司环境	强调创新和弹性 工作类别多 松散的工作规划 外部招募 团队基础的培训 强调以个人为基础的薪酬 使用绩效评估作为发展的工具
集中化战略	业务集中化战略(主攻某个特殊的顾客群、主攻某产品线的一个细分区段或主攻某一地区市场) 成本领先集中战略 差异化集中战略	多渠道、有针对性地招聘专长于业务细分领域的员工 通过培训建立全面职业能力与细分职业能力的发展体系 成本领先集中战略和差异化集中战略的人力资源战略分别参考第一与第二行对应的人力资源战略

(二)人力资源规划应与人力资源战略、企业战略相一致

早期的企业仅仅将人力资源规划作为一项单独的人力资源管理职能来进行管理。伴随着企业内外部环境的变化,人力资源规划逐渐与人力资源战略联系起来,成为人力资源战略整体框架的一部分,进而同企业战略高度联系起来。

企业的人力资源战略与人力资源规划要适应组织的整体战略。组织战略过程一般包括战略计划、经营计划和预算方案。战略计划是指制定组织发展目标和决定为实现这些目标所需要采取的行动的过程。其影响期在 3 年以上。企业的经营计划又称战术计划,涉及计划方案所需要的资源和组织策略,一般会影响 1～3 年的时间。与战略计划相比,战术计划对组织的影响在范围和影响程度上都比较小。年度的预算方案涉及预算、部门和个人的工作目标、项目的具体计划与时间安排、资源分配、完成战略计划和经营计划的标准以及对结果的监督和控制。

从总体上看,组织战略对人力资源规划具有制约和限制的作用。具体而言,组织的战略计划制约人力资源战略和规划;组织的一般经营计划制约人力资源的战术计划;组织的预算方案制约人力资源的行动方案。又由于组织的一般战略计划制约组织的一般战术计划,而组织的一般战术计划又制约组织的预算方案,因此,在人力资源规划中,人力资源战略和规划制约人力资源的战术计划,而人力资源的战术计划又制约具体的人力资源管理行动方案。因而,人力资源管理的目标既要与组织的长远战略目标相一致,又要与组织的短期目标相一致。

组织在规划未来的时候,人力资源经理必须使人力资源计划与经营计划相吻合。人力资源是企业竞争力潜在的重要来源。员工的竞争力对生产力和革新都是重要的。通过战略规划,组织进一步设立主要目标和达到目标的全面发展计划。主要是资源配置决策,包括在人力资源中与结构、关联、关键过程相关的部分。在战略计划中,一个日益重要的考虑因素是,是否有足够的人(组织内或组织外的)实施组织的目标。最终,成功的人力资源规划有助于增强组织能力——灵活应变,保持竞争优势的能力。

要设立有效的人力资源规划和组织战略，必须使两者相互依赖、相互作用。就这一点而言，从高层的管理团体人士到战略的决定，不仅影响着人力资源，而且受人力资源的影响。正如著名的人力资源规划专家詹姆斯·沃克所指出的："如今，实际上所有的经营问题都有人的因素。所有的人力资源问题都有经营的因素。"在这种情况下，人力资源经理是战略规划过程中重要的角色，通常被视为创造组织未来的重要贡献者，这一意义在人力资源经理担任规划小组成员或委员会的负责人时显得尤为突出。一旦人力资源计划与组织战略存在这种相互激发驱动的关系，则人力资源经理与其他高层经理将共同作用于全面的战略规划。人力资源规划和组织战略的关系如表2—4所示。

表2—4　　人力资源规划和组织战略的关系

战略分析	战略选择	战略实施
建立联系	阐明业绩期望和未来管理的方法	达到预期结果的实施过程
·经营目标	·价值观与指导原则	·组织的变革
·公司的优势	·经营任务	·人员配置战略
·外部机遇与威胁	·目标与优势	·学习与发展
·竞争优势的来源	·行动计划	·员工关系
	·资源分配	
确定与人员有关的经营问题	确定人力资源的战略、目标和行动计划	实施人力资源管理的过程

第二节　人力资源规划流程

组织在制定人力资源规划时，首要的工作是认识和分析影响人力资源规划的各种因素，为制定人力资源规划提供决策上的合理性和可行性。然后，按照一定的步骤进行人力资源规划的制定、实践、控制和评估，并根据实际情况做出修订。

一、影响人力资源规划的因素

组织在制定人力资源规划的过程中，必须考虑组织外部的社会环境、产业结构，以及组织内部的经营方向和经营目标等因素。前者称为影响人力资源规划的宏观因素，后者称为影响人力资源规划的微观因素。

（一）影响人力资源规划的宏观因素

1. 政治环境

政治环境是影响人力资源规划的一种重要的外部力量，它包括法律、法规、政策等因素。例如，工资最低限制、外来人员用工制度、员工的保险制度等，组织在制定相应的人力资源政策时必须予以考虑，否则会使组织陷入被动局面。另外，政府许多的行政命令也对人力资源规划产生重大影响，这些法律法规会直接影响整个人力资源政策。例如我国2012年12月修订后的《劳动合同法》集中体现了保护劳动者利益的宗旨，对企业的招聘、培训、考核、薪酬以及企业管理制度都产生了深远的影响，促使企业劳动关系管理的法制化。针对当前许多企业为了降低人工成本而大量使用派遣员工的现象，《劳动合同法》对劳务派遣做出了明确的定义，并规定劳务派遣只能用在临时性、辅助性和替代性的工作岗位上，并且劳务派遣的数量不得超过用工总量的一定比例，同时强调劳务派遣应与正式工同工同酬，这无疑有助于企业今后的规范用工。

2. 经济环境

国家或地区的经济是影响人力资源管理的主要外部环境因素，它包括宏观经济发展趋势、本行业发展前景、主要竞争对手的动向、人力资源市场的供求状况、产品市场的占有率等。一般而言，经济繁荣时，不容易招聘到合格的工人；反之，经济衰退时，适用的求职者却很多。组织要根据市场对行业发展的需求来调整经营结构，制定相应的人力资源规划。例如，对于具有发展前景的朝阳行业，组织应注重对人才的吸引和激励，而对于发展缓慢甚至萎缩的夕阳行业，组织在转变经营方向、调整产品结构的基础上，要着重引进和培养组织转变所需要的人才。

3. 社会环境

社会环境包括劳动者的文化素质水平、人们的择业偏好、平均工资水平、风俗习惯的演变等，其对人力资源规划的影响长远而深刻。例如，劳动者的教育水平不高，组织就要加强人力资源培养，以满足自身发展对人的知识和能力的需求。开放政策、申诉程序和员工福利计划常常起源于普通民众对做正确事情的期望和组织对生产效率、避免冲突的关注。当地平均工资水平是组织制订薪酬计划必不可少的依据，组织工资高于当地平均工资水平有利于吸引人才，而低于当地平均工资则能有效控制人工成本。

4. 技术因素

技术因素包括教育水平、产品更新速度、相关技术的发展等。技术的快速变化导致了很少有企业像其 10 年前那样运作。人力资源管理的一个重要的关注点是已经发生和将要发生的技术变革对商业所产生的影响。技术不仅能降低成本和提高效率，同时也在改变工作的性质。正如《财富》杂志所说的那样："今天，美国几乎所有的邮递员、银行柜员、零售职员、话务员以及账单整理员都在与计算机一起工作。"人力资源管理最具挑战性的领域将是培训员工，使之跟上迅速发展的技术。

5. 地理位置

尽管目前由于各地投资环境的改善，薪资的提高，人才的分布在地域方面有离散的趋势，但不可否认的是，沿海及中心城市对人员的吸引仍然具有很强的影响。所以在制定公司人力资源规划时，需要重点考虑公司所处的地理位置对企业人力资源的影响。

6. 劳动力市场

劳动力市场是公司的外部人员储备，通过这种储备，公司能够获得它需要的人员。公司员工的能力在很大程度上决定着公司能否顺利地完成自己的目标。同时劳动力市场反映了劳动力供给和需求的变化，企业对人力资源需求和供给的预测是制定人力资源规划的依据，因此人力资源供求不同，人力资源规划也会随之改变。例如，当前针对高级劳动力供给不足的情况，组织应注重员工晋升、培养以及薪酬计划，在加大内部培养所需人才的同时还能有效留住有用人才，以促进企业的可持续发展。

（二）影响人力资源规划的内部因素

1. 组织因素

组织因素主要是指经营目标、战略规划、生产规模、生命周期、企业文化、财务预算等。组织会根据外部环境和自身情况的变化调整经营目标，人力资源规划应根据经营目标做出相应的调整。例如企业在不同的生命周期阶段，不断调整其竞争战略，相应需要制定不同的人力资源规划以确保实现组织战略和目标。处于成长期的企业，业务持续增长，规模不断扩大，对人力资源的数量需求必然增长，并注重人员的开拓性和创新性；成熟发展期中的企业，虽然业务量增长日趋稳定，人力资源数量增长稳定，但企业对人力资源素质的要求日趋提高，需要技术成熟、全面，并能适应企业文化的员工队伍；衰退期的企业，常常要通过裁员计划来保持企业的盈利能力，在人员筛选中注重其经验和资质。

2. 高层管理者的管理风格

管理者的态度与偏好对一项工作如何进行的影响方式与企业文化紧密相关。这一点在此值得做特别强调，因为如果高层管理者与基层管理者的管理风格不同，会带来一系列的问题。基层管理者对于员工参与决策及给员工似乎缺乏明确性的决策自由方面非常关心。甚至公司总裁也必须注意管理风格和上级的态度，比如董事会的态度。总裁可能是一名冒险者并想在市场中勇于进取，但董事会可能更倾向于较保守的做法。

3. 员工素质

员工在能力、态度、个人目标和品质方面的不同会影响人力资源规划。管理者发现对一个工人有效的方法可能对另一个工人会无效。在极端的情况下，员工之间的差异很大，想把员工组成小组来进行管理事实上是不可能的。为了有效地管理，管理者必须同时考虑个人和小组的差异。例如，熟练工人的基层管理者可能较少注意工作的技术性细节，而较多地注意鼓励小组间的合作；非熟练工人的基层管理者可能把注意力主要放在任务的技术性方面。

此外，员工对工作和职业的态度也会对人员招聘、培训和薪酬产生影响。如果员工的职业取向与岗位要求一致性高，则会提高员工的工作满意度，从而提高工作热情，降低离职率，培养员工较高的归属感和忠诚度。

二、人力资源规划的制定人员和时间

（一）人力资源规划的制定者

在许多企业中，人力资源规划主要由人力资源部门负责编制。在极端的情况下，人力资源规划的产生只有很少或没有人力资源部门外的经理参与，然而结果可能是一个精美的资料，这种独立的人力资源规划对业务流程几乎没有价值，因为它们与整体的公司规划相分离。随着人力资源管理在企业战略地位的提高和加强，人力资源规划正成为一项越来越重要的工作。将公司战略与人力资源实践完整地结合起来，使其被看成公司战略不可缺少的一部分，需要人力资源主管和直线经理合作共同制定人力资源规划。一般而言，参与人力资源规划制定的人员主要有高层管理人员、人力资源部主管及下属、其他部门管理人员以及相关管理专家。各种有关人员在人力资源规划中的作用如表2—5所示。

表2—5　各种有关人员在人力资源规划中的作用

制定人力资源规划的项目	高层管理者	其他职能部门主管	人力资源部门人员	相关专家
制定企业战略目标	√			√
制定企业战术目标	√	√		
制定人力资源目标	√	√	√	
收集信息		√	√	√
预测内部HR需求		√	√	√
预测外部HR供应			√	

续表

制定人力资源规划的项目	高层管理者	其他职能部门主管	人力资源部门人员	相关专家
预测内部 HR 供应		√	√	√
分析企业 HR 现状	√	√	√	
制定企业战略 HRP	√		√	√
制定企业战术 HRP		√	√	√
实施 HRP	√	√	√	√
收集 HRP 实施反馈信息		√	√	

资料来源：胡君辰：《人力资源开发与管理》(第五版)，复旦大学出版社 2018 年版。

(二)制定人力资源规划的时间

制定人力资源规划的时间不能一概而论，不同类型的人力资源规划，其制定周期各不相同。一般而言，企业往往在确定了企业战略目标之后，又掌握了企业外部和内部的大量信息后才开始制定。一般制定后三年修改一次。

年度人力资源计划是年年制定。为了能够得到充分的沟通和反馈，从而顺利实施计划，许多大企业一般在当年的 7 月就着手斟酌和制定下一年的人力资源规划。一般在当年的 10 月完成计划，之后经过两个月的沟通、反复修改和完善，以确保正确执行该人力资源规划。

三、人力资源规划的编制流程

人力资源规划的编制是以组织总体发展战略为基础，以满足组织发展对人力资源的需求。这一过程包括信息的调查收集与分析准备、人力资源需求和供给预测、人力资源规划的制定、人力资源规划的执行与评价四个步骤，其流程如图 2—1 所示。

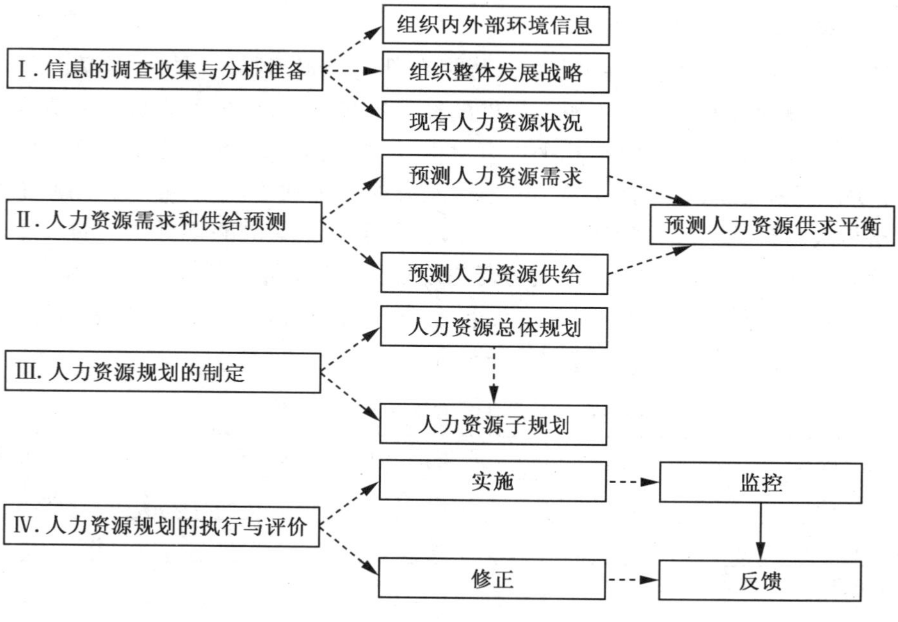

图 2—1 人力资源规划编制流程

（一）信息的调查收集与分析准备

调查和收集有关信息，并对其进行整理与分析，是编制人力资源规划的第一步。为制定规划提供有用的、及时的、真实而准确的信息，对人力资源规划的编制质量产生决定性影响，规划的制定者要高度重视并努力提高对信息的收集和处理能力。与人力资源规划有关的信息，主要包括以下三个方面。

1. 组织内外部环境信息

组织要适应环境而生存，必须对环境保持高度的敏感和警惕。规划制定者必须了解与组织有关的环境，广泛收集外部和内部的各种有关信息。首先要认识到组织的外部环境，包括政治、经济、技术、文化等宏观因素，还要分析外在的人力资源环境，尤其是劳动力市场结构、市场供给与需求状况、人口与教育水平、劳动力择业心理等微观因素；其次，关注组织的内部条件，如组织的资源状况、竞争力水平、组织结构、规章制度、组织文化等情况。仅仅认识到这些信息是不够的，还应该对这些信息进行预测，估计在规划期内的变动趋势和发展方向，更好地预测出组织未来的内外环境。

2. 组织整体发展战略

人力资源规划为组织战略实施提供支持，所以组织整体发展战略是人力资源规划制定的基础，应以组织的发展战略为核心。组织的发展目标、发展重点、技术设备的特点、销售状况、经营规模和扩展方向等，都会对人力资源提出不同的要求，人力资源规划应满足组织的上述要求。

3. 组织现有人力资源状况

根据组织发展战略和要求，对现有人力资源的数量、质量、配置结构等进行盘点，可以利用组织的人员档案资料来估计目前的人力资源技术、能力、潜力，并分析这些人力资源的利用情况。在此基础上，一方面可以考虑通过人力资源的培训方案、内部流动、薪酬管理、绩效评估以及激励政策等来进一步挖掘和发挥现有人员的潜力，另一方面找出人力资源的实际状况与组织发展要求上的差距及产生的原因。

（二）人力资源需求和供给的预测

该阶段是人力资源规划中技术性最强的部分，在充分掌握人力资源信息的基础上，运用各种定性与定量的分析方法和手段，预测各种不同类型人力资源的供求状况，其基本目标是：估计在组织内部的哪些领域未来可能会出现劳动力短缺或劳动力过剩的情况。人力资源预测包括人力资源需求预测、人力资源供给预测。

1. 人力资源的需求预测

通常情况下，劳动力需求预测都是围绕与组织当前及未来某种状态有关的具体工作类型和技能领域来进行的。一旦确定了工作和技能的类型，规划者就需要搜集相关信息来预测组织未来对具有某种特定技能的人或从事某种类型工作的人的需求是上升还是下降。在不同的组织中，劳动力需求预测的复杂程度也各不相同。

人员需求中应阐明需求的职务名称、人员数量、希望到岗时间等，最好形成一个标明有员工数量、招聘成本、技能要求、工作类别以及为完成组织目标所需的管理人员数量和层次的分列表。实际上，预测人员需求是整个人力资源规划中最困难和最重要的部分。因为它要求以富有创造性、高度参与的方法处理未来经营和技术上的不确定性问题。

2. 人力资源的供给预测

人力资源的供给预测包括两个方面：内部人力资源供给和外部人力资源供给。组织内部人力资源供给预测在确定现有人力资源存量的基础上估计下一个时期内，各个工作岗位上留存的员工数量。外部人力资源供给预测是估计未来几年中外部劳动力市场的供给情况。它不但要调查整个国家和组织所在地域的人力资源供给状况，还要调查同行业或同地区其他企业的人力资源需求情况。

在人力资源需求和供给预测的基础上，还应分析未来组织人力资源供需平衡情况，即确定在每一种不同的工作类别中可能出现的劳动力过剩与短缺的情况，企业就此决定采取何种措施解决这些潜在的问题。人力资源供需预测的结果有三种可能：供求平衡、供过于求、供小于求。不同的情况下需要制定不同的应对措施。在供求预测平衡时，组织只需保持过去的政策即可（但这种情况一般不会出现），当供求预测不平衡时，就应制定相应的政策，进行调解，促使它们最终保持一致。预测的人力资源供需平衡是制定人力资源战略规划的依据，各项规划都是围绕着解决供求矛盾而展开的。人力资源供需预测平衡分析如图 2—2 所示。

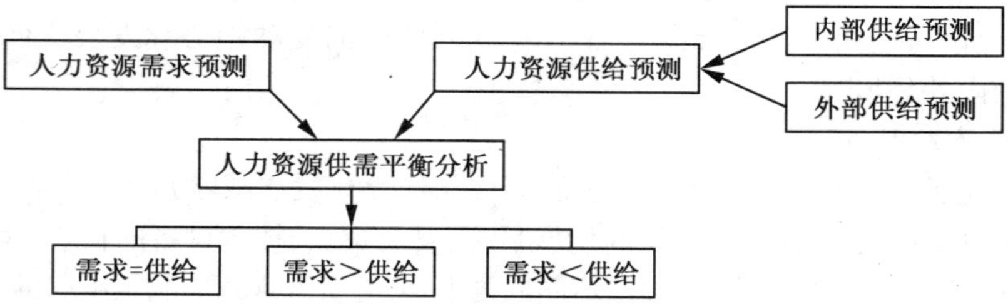

图 2—2 人力资源供需平衡预测分析

（三）人力资源规划的制定

在分析了各种相关信息并预测人员供求之后，就可以着手制定人力资源规划，包括人力资源总体规划和各项具体规划。总规划从总体上统筹工作，应先制定人力资源总体规划，在此基础上编制各项具体计划，才能理清各项工作间的关系，理顺工作程序。各项具体规划要支持总体规划，每个子规划仅针对一个主题，将所有子规划综合起来，从而形成一套系统的规划。

人力资源规划制定体系如图 2—3 所示。

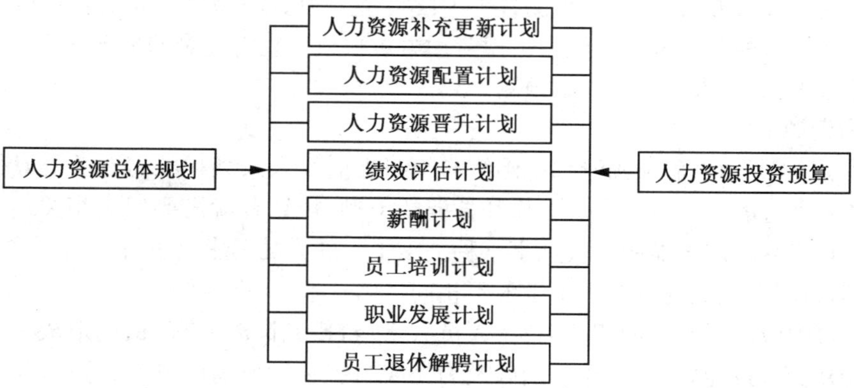

图 2—3 人力资源规划制定体系

人力资源计划编写完毕后，应先与各部门经理沟通，根据沟通的结果进行修改，最后再提交公司决策层审议通过。

(四)人力资源规划的执行与评价

人力资源规划最终要付诸具体实践,才能发挥作用。执行是管理的核心环节,缺乏有效的执行,即使再好的规划也只能变成一纸空文。方案的有效执行包括以下四个步骤。

1. 实施

人力资源计划必须确保要有专人负责既定目标的实施,并要保证实施人有实现目标的必要权力和资源;要有关于执行过程进展状况的定期报告,以确保所有的方案都能够在既定的时间里执行到位,并且方案执行的初期成效与预测的情况是一致的。

2. 监控

检查是必不可少的步骤,许多企业在执行人力资源规划时由于检查而产生不少问题。检查者最好应为实施者的上级,检查前一定要对照规划列出检查提纲,明确检查目的与检查内容。检查后的评价结果与意见一定要及时、真实反馈给实施者,以利于实施者更好地进一步实施项目。

3. 反馈

反馈是执行人力资源规划中的一个重要步骤,通过反馈,我们可以知道原来规划中的内容哪些是正确的,哪些是错误的,哪些不够全面,哪些不符合实际情况,哪些需要加强,哪些需要引起注意。反馈一定要及时、真实。

4. 修正

修正是最后一个步骤。谁也不能保证人力资源规划一经制定后就完全正确。因此,根据环境的变化、实际情况的变化以及实施中的反馈信息,及时修正原规划中的一些项目将会显得十分必要。一般来说,修正一些小的项目或修正一些项目中的局部内容,涉及面不会很大。但如果要修正一些大的项目或修正原规划中的许多项目,或者对预算要做较大的修正,往往要经过最高管理层的首肯。

实用案例

北京某供电局2020年人力资源管理规划

企业素质的高低,在很大程度上是其员工素质的一种总体反映。得到并保留具有良好的业务素质和高度敬业精神的员工,是企业取得成功的关键所在。能否引进人才、留住人才,关键在于企业是否有较完善、较优越的劳动、人事和分配制度。

一、规划目标

加大人才引进力度并加强对现有人力资源的开发、利用和管理,建成一支稳定的、以高素质的优秀人才为核心、结构合理且后备力量充足的队伍。

推进体制和机制创新,要按照社会主义市场经济体制的客观要求,进一步解放思想,更新观念,继续深化劳动、人事、分配领域的三大改革,强化竞争激励机制,进一步完善录取、任用、考核、评价、分配、奖励等制度。

二、主要存在的问题:

(一)人才总量的增长不能满足企业发展的需要

2018 年全局售电量 86 472 万千瓦时,2019 年全局售电量 100 710 万千瓦时。2019 年与 2018 年同期相比增长 16.46%。而同期的人才增长率却很低。企业经营规模的扩大、设备的现代化和技术水平的提高需要更多的高素质人才,企业人才总量的增长不能满足企业发展的需要。

(二)人才队伍整体素质不高,结构不合理

从全局人员学历结构分析,大学本科学历比前几年有较快增长,比例为36.88%。从专业技术职称结构分析,高级职称我局尚无,中级职称占10%,初级职称占24.33%,高层次的专业人才和复合型人才不足。从专业结构分析,企业发展所需要的科研、计算机、电子通信专业人才所占比例偏低,高级经济管理人才严重短缺。2020年准备申报2名高级工程管理人才。

(三)人事管理体制的创新跟不上企业的发展

一方面,自从三项制度改革完成以后,企业的人事制度正在不断深化,2020年计划落实总公司下达的“四定”方案,逐步建立规范统一、精干高效、运转协调的一流供电企业。但另一方面,就总体而言,用人机制、竞争激励机制、分配激励机制并没有在新形势下得到完善和健全,一些深层次的矛盾和问题有待进一步探索解决。

(四)人力资源管理的各个环节脱节

企业人才招聘、考核、培训、工资分配管理应该是一个整体。但企业往往把互相联系的几个阶段(如录用、培训、考核、调动、退休等)人为地分割开,孤立地进行管理。造成录用与使用脱节,使用与培训脱节,培训与晋升、奖励脱节等。而现代人力资源管理要求克服上述弊端,把人员的录用、培训、考核、使用、调动、晋升、奖惩和退休有机地联系起来,进行全过程管理。

三、对策与措施

为了确保上述目标任务的实现,必须采取相应的对策。

(一)加大人才引进的力度

电力行业是技术资本密集型行业,对人才的素质要求较高,能否聚集人才、构建人才高地是关系到企业发展的重大问题。为此,必须根据企业走向市场和技术更新的需要,大力引进国内外各类人才,其中以吸收高校毕业生为主。

加大引进工作力度,主动出击,通过组织毕业生供需见面洽谈会、人才交流会、组织招聘团赴外地和网上招聘等多种形式和渠道,千方百计广揽人才。

制定优惠政策,为企业引进的人才创造良好的环境和条件。企业应对引进和现有的高级人才实施津贴补助、职位晋升、培训等激励措施,稳定人才队伍。

(二)采取有效措施提高人才素质

这一点是增强企业人才队伍综合竞争力的关键,应该是我局人才资源发展的主体战略。

制订实施方案,选拔培养人才,认真落实各项培养措施。在人才的培养中,强调重视科研能力和创新能力的培养。要引导培养人才解决企业现实生产经营活动中存在的技术难点问题和开拓企业产品潜在市场需求作为自己努力的目标,加速自主企业技术更新力度,促进企业生产经营规模的扩大。对培养人选要委以重任,合理使用,使他们在实践中经受锻炼,增长才干。鼓励、支持培养对象参加各种形式的业务培训、进修和攻读学位等活动。对培养人选在科研项目开发、课题研究、论文专著出版、学术交流等方面给予重点支持。增加培养经费,为他们创造良好的工作生活条件。同时加强考核,实行动态管理、优胜劣汰。

大力发展继续教育,逐步构建终身教育的培训体系,更新学习观念,从单一的学校学习走向终身学习。为不同学历、年龄阶段的人才创造继续教育和学习的机会,并形成学习的激励机制。在培养人才方面要舍得投入。可以充分利用高校资源,委托高校开办在职人员工商管理专业研究生课程进修班,培养一批既懂电力专业,又懂经营管理的复合型人才。

(三)积极推进用人制度改革

在人事制度改革方面,要尽快建立中层干部竞聘上岗、能上能下的机制。企业要精简职能部门,减少管理层次。对所有中层干部都应实行公开竞争、择优聘用。当前要积极探索企业经营管理人才的管理办法。坚持党管干部原则与运用市场机制选拔配备经营管理者相结合的办法,建立经营管理人才的优胜劣汰机制。建立、健全企业经营管理人才库,为高层次人才的选拔、流动提供必要条件。研究建立适合企业特点的经营管理人才和专业技术人才培养、选拔、任用、激励、监督机制,推进企业人事管理的科学化,把好选人、用人关。

企业用工制度改革的重点是尽快建立职工择优录用、能进能出的机制。企业要积极优化劳动组织结构,合理确定劳动定员定额,严格劳动管理。企业中凡是具备竞争条件的岗位都应实行竞争上岗。对在岗职工要进行动态考核,依据考核结果实行内部淘汰;对不胜任工作和未竞争到岗位的人员,要进行转岗或培训;对不服从转岗或经培训仍不能胜任工作的人员,企业可依法与其解除劳动关系。

(四)创新分配激励机制

为营造吸引人才、留住人才、激活人才的良好用人环境,提高员工的积极性,促进企业管理效率的提高,必须打破分配的平均主义,逐步建立规范的、有竞争力作用的分配机制。企业分配制度改革的重点是尽快建立收入能增能减、有效激励的机制。企业要进一步完善内部分配办法,健全以岗位工资为主的基本工资制度,明确规定岗位职责和技能要求,实行以岗定薪、岗变薪变。企业的岗位工资标准和职工收入水平一定要与企业效益和职工的实际贡献挂钩,坚持收入分配重点向关键岗位和科技人员倾斜。

第一,企业应及时建立一套“对内具有公平性、对外具有竞争力”的工资分配体系。合理拉开各类人员收入报酬水平,重视收入分配的激励功能。

第二,积极参与和研究企业经营管理者分配激励机制。一是要探索实行经营者年薪制、股票期权等多种分配形式;二是经营者的收入要与企业的经营业绩、经营难度、经营风险挂钩,使经营者获得与其责任、贡献相符的报酬。

第三,对有重大科技发明,贡献突出的科技技术人员实行重奖制度,可以考虑科技折价等多种分配形式,建立科技人员分配激励制度。

第四,加强企业文化建设。企业文化是指企业长期经营过程中形成的共同理想、基本价值观、工作作风、传统习惯和行为规范的总称。企业文化是企业核心竞争力的一个重要组成部分,它的优劣已成为考察企业经营是否成功的一个重要标志。优秀的企业文化可以实现企业员工的自我控制,增强企业凝聚力,提高企业的社会形象。企业在进行物质文明建设的同时,必须狠抓企业的精神文明建设,即建设具有本企业特色的企业文化,提高员工的主人翁意识,增强企业内聚力。

通过五年的努力,企业的人才队伍建设一定会更上一层楼,企业也会更加辉煌。

资料来源:根据上海华则企业管理咨询公司的资料整理。

四、建立人力资源规划体制

在人力资源规划过程中，需要相关部门的分工协作、紧密配合。为了确保人力资源规划的顺利进行，需要建立合理的人力资源规划体制。所谓人力资源规划体制，是指在人力资源规划过程中，有关责任、权利、程序、方法的制度化规定，为规划工作提供政策依据。

（一）上下通力合作

人力资源规划是一个信息收集处理和决策制定并实施的过程。为了有效地统一目标，在这个过程中，企业管理者和员工应密切地结合起来，即上下必须结合在一起。不同企业，由于企业文化、业务领域、经营规模、领导方式等具体情况的不同，其上下结合也有不同的方式。一般而言，企业在人力资源规划过程中先下达制定规划的要求，然后各个业务部门向人力资源部提交本部门各个岗位人员需求的数量和类型，人力资源部对此进行汇总和平衡，制定出总体方案，并提交决策层审议，经过审定后便在企业内正式下达并执行，这种结合方式称为“两下一上”。尽管企业有不同的信息收集、处理和决策方式，不同的管理风格，但是上下通力合作，应该是所有企业进行人力资源规划时必须坚持的原则。

（二）全员积极参与

人力资源规划是人力资源管理的整体框架和战略部署，涉及企业各方面的利益，尤其是关乎企业各层管理人员和广大员工的切身利益，只有得到企业成员广泛的理解和接受，才能减少在实施过程中的不合作情绪，从而得到较好的贯彻。然而要赢得员工的认可，就必须让组织成员充分参与规划的编制。具体而言，在人力资源调查中，应取得员工的配合，以获得有效准确的人力资源供需信息。在规划制定以及方案的评价分析中，要让员工有表达意见的平台和渠道，从而充分调动员工的积极性。尤其涉及绩效评估、薪酬计划、晋升政策等内容时，更要得到员工的认同，在编制过程中做到公正透明。最后，在人力资源规划执行中，要注重与员工的交流和沟通，通过反复的反馈和修正，从而纠正偏差，提高规划的效果和效率。

（三）实行归口管理

人力资源规划应实行归口管理，将责任落实到具体的部门以及人员身上。人力资源规划工作具有专业性强、涉及面广的特点，因此人力资源部门应责无旁贷地承担起编制规划的主要工作，并负责处理各部门间的协调与沟通任务。在人力资源规划中，信息收集、统计分析、方案设计、贯彻实施等，不仅需要专业的技术和方法，而且涉及多方面的利益关系。人力资源部门的归口管理工作，一方面通过技术分析工作的专门化处理，能提高规划的科学性；另一方面也可以平衡处理利益关系，有助于提高规划的合理性。

（四）领导有力决策

人力资源部门在专业分析与综合平衡基础上制订出的各项规划方案，要上交企业高层管理者审查和决策。领导决策的任务，是从企业整体运作的高度，对人力资源规划的目的和资源配置的方式进行的评价和审核。也就是说，首先，高管层要对人力资源规划与企业战略之间的联系做出判断，分析是否符合企业的发展目标和战略重点；其次，高管层也要估计调用资源的数量，对实现规划目标进行全面平衡和决策。人力资源规划的投入产出预算是领导者决策的直接依据，并结合考虑企业远期的发展目标与人力资源状况，通过领导的有力决策，人力资源规划顺理成章地成为企业经营管理总体计划的重要部分，从人力资源角度支撑企业实现经营目标。

第三节　人力资源现状分析与平衡

进行人力资源规划时，要分析组织当前人力资源存量，从而有助于提高人力资源需求和供给预测的准确性和可靠性。组织人力资源存量分析包括对组织的外部人力资源状况和内部人力资源状况的认识和把握。此外，还需要综合剖析组织当前存在的问题，有助于在人力资源规划中提出有针对性的对策。

一、外部人力资源存量分析

组织外部的人力资源是组织潜在的人力资源。对外部人力资源存量的评估主要包括对组织所在的国家和地区，特别是当地的人力资源数量、质量、结构的分析，这些都是制定人力资源规划时需要考虑的重要因素。

（一）外部人力资源的数量与质量分析

人力资源与自然资源或物质资源相对应，仍然属于经济范畴，这种以生命为载体的社会资源，有其自身的规律性。其中数量和质量是分析外部人力资源的两个指标。

1. 外部人力资源的数量分析

人力资源数量，是指构成劳动力人口的那部分人口数量，而劳动力人口则是指具有劳动能力的人口，计量单位为“人”或“个”。因此，人力资源数量是指一个国家或地区劳动适龄人口数量减去其中丧失劳动能力的人口数量，加上劳动适龄人口之外的具有劳动能力的人口数量。

实际分析中，认识影响人力资源数量的因素比计算出准确的人力资源数量更有意义，也更现实和可行。这些因素主要有三个：

第一，人力资源总量及其再生产状况。人力资源来源于社会人口，因此，社会人口的状况也就决定了人力资源的数量。组织所在的国家和地区的人口总数，以及人口的再生产引发的人口变动，对分析和预测外部人力资源数量提供了重要参考数据。人口自然增长率的变化反映了人口总量的变化，而人口自然增长率取决于人口的出生率和死亡率。

第二，人口的年龄构成。

人力资源数量＝人口总数×劳动年龄人口比率

可见，在人口总数既定的情况下，人口年龄决定了人力资源的数量。

第三，人口迁移。人口在地理位置上的变更称为人口迁移。经济变动是其重要原因，人们通常会从生活水平低的、收入条件差的、物质资源少的地区流向生活水平高的、收入条件好的、物质资源多的地区。人口迁移意味着劳动力主体的迁移，导致人口数量的增减和布局的改变，并引发地区间人力资源供给的不平衡，一些经济发达的地区人力资源供给充足，而经济落后的地区匮乏。据统计，目前中国的流动人口已达全国人口的10%以上，表现为从中西部地区向东部发达地区的迁移。

2. 外部人力资源的质量分析

对外部人力资源的分析关键在于质量上的认识和把握。人力资源的质量是指人力资源所具有的体质、智力、知识和技能水平的综合，表现为现有劳动力人口的体质水平、文化水平、专业技术水平。人与人之间的体质差异相对较小，而文化水平、专业技术水平是研究劳动力人口质量更为重要的两个方面，这些可以从劳动者受教育等级与年限、职称技术等级分析，也可以通过每万人中大学生人数、小学普及率、中学普及率、专业人员占全体劳动者比率等常用的国民经济统计指标衡量。

随着科学技术的日新月异,企业逐步提高对人力资源质量的要求。一般来说,人力资源的质量对数量的替代性较强,而数量对质量的替代性较弱,甚至不能替代。

(二)外部人力资源的结构分析

外部人力资源的结构是指一个国家和地区的人力资源总量在年龄、性别、质量、地区、城乡等各个方面的构成。人力资源结构的不同,反映了人力资源总体及其内部的不同性质与状态,这形成了社会对人力资源使用的基础条件。例如,在中国人口流动幅度日益加大的情况下,人力资源在地区上的分布决定了各地区劳动力的总量及构成,并将极大地影响各地区的就业总量及结构状况。

1. 人力资源的性别结构

通常,男性比女性在劳动能力、参与率、适应性、收入等方面要强,同时在社会文化、教育水平、世俗传统的作用下,男性参与社会劳动的年限更长,流动性更高。所以性别结构会影响整个社会人力资源的供给和使用状况。当前,中国性别比例失调且呈持续增加的趋势,据国家统计局就全国1%人口抽样调查的主要数据显示,目前中国男女性别比为106∶100,2013年这一比例上升到了117∶100,高于世界平均水平,存在一系列的隐患和不安定因素。

2. 人力资源的地区结构

人力资源在不同地区的分布也影响到人力资源供给和使用的状况,可从人口在自然地区、经济区、行政区所占的比率进行描述。各国和地方政府都应从各地区经济发展的短期和长期需求与人力资源的现实状况出发,对人力资源进行规划,从而达到人力资源的合理分布。中国地域辽阔,各地资源禀赋、生态环境、经济发展差异很大,人口分布呈现“东多西少”的不平衡状态。多年来,中国政府运用一系列行政手段和措施,致力于区域间人口的合理分布。

3. 人力资源的城乡结构

人力资源的城乡结构反映出人口在城乡之间的分布情况,人力资源的城乡结构受城乡间经济发展差距拉大和城乡间人口流动加剧的影响,体现了一个社会经济发展的总水平及农业与非农业部门的发展状况。各个国家人力资源的城乡结构的变化都表明大量农村劳动力流入城市,从而影响城乡间人力资源的供给水平。

我国由于存在显著的“二元”结构,城乡差别巨大,长期以来农村人口不断涌入城镇以及沿海城市。根据国家统计局发布的《2018年国民经济和社会发展统计公报》的数据显示,2018年中国城镇常住人口占全国总人口的比重已升至59.58%。人口流动是经济发展、社会进步的一种必然现象,产生不同的影响和作用。对城市来说,流动人口不仅弥补了城市许多就业岗位的空缺,促进了城市产业结构的调整和升级,支持和推动城市建设事业,尤其是城市建筑业、餐饮业、零售商业、服务业、环境保护等的发展,而且还扩大了城市的市场,繁荣了城市的经济生活。对农村来说,人口流动把农民从落后的、偏僻的角落解放出来,文化和见识得到提高,通过参加经济和社会的竞争,显著地增加了收入水平。总之,农村人口流动大大加快了农村现代化进程。

大规模的人口流动必然会带来许多方面的问题,诸如无序、混乱、失控甚至违法犯罪活动的增加。中国应围绕农村剩余劳动力的就业问题和农村人口的发展及保障问题,对流动人口做好安排、引导、调节和管理。

4. 人力资源的质量结构

人力资源的质量主要表现在“智力”方面,其质量结构体现在劳动力人口,特别是经济活动人口的受教育水平上。此外，社会劳动者达到职业技能不同等级的比例，也可以衡量人力资源的质量结构。知识经济的兴起，信息社会的到来，经济全球化趋势的增强，高素质的人力资源成为各国竞争力的核心因素。当前我国推行高等教育大众化政策，从而为经济发展和国际竞争输送大量优质人才。我国教育部发布的《国家中长期教育改革和发展规划纲要（2010～2020年）》中明确提出实现全国高等教育普及率 40%的目标，而北京、上海、广州、天津等全国较为发达的城市，高校入学率已经达到并超过 50%，中国已经进入高等教育大众化的阶段。

二、内部人力资源存量分析

分析组织内部的人力资源存量，有助于组织了解自己的人力资源的数量、质量、结构是否与组织的发展战略相吻合，这是组织制定人力资源战略和规划的基础工作。

（一）内部人力资源数量、类型、年龄结构分析

1. 数量分析

分析组织人员数量的目的在于当前的人力资源数量是否与组织的业务量相匹配，即研究现有的人力资源在数量上的吻合程度，以免出现人员冗余或人员不足。分析人力资源数量，需要测量组织内各种业务量所包含的工作量、工作时间与人员需求，还要考虑缺勤和离职等情况。组织常用的方法有以下几种：

（1）工作分析法

以工作分析结果而编制的工作描述和工作规范为基础，计算完成各种工作所需的人员。在进行工作分析时，工作的内容是调查其发生的频率、处理时间，以统计数据来计算工作量。计算方式如下所示，注意工作内的休息时间可通过工作抽样法得出。

$$所需人员=\frac{每月总工作量所需时间}{(每人每日工作时间-休息时间)\times 每月工作日数}$$

（2）动作研究法

在工作地点测量员工做某项工作或某一操作单元所需的时间。其中，要对员工的工作技能、努力程度及工作环境等因素进行评价和调整，并考虑员工的私事、疲劳和延误等因素，计算出在正常技能、努力程度和工作条件下完成任务的标准时间，以此得出标准人员数量。

标准时间是生产一个单位产品所需的时间，工作研究法下的计算公式如下所示：

$$所需人员=\frac{标准时间\times 一天目标生产量}{每人每月工作时间}$$

$$标准时间=工作时间\times(1+休息比率)$$

（3）管理幅度法

该方法是根据管理幅度来决定人员数额。管理幅度指上级管理者直接有效管理下属人员的人数。管理幅度受组织政策的明确程度、上下级的能力、决策的重要性等多方因素的影响。这种方法根据垂直的组织层次分类决定合适的管理幅度，再以此为基础进行多层次的垂直分类，从而确定各层次的管理人数，最终计算出人员数额。

2. 类型分析

员工类型的划分一般按照性质或职能来进行。

（1）按照性质划分为直接人员和间接人员

直接人员是指直接从事生产或某项工作的人员。如生产线上的工人、保险经纪人、销售人员。

间接人员是指工作性质并非与某种工作的处理有直接关系，但却是这种生产过程所必须提供的人员，如后勤部门、财务部门人员等。

（2）按照职能划分为技术人员、业务人员、管理人员

技术人员是指从事生产、工作、设计和研究工作的人。

业务人员是指从事销售、原材料、仓库、运输等工作的人。

管理人员是指从事后勤、会计、法律、策划、人力资源等工作的人。

（3）按照所处组织层次划分为高层管理者、中层管理、基层管理者、操作人员

高层管理者主要是指公司最高的领导和决策者，如总裁、副总裁、董事长等。

中层管理者是指部门经理或主管等，如财务部经理。

基层管理者是指直接监督和管理操作人员的员工，如小组组长、项目经理等。

操作人员是指直接从事生产、销售等工作的人员。

分析员工类型有助于了解一个组织的业务重点、经营规模和范围大小，也有助于组织发现人员类型匹配的合理性。一般而言，制造性企业操作人员比重大，IT 企业中技术人员是主体。通常组织中的直接人员和间接人员的比率为 60∶40，如果小于该比例，则存在人员冗余的隐患，造成企业间接成本增大，并有可能出现官僚主义的风气。

3. 年龄分析

通过计算组织人员的平均年龄、年龄结构和分布情况，分析组织是否存在老龄化问题。也可以从人员的职位、学历、工作性质等分析年龄结构，从而为人力资源规划提供参考。

（二）岗位配置分析

人尽其才、才尽其用，职能匹配是人员配置的重要标准，这样才能提高人力资源使用的效率和效果，减少人才浪费。在岗位配置分析中，将人员按照岗位类别划分，采用矩阵表描绘出某组织现有人力资源类别和配置情况（如表 2—6 所示）。

表 2—6　　人员配置情况

使用类别 / 资源类别		非熟练工	熟练工	技工	工程师	专业人员	管理人员	待分配
		100	587	193	50	75	35	5
非熟练工	70	70						
熟练工	600	30	570					
技工	200		7	193				
工程师	60		10		50			
专业人员	80					75		5
管理人员	35						35	

从表 2—6 中可知，该组织存在较严重的人力资源浪费情况。有 30 名熟练工在做非熟练工的工作，7 名技工被安排在熟练工的岗位上，5 名专业人员仍处于待岗状态。

（三）冗员分析

许多组织在发展过程中，都不可避免地面临冗员问题。冗员就意味着存在超出组织正常生产经营活动实际所需的人员。企业的冗员根据其产生的原因可分为两种：第一种是职能不适应者，如技能达不到要求的员工，也包括老弱病残。第二种是职能匹配但超过实际需要而多

余的人员,比如这份工作只需要 2 个人就能完成,但实际却有 4 个人在做,从而造成员工不能满负荷工作,出现人力的浪费。冗员不应包括组织为了长远发展而形成的正常的人员储备,如替补人员。

冗员水平＝全部员工人数－实际需要员工人数－合理储备员工人数

冗员分析不仅要回答企业冗员多少人,还要研究冗员的具体结构和主要原因,这样有助于组织制定针对性的解决办法和措施,消除、消化多余人员。

(四)素质分析

组织人力资源素质是指组织成员的道德观念、知识技能、心理健康等方面的综合,具有内在的稳定性,对组织的运行效率和竞争能力产生显著的影响。

1. 员工的道德观念和思想觉悟

员工的道德观念和思想觉悟很难用客观而具体的指标来衡量,但是企业可以借助问卷调查以及员工的绩效数据加以分析。一项对中美两国企业职工需求的研究发现,在被调查的 454 名美国职工中,以“能有所作为,获得自我实现感”作为第一需求的人数最多;而被调查的 301 名中国员工,大部分人选择“工资、奖金最高”为第一需求。从需求的巨大差异,可见两国企业员工的整体素质的差距。

思想引导行为,高度的敬业精神、效率优先的工作作风、顾客至上的服务意识、诚实守信的职业道德、强烈的集体荣誉感、开拓创新的思想理念等,对组织目标的实现和竞争力的提升发挥着举足轻重的作用。惠普公司的前任 CEO 凯莉・菲奥丽娜通过“文化革命”,塑造了“惠普之道”:信任他人、尊重员工、追求卓越、正直诚信、努力创新,从而为惠普的发展注入源源不断的动力。

2. 员工的知识技能

知识技能包括两个方面:知识水平和技能水平。知识水平是指员工的文化知识、专业知识和工作经验;技能水平是指操作技能、表达能力、管理技能等。企业通过培训等方法努力提高员工的知识技能,在应对竞争的同时,不断满足科技发展的需要。

从两个层次来分析员工的知识技能:第一,通过专业技术职称和最终学历、学位等来反映员工个人的知识技能水平;第二,计算专业技术人员比重、中高级职称人员比重、本科人员比重、大中专毕业生比重、员工平均文化程度等指标来衡量组织整体的知识技能水平。

3. 员工的心理健康

在激烈的职场竞争中和强大的工作压力下,员工的心理健康问题日益突出。员工心理健康与否直接影响员工的工作热情与工作绩效。北京易普斯企业咨询服务中心最近对 IT 行业的 2 000 多名员工所做的调查表明,至少有 5%的员工心理问题较为严重,75%的员工认为他们需要心理帮助。

当前没有统一的标准来衡量心理健康,世界卫生组织提出的标准具有国际通用性,包括社会适应良好、性格健全、意志健全、行为协调、反应良好、心理年龄符合实际年龄、注意力集中、思维健全、情绪稳定协调、心理防卫功能良好 10 个方面。

组织应关注内部职员心理健康状况及变化,通过心理测试等方法进行调查,并提供专业的心理辅导服务,不仅能帮助员工恢复正常的心理状态,而且能塑造更加积极向上的企业文化。

三、组织人力资源整体问题分析

组织人力资源存在的问题必然会影响组织自身当前的竞争和未来的发展,因此必须重视组织人力资源队伍中存在的问题，找出存在的问题，关注能够形成企业竞争优势的关键问题，进行深入的剖析，然后对症下药。

人力资源系统中存在的问题一般包括四个方面：管理、条件、环境和精神。管理方面存在的问题可能与企业的管理体制、管理制度、管理机制和人力资源政策等有关；条件方面的问题可能是工作条件和生活条件等待遇问题；环境方面的问题则与经济、社会、技术和发展环境等有关；精神方面的问题则反映在企业文化的认同和道德观念等方面。

例如，某电子企业对其人力资源存在的问题进行调查研究，并完成问题分析表格（如表2—7所示）。对这些问题的研究和思考，为企业编制人力资源规划提供了重要的参考。

表2—7　　某电子企业对其人力资源问题分析

分析层面	问　题	重点问题	产生的后果	问题的原因	初步对策
管理	·新产品开发数量少 ·新产品技术含量低 ·新产品无法取得用户认可	产品创新技术含量低	市场份额越来越低	专业技术人员创新积极性低	将技术人员的产品开发绩效与考评联系起来
条件	·新产品缺乏创新 ·不能在市场中占领更大的份额	专业人员知识落后	产品设计处于追赶状态	电子产品的相关知识更新加快	加强对专业人员的知识更新
环境	·新产品销售额逐年降低 ·新产品畅销时间短	新产品只是国内外先进产品的模仿	产品生命周期短，投入效益低	缺乏国内外科学技术交流	为国内外科学技术交流提供资金和机会
精神	·新专业技术人员不满老专业技术人员的技术落后 ·老专业技术人员不满新人的自负	新老专业技术人员不融合	无法顺利完成新产品研制	老专业技术人员形成团队文化，外来者短期无法适应	加强对外来者的企业文化教育，引导企业文化改变

资料来源：陈京民、韩松：《人力资源规划》，上海交通大学出版社2006年版，第99页。

四、人力资源需求和供给的平衡

企业的人力资源需求和供给之间经常会处于失衡状态，当人力资源需求大于供给时，出现人力资源短缺问题；反之，人力资源供给大于需求时，企业面临人员冗余。这两种不同的状况需要组织采取不同的人力资源政策和调节方法，以努力达到人员供求的平衡。

（一）人力资源短缺时的政策及方法

1. 人力资源短缺时应制定弥补人力资源不足的政策

第一，把一些富余人员安排到人员短缺的岗位上去；

第二，培训一些企业内部人员，使他们能胜任人员短缺但又很重要的岗位；

第三，鼓励员工加班加点，适当延长工作时间；

第四，提高员工的效率；

第五，适当聘用一些兼职人员；

第六，适当聘用一些临时的全职人员；

第七，适当聘用一些正式员工；

第八，采用资源外包，即把一些工作转包给其他公司；

第九，适当减少工作量（或产量、销量等）；

第十，添置新设备，用设备来减少人员的短缺。

在上述政策中，其中第一、二、三、四是属于企业内部挖掘潜力。虽然也要增加一些成本，例如增加工资、奖金、福利等，但相对代价较低，有利于企业的长期发展，是企业首选的政策。

其中的第八、九、十属于较消极的政策，不仅代价大，而且不利于企业的长远发展，轻易不宜使用。

其中第五、六、七属于中策，当内部挖潜已充分时，可以运用，但也要谨慎。

2. 人力缺乏时的调整方法

(1)外部招聘

外部招聘是最常用的人力缺乏调整方法，当人力资源总量缺乏时，采用此种方法比较有效，但如果企业有内部调整、内部晋升等计划，则应该先实施这些计划，将外部招聘放在最后使用。

(2)内部招聘

内部招聘是指当企业出现职务空缺时，优先将企业内部员工调整到该职务的方法。它的优点首先是丰富了员工的工作，提高了员工的工作兴趣和积极性；其次，它还节省了外部招聘成本。利用“内部招聘”的方式，可以有效地实施内部调整计划。在人力资源部发布招聘需求时，先在企业内部发布，欢迎企业内部员工积极应聘，任职资格要求和选择程序与外部招聘相同。当企业内部员工应聘成功后，正式调整员工的职务，对空出的岗位还可以继续进行内部招聘。当内部招聘无人能胜任时，再进行外部招聘。

(3)内部晋升

当较高层次的职务出现空缺时，优先提拔企业内部的员工。在许多企业，内部晋升是员工职业规划的重要内容。对员工的提升是对员工工作的肯定，也是对员工的激励。由于内部员工更加了解企业的情况，会比外部招聘人员更快地适应工作环境，提高工作效率，同时节省外部招聘成本。

(4)继任计划

继任计划在国外比较流行。具体做法是：人力资源部门详细调查企业的每位管理人员，并与决策组确定哪些人有权利升迁到更高层次的位置；然后制定相应的“职业计划储备组织评价图”，列出岗位可以替换的人选。当然，上述的所有内容均属于企业机密。

(5)技能培训

对公司现有员工进行必要的技能培训，使之不仅能适应当前的工作，还能适应更高层次的工作。这样，就为内部晋升政策的有效实施提供了保障。如果企业即将出现经营转型，应该及时向员工培训新的工作知识和工作技能，以保证在转型后，原有的员工能够符合职务任职资格的要求，这样做的最大好处是防止企业出现冗员。

(二)解决人力资源冗余的方法

企业人力资源富余时，应该制定克服人力资源多余的政策：

第一，扩大有效业务量，如提高销量，提高产品质量，改进售后服务等。

第二，培训员工。由于人力资源富余，一部分员工可以通过培训来提高他们的素质、技能和知识，以利于他们走上新的工作岗位。

第三，实行提前退休制度。

第四，降低员工工资。

第五，减少员工福利。

第六，鼓励员工辞职。

第七，减少每个人的工作时间。

第八，实行临时下岗制度。

第九，辞退员工。

第十，适当或临时关闭一些子公司。

在以上的政策中，第一、二是相当积极的，但许多企业不一定能做到，这是对企业的一种挑战，可以把人员富余危机当作一次企业发展的机会。

其中的第九、十是十分消极的，但在紧急关头也不得不用，因为这种“舍卒保车”的措施毕竟可以使企业渡过难关，以利于今后发展。

其中第三、四、五、六、七、八均属于中策，在企业中运用最多，也较易起作用。

小　结

关键术语

人力资源　人力资源规划　人力资源规划方法　人力资源规划步骤　人力资源分析　人力资源供需平衡

本章小结

1. 人力资源规划是根据组织的战略目标，预测组织未来的任务和环境变化对组织的要求，预测组织在未来环境变化中人力资源的供给与需求状况，制定必要的人力资源获取、利用、保持和开发策略，确保组织对人力资源在数量上和质量上的需求，使组织和个人获得不断的发展。

2. 人力资源规划有利于制定战略目标和发展规划，改变组织内部人力分配不合理状态，指导职业转移，控制人工成本，调动员工的工作热情。

3. 人力资源规划有各种形式，按内容可分为总体规划和具体计划；按时间跨度可分为短期规划、中期规划和长期规划。

4. 企业的规划过程对人力资源计划过程具有制约和限制的作用。人力资源经理应设立有效的人力资源规划和战略规划，必须使两者相互依赖、相互作用。

5. 组织在制定人力资源规划的过程中，必须考虑组织外部和内部影响因素，为制定人力资源规划提供决策上的合理性和可行性。

6. 人力资源规划的编制步骤主要包括：确定人力资源发展的目标、收集信息、制订职务编制计划、制订人员配置计划、进行人力资源预测、制订培训计划、制订人力资源政策、编写人力资源部费用预算、关键任务的风险分析及对策、人力资源规划的执行与评价。

7. 进行人力资源规划时，要分析组织当前人力资源存量，从而有助于提高人力资源需求和供给预测的准确性和可靠性。组织人力资源存量分析包括对组织的外部人力资源状况和内部人力资源状况的认识和把握。此外，还需综合剖析组织当前存在的问题，有助于在人力资源规划中提出有针对性的对策。

知识结构图

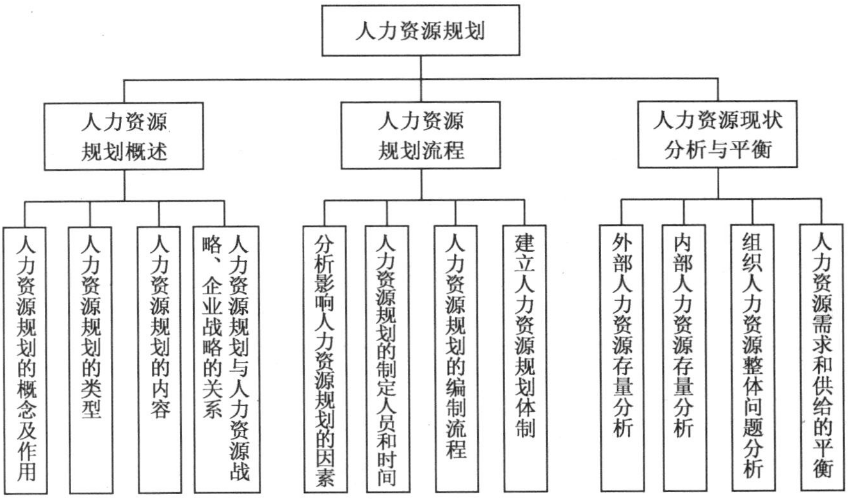

应　用

案例研究

人力资源规划，不就是招聘与薪酬计划吗？

陈峰是求索咨询服务公司的项目经理。当他两年前获得工商管理硕士学位时，就进入求索咨询服务公司。因为攻读硕士学位期间他对人力资源管理和开发做了大量的研究，所以对客户的服务也主要集中在人力资源管理和开发方面。他自认为对人力资源管理有了相当的理论和实践经验。

早晨，他收到一封来自四海公司的邀请信，请他对公司进行综合诊断。看着桌上放着的邀请信，陈峰想起了一周前给四海电子有限公司的一次培训。四海公司是近两年刚刚发展起来的私营公司，由于良好的市场前景，这家公司的发展速度非常快。就在两周前，四海电子有限公司请求索公司对他们的中层经理进行管理培训，原因是他们经理的知识不能满足公司快速发展的需要。他们对培训提出的要求是：既要系统地介绍管理知识，又最好能有一些可以操作的内容。正是在这样一种情况下，陈峰准备的课程是“人力资源管理：绩效考核”。

可是，根据前几名咨询师反馈的信息，陈峰知道：如果不是公司明确规定不认真参加培训的员工将被扣除本年度奖金，听课的人会减少一半。陈峰的讲课时间安排在14:30～18:00，可是直到14:45，那些经理才陆续来到教室。听课的经理中主要有生产部经理梁超、计划办公室主任张卫国、营销部经理葛洪旗、人事部经理赵建、研究发展部经理王志扬、财务经理杨兆丰，还有一些经理助理等。

陈峰注意到，有些经理一走进教室就做好了睡觉的准备。他暗想“看来不能按以前设想的样子去上了”。于是他说：“我想，今天听课的除了人事部的赵经理外，其他人对听课的兴趣都不大。如果是这样，与其光听我一个人讲，不如我们一块讨论一些管理问题。难得各位经理都在，大家在四海公司这几年，与企业一同发展。经过大家的努力，企业有了良好的发展势头。

不过，随着企业规模的扩大和来自外部市场竞争的加剧，我们正在和将要面临许多挑战。大家不妨从各自的角度谈谈自己在工作中遇到的与人有关的主要问题。”

这样一个开场白，让有些经理感到吃惊，那些想睡觉的也有了精神。

沉默了几分钟后，研究发展部的王志扬说：“陈先生，我先介绍一下技术发展部。我们这个部门的前身是四海公司的一个办公室，当初就我和今天的经理助理小沈两个人。我是从市第一电子设备厂退休的，退休后也没什么事，但总也放不下自己的研究。在两年前的招聘会上，刘亮总经理聘我到四海公司做技术顾问。刚开始，我们的工作仅仅是维修设备，做一些简单的设计。这两年，随着企业发展的要求，我们在产品设计开发、技术引进等方面做了大量的工作，同时招聘了一些高校的本科生、研究生充实我们的技术力量。目前，让我最头疼的事是：技术人员跳槽太频繁，经常是一些学生，在这里工作了半年或一年后，就离开四海公司，去了其他电子公司。我们也做了很多思想工作，可他们说那边的工资高，有更多的晋升机会。现在，我们部门被他们搞得人心惶惶。”

陈峰刚想再问点什么，营销部经理葛洪旗举手示意。“我们营销部应该是四海公司规模最大的部门了，在华北、东北和华东我们都建立了自己的经销网络和维修机构。上半年的统计显示，我们的市场份额大概有35%，比去年增长了40%。应该说，公司确立的紧抓服务的营销战略是对的。其实今天您的课我是很想听的，因为就在上个月，东北地区的销售经理给我写的信对我的震动很大。他说，公司单纯地以销售额来评价各个地区销售业绩的政策影响了东北区的销售。因为不管从消费者数量，还是从收入来说，东北地区都明显不如其他两个地区。而公司在制定年初目标时，对这方面的考虑似乎不够充分。他还说，销售人员的士气有些低落。我想请问，对于这种情况，我们应该采取什么样的考核手段来激励员工呢？”

“我看我们还是把想说的都说出来，然后再讨论吧！”生产部经理梁超大声说，“我们部门的问题和你的关系很大咧。”他冲着人事部经理赵建摇了摇手。

“为什么这么说呢？你们每次提出培训要求，我们不都积极地安排。你们说一线员工感到工作压力大，我们还专门安排了羽毛球比赛和卡拉OK。还有什么？”赵建有些不高兴。

“你先别生气，听我慢慢解释。根据质检部门的抽查和顾客服务部门的反馈，产品质量出现下滑。上个月，我们召开班组长会，大家讨论的结果是，有些工人的操作不符合规定。3个月前，我们曾经提出了对员工的培训要求。因为是出国培训，你们就选派了那些平时表现好的员工。”

“那当然，我们就是要让所有的员工知道，只有努力工作，才会有更好的机会。”

“这我不管，那些没有得到培训的员工，以前的技术就需要提高，这次又失去了机会。现在，不仅技术有缺陷，而且情绪低落。虽然我们安排了一些文体活动，但似乎没有彻底解决他们的思想压力。我真的很担心，如果这种状态继续持续下去的话，产品质量将很难得到保证。”

财务经理杨兆丰欠了欠身，慢慢地说道：“我们部门的人员较少，类似的问题倒不多。我经常遇到的比较麻烦的问题是：如何给我的财务人员分工。有时候有些人非常忙，而有些人又没有事做。坦率地说，财务部门的效率不高。”

陈峰整理了一下自己的记录，发现计划办公室主任张卫国还没有发言，于是就问：“张主任，你的主要工作职责是什么呢？”

“我们的主要任务是做好企业的整体计划，包括企业的发展计划、生产计划等。有时还会同财务部门做预算。”

“有人力资源规划吗？”

"人力资源规划？这好像是人事部的事，是吧，赵经理？"

"人事部每年都有一个计划，很简单的。主要是有关招聘和薪酬方面。"

"在座的其他人，还有什么问题？"陈峰问。

停了一段时间，陈峰接着说："这些问题都不是孤立的，它们之间都互有联系。所以任何单纯地就问题论问题，是很难有一个妥善的解决方法。今天，我也不想就某一个问题妄下断语，如果有可能，我希望我们能一起解决。"

资料来源：http://www.xici.net/u13405981/d64431141.html，2019 年 7 月 22 日。

问题：

四海公司在人力资源管理方面遇到的问题有哪些，导致这些问题最根本的原因是什么？

实验实训

1. 通过各种途径了解所在的学校发展及人员情况，编写一份学校的人力资源规划方案。

2. 任选所在城市的一家企业，或调查父母或朋友所在的企业，编制一份简单的人力资源规划方案。

复习思考题

1. 什么是人力资源规划？它包括哪些内容？
2. 人力资源规划具有什么意义？与人力资源管理其他职能的关系如何？
3. 人力资源规划的程序是什么？
4. 如何来预测人力资源管理的需求和供给？

第三章　工作分析

学习目标

通过本章学习，你应能够：
了解工作分析的基本概念与内容；
熟悉工作分析的程序；
掌握工作分析的方法；
编写工作说明书。

导入案例

这个清扫工作该由谁来做?

宏伟公司是新近成立的开发生产电子产品的一家新公司。然而，开业不足两个月，公司在内部员工职责权限划分上出现了问题。

先是组装车间，一个包装工不小心将大量液体洒在操作台周围的地板上。正在一旁的包装组长见状立即走上前要求这名工人打扫干净。不料，这名工人一口回绝道："我的职责是包装产品，您应该让勤杂工处理这样的工作。况且，我的工作职责中没有要求我打扫卫生。"组长无奈，只好去找勤杂工，而勤杂工不在。因为勤杂工要在正班工人下班后才开始清理车间。于是，包装组长只好自己动手，将地板打扫干净。

第二天，包装组长向车间主任请求处分包装工，得到了同意。谁料人力资源部却不予支持，反而警告车间越权。车间主任感到不解，并向生产部副总李静反映了情况，请求得到支持。包装组长更是满腹委屈，他反问："难道我就该什么都负责？我的职责中也没要求我做清扫工作呀。"

李静觉得自己的车间主任受了委屈，就向刘总经理反映了这一问题，要求刘总警告人力资源部不要过多干涉车间内部事务，否则，生产运作会受到不利影响。但刘总却说："我只管战略性的重大事务，内部的分工和沟通，你们自己去协商。"

李静尽管感到很吃惊，但还是表示理解总经理的指示，并且与人力资源部经理张杰协商。张杰的态度也很积极，马上让秘书拿来工作说明书一起分析。包装工的工作说明书规定：包装工以产品包装工作为中心职责，负责保持工作平台以及周围设备处于可操作状态。勤杂工的工作说明书规定：勤杂工负责打扫车间，整理物品，保持车间内外的整洁有序。

为了保证不影响生产，工作时间为生产休息时间。包装组长的工作说明书规定：包装组长负责使班组的生产有序、高效，并协调内部工作关系。车间主任的工作说明书规定：车间主任负责本车间生产任务的完成，并且可以采取相应措施对员工加以激励。人力资源部门的职责主要包括员工的招聘、选拔、培训、考评、辞退、奖惩、工资福利等。

由于员工奖惩权归人力资源部，因此，人力资源部坚持认为生产部门对员工的处分是越权。生产部门则认为，对员工的奖惩应由自己决定，否则，难以对员工进行有效管理，包装组长更是感到委屈，并声称要辞职。协商陷入了僵局。

问题：根据工作说明书，这个清扫工作应该由谁来做？生产部门处分员工对吗？为什么？

资料来源：根据网络资料整理。

第一节　工作分析概述

工作分析又称职务分析，是指对组织中各项工作职务的特征、规范、要求、流程以及对完成此工作员工的素质、知识、技能要求进行描述的过程，它的结果是产生工作描述和任职说明。

工作分析是现代人力资源管理所有职能，即人力资源获取、整合、保持与激励、控制与调整、开发等职能工作的基础和前提，只有做好了职务分析与设计工作，才能据此有效完成现代人力资源管理的各项工作。

一、工作分析的内容

不同的组织有各自的特点和亟须解决的问题。有的是为了设计培训方案，提高员工的技术素质；有的是为了制定更加切合实际的奖励制度，调动员工的积极性；还有的是为了根据工作要求改善工作环境，提高安全性。因此，这些组织所要进行的工作分析的侧重点就不一样。但是，一般来说，工作分析包括两个方面的内容：一是确定工作的具体特征；二是找出工作对任职人员的各种要求。前者称为工作描述，后者称为工作规范或任职说明。

工作分析的责任能否完成取决于能否圆满执行，主要取决于人力资源部门能否与管理人员相互配合、各司其职（如表3－1所示），共同完成工作分析工作。

表3－1　工作分析的责任划分

人力资源部门	管理人员
准备和协调工作分析过程	完成或协助完成工作分析
编写工作描述和工作要求	审核工作描述和工作要求的准确性
修改工作描述及工作要求	随着工作的改变，提出新的工作分析的要求
确保工作分析和管理目标的一致性	确定工作标准
对特殊情况，可寻找外界的帮助	

（一）工作描述

工作描述具体说明某一工作的目的和任务、工作内容和特征、工作职责和权限、工作标准和要求、工作时间和地点、工作流程和规范、工作环境和条件。在不同的组织中工作描述的内容不完全相同，因此，工作描述没有统一的格式。但是，一份规范的工作描述书一般包括六个方面的内容：

1. 工作概况

工作概况主要包括工作名称、工作编号、所属部门、直接上下级等。明确工作概况有利于对各种工作进行识别、登记、分类以及确定这一工作和企业内外的各种工作关系。工作名称应当简明扼要，力求做到能标识工作的责任，在组织中所属的地位或部门，如一级生产统计员、财务部经理就是比较好的工作名称，而统计员、部门经理则不够明确。

2. 工作目的

用简短而精确的陈述说明企业设立这一工作的意义和目的。

3. 工作职责

这是工作描述的主体部分，说明这一工作的主要工作内容、工作权限和工作结果。描述工作职责要注意：(1)工作职责要有一定的概括性和重点性，而不是简单地罗列具体的工作活动。(2)焦点应放在工作的结果上，而不是描述如何履行职责。(3)应按照工作职责重要性的大小逐项列出；按照时间远近的顺序逐项列出。(4)描述工作职责应针对职务而不是当时的任职者。(5)应提出对描述的工作职责进行衡量的标准或方法。

4. 工作条件和物理环境

说明执行工作的条件，包括使用的办公设备，使用的原材料、工具和机器设备等；说明工作的物理环境，包括工作地点的温度、光线、湿度、噪音、安全条件、地理位置、室内或室外等。

5. 社会环境

说明完成工作所需要涉及的工作群体中的人数及相互关系，完成工作所要求的人际交往的数量和程度，与企业各部门之间的关系，工作地点内外的文化设施、社会习俗等。

6. 聘用条件

说明工作任职者在企业中的工作安置情况，包括工作时数、工资结构、支付工资的方法、福利待遇、该工作在企业中的正式位置、晋升的机会、工作的季节性、进修的机会，等等。

表 3—2 是某企业关于营销部经理工作描述的示例。

表 3—2　　某企业营销部经理工作描述

职位名称：营销部经理 所属部门：营销部 直接上级：总经理 直接下级：销售主管、市场主管、大客户主管 审核人：	职位编号：SH-YX-0013 职位定员：1 人 工资等级：3～5 薪酬类型： 编制日期：
一、工作目的 在总经理的领导下，全面负责销售部门的计划、组织、领导和控制工作	
二、工作职责 1. 协助总经理制订营销计划，为重大营销决策提供建议和信息支持。 2. 及时反馈产品改进和新产品开发的信息，并提出建议。 3. 制订本部门工作计划和预算，并组织执行。 4. 组织市场推广和产品宣传，实现公司销售目标。 5. 负责接待重要客户，与客户维持良好关系。 6. 负责组织对外报价、投标、合同谈判、合同签订等销售工作。 7. 负责客户需求预测，及时满足市场需求。 8. 组织协调各主管完成交货、验收测试、客户培训和售后服务工作。 9. 负责组织客户管理，建立产品维护档案和客户档案。 10. 组织制定和落实各项营销管理制度和程序。 11. 负责指导下属制订工作计划，并督促执行。 12. 本部门内工作任务分工，合理安排人员。	

续表

三、工作权限 1. 具有公关活动和广告宣传的指挥权。 2. 总经理授权范围内的合同签订权及产品定价权。 3. 具有对直接下属的调配、奖惩的建议权和任免的提名权。 4. 具有对下属工作争议的裁决权。 5. 具有对下属管理水平、业务水平和工作绩效的考核评价权。
四、工作条件和物理环境 1. 使用计算机、一般办公设备、通信设备。 2.75%以上的时间在室内工作，一般不受气候影响，但可能受气温影响。 3. 湿度适中，无严重噪音，无个人生命或严重受伤危险，无有毒气体。 4. 有外出要求，一年有10%～20%的工作日出差在外。 5. 工作地点在本市。
五、社会环境 1. 有一名副手，营销部工作人员25～30人。 2. 内部协调关系：总经理、研发部、生产部、财务部、人力资源部、总经理办公室等部门。 3. 外部协调关系：政府有关部门、重要客户、物流单位、广告单位、高校等。
六、聘用条件 1. 每周工作40小时。 2. 月基本工资20 000元以及奖金。 3. 本职位是企业的中层岗位，可晋升销售副总经理或子公司总经理。

（二）工作规范

工作规范又称任职要求，具体说明从事某项工作的任职者所必须具备的教育背景、工作经验、生理要求和心理要求等。

1. 一般要求

主要包括年龄、性别、学历、工作经验、知识、技能等。

2. 生理要求

主要包括健康状况、力量和体力、运动的灵活性、感觉器官的灵敏度等。

3. 心理要求

主要包括观察能力、集中能力、记忆能力、理解能力、学习能力、解决问题能力、创造能力、计算能力、语言表达能力、决策能力、沟通交际能力、性格、气质、兴趣爱好、态度、事业心、合作性、领导能力等。

根据上述营销部经理的工作描述书，也可编制其工作规范书（如表3—3所示）。

表3—3　营销部经理工作规范示例

职位名称：营销部经理	职位编号：SH-YX-0013
所属部门：营销部	职位定员：1人
直接上级：总经理	工资等级：3～5
直接下级：销售主管、市场主管、大客户主管	薪酬类型：
审核人：	编制日期：

续表

一、一般要求 1. 年龄:30～40岁;性别:男女不限。 2. 学历:大学本科或以上;专业:通信工程、管理或相关专业。 3. 工作经验:5年以上工作经历,2年以上本行业或相近行业营销管理经验。 4. 知识:精通市场营销管理知识,熟悉财务管理、法律和专业领域知识。 5. 技能:熟练使用常用计算机办公软件,具备电子商务知识,具备英语应用能力。
二、生理要求 1. 身高:正常。 2. 体重:与身高成比例,在合理范围内均可。 3. 听力:正常;视力:正常。 4. 健康状况:无残疾,无传染病。 5. 外貌:无畸形,出众更佳。
三、心理要求 1. 具有很强的记忆能力、理解能力、学习能力、解决问题的能力、创造能力、计算能力、语言表达能力、决策能力、沟通交际能力。 2. 具有较强的观察能力和集中能力。 3. 性格:外向;气质:多血质或胆汁质。 4. 兴趣爱好:喜欢与人交往,爱好广泛。 5. 态度:积极、乐观、事业心强。 6. 合作性:优秀;领导能力:卓越。
四、其他要求 1. 能够随时准备出差。 2. 根据工作需要,适当加班。 3. 一般情况下不可请半个月以上的假。

二、工作分析的作用

工作分析为每项工作的任职者提供了客观标准,成为企业对员工做出提升、调动或降职的决策依据。工作分析保障了同工同酬,并使员工明确工作职责和努力方向,有利于员工积极进取。

工作分析的作用如图3—1所示。

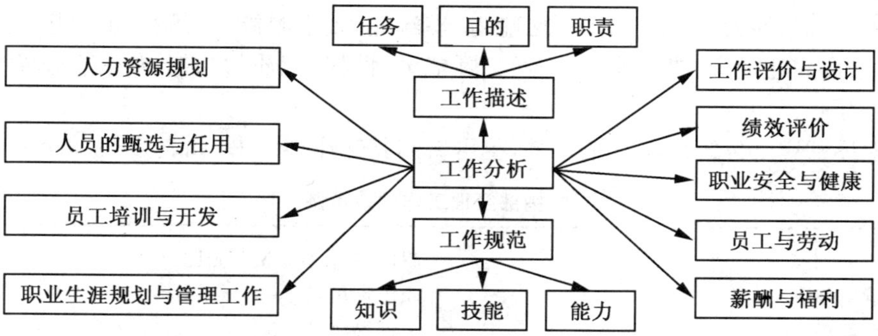

图3—1 工作分析的作用

微型案例

公司成长中的烦恼

杰弗逊公司是一家大型的家用电器集团公司。由于近年来公司发展过于迅速，人员飞速增长，因此许多问题也逐渐暴露出来。表现比较突出的问题就是岗位职责不清，有的事情没人管，有的事情大家都在管，但又发生推诿扯皮的现象。现在公司中使用的岗位职责说明已经是几年前的版本了，可实际情况却已经发生了很大变化，因此根本无法起到指导工作的作用。由于没有清晰的岗位职责，因此各个岗位上的用人标准也比较模糊。这样人员的招聘选拔、提升方法就全凭领导的主观意见了；公司的薪酬激励体系也无法与岗位的价值相对等。员工在这些方面意见很大，士气也有所下降。最近，公司进行了一系列重组工作，年轻有为的新的高层团队也开始发挥作用，他们看到公司目前面临的问题，决定请专业的咨询顾问进行一次系统的人力资源管理诊断和设计工作。由于工作分析是各项人力资源管理工作的基础，因此专家建议首先从工作分析入手。

(一)工作分析是人力资源规划的基础

企业人力资源规划的过程，需要获得关于各种工作本身及其对于任职者要求的信息，这样才能保证企业发展战略对人力资源的需求。由于工作分析产生的任职说明对任职资格与要求做出了明确的说明，使得组织对员工的晋升、调配、解雇也有了客观的标准，组织根据这些客观的标准与员工的个人能力、素质与绩效进行对比分析，做出晋升、调配、解雇等决策。

工作分析有助于人力资源开发与管理之整合功能的实现。首先，工作分析有利于员工的组织同化。由于工作分析对工作有了明确的规范，使得员工的个人价值观服从于组织理念，个人行为必须服从于组织的规范。其次，通过工作分析，可以发现和改进组织在分工协作、责任分配、工作环境等方面的缺陷，以达到加强沟通的目的。再次，通过工作分析可以使组织避免触犯劳动人事方面的有关法规，避免个人与组织在劳资问题上发生冲突。我国历年颁布的《劳动法》中均规定了平等就业、同工同酬等条款，由工作分析产生的任职说明，对不同性别、不同民族、不同资历的人是同等适用的。

(二)工作分析有助于员工招聘和配置

通过工作分析能够明确地规定各项工作的近期和远期目标，规定各项工作的要求、责任，掌握工作任务的静态和动态特点，提出任职人员的心理、生理、技能、知识和品格要求。在此基础上确定任用标准。有了明确而有效的标准，就可以通过素质测评对工作绩效进行评估，选拔和任用符合工作需要和工作要求的合格人员。只有工作要求明确，才能保证工作安排的准确，做到不多设一个岗，不多用一个人，每个岗位人尽其才。

(三)工作分析有助于设计积极的员工开发计划

通过工作分析明确了从事某项工作所应具备的技能、知识和其他各种素质条件。这些要求和条件并非人人都能满足和达到，需要对员工进行不断的培训、开发。因此可以按照工作分析的结果，设计和制订培训方案，根据实际工作需要和参加人员的不同情况有区别、有针对性地安排培训内容和方法，以培训促进工作技能的发展，提高工作效率。另外，工作分析可以使每个员工明确其工作责任与要求，并根据自身的素质与能力，为实现工作目标而努力，即做到人尽其用。

（四）工作分析是员工职业生涯规划的依据

职业生涯规划是把个人的职业发展愿望与企业内已经存在的或者将来会出现的机会匹配起来。这种匹配的过程要求负责职业生涯规划的人员充分了解每项工作的要求，这样才能保证他们能够指导员工从事各自能够取得成功并且感到满意的工作。无论是企业还是个人，如果对各项工作的要求和个人工作的联系没有充分的了解，就不可能制定有效的职业生涯规划。通过工作分析对企业中的工作要求和各项工作之间联系的分析，企业可制定出行之有效的员工职业生涯规划，同时，也使员工有机会或有能力了解各项工作的性质与规范，制定出适合自身发展的职业生涯道路。

（五）工作分析可以为绩效评估提供标准和依据

工作分析由于明确了工作规范与要求，明确了任职要求，因而使得员工的绩效评估有了客观的依据，有利于激发员工的工作积极性；否则将影响到绩效评估的科学性，从而影响员工工作的积极性。

（六）工作分析是合理确定薪酬的基础

任何工作任职者所获得的薪酬高低，主要取决于其从事的工作的性质、难易程度、工作强度、职责大小和工作条件等，而通过工作分析能使各项工作在企业中的重要程度或相对价值得以明确。一般来说，工作的职责越重要，工作就越有价值；需要有更多知识、经验和能力的工作对企业更具价值。因此，以工作分析为基础确定的薪酬水平有助于实现企业内部及企业间报酬的相对公平。

三、工作分析的相关概念

由于工作分析与职位以及职位对应的工作活动是紧密联系在一起的，因此，人力资源管理人员有必要知晓与之相关的一些概念。

1. 工作要素。工作要素是工作中不能再分解的最小劳动单位。例如，从工具箱中取出夹具，将夹具与加工件安装在机床上，开启机床，加工工件等均是工作要素。

2. 任务。任务是指为了达到某种目的所从事的一系列活动。它可以由一个或多个工作要素组成。如工人加工工件、打字员打字等都是一项任务。

3. 职责。职责是指个体在工作岗位上需要完成的主要任务或大部分任务。它可以由一个或多个任务组成。比如，了解员工的满意度是人力资源经理的一项职责，这一职责由下列五项任务组成：设计满意度的调查问卷、进行问卷调查、统计分析问卷调查的结果、向企业高层反馈调查的结果、根据调查的结果采取相应的措施。例如，车工的责任是加工零件、加工件的质量检验、机床的维护与保养；打字员的责任包括打字、校对等任务。

4. 职位。职位是指由一个人完成的一项或多项相关职责组成的集合，又称岗位。职位与个体是一一匹配的，也就是有多少职位就有多少人，二者的数量相等。例如，为了达到组织的生产目标，必须搞好生产管理，包括生产计划、生产统计、生产调度等，为此设置生产计划员、生产统计员、生产调度员、生产科长等职位。其中，生产计划员主要完成生产计划的编制和监督执行任务，对生产计划的质量负责；生产统计员完成生产信息的收集、分析、传递等任务，对生产信息的准确性、完整性和及时性负责；生产调度员完成为实现生产计划而所需的动态管理与控制任务，对调度的有效性和及时性负责；生产科长完成生产管理各方面的协调、指导、监督和指挥任务，对整个生产管理工作的质量负责。

5. 职务。职务是指主要职责在重要性和数量上相当的一组职位的统称，或指一组重要责任相似或相同的职位。例如，人力资源部设有两个副经理的职位：一个主要分管招聘录用和培训开发；另一个主要分管薪酬管理和绩效管理。这两个职位的职责重要性和数量比较一致，因此这两个职位可以统称为副经理职务。职务和职位不同，职位与员工是一一对应的，而职务却并非一一对应。一个职务可能不止一个职位，如上面所举的例子，副经理职务就有两个职位与之对应。

在企业中，职位更强调职务的用人数量方面，通常把所需知识技能及所使用工具类似的一组任务和责任视为同类职务，从而形成同一职务、多个职位的情况，即一职(务)多(职)位。例如，生产计划员、生产统计员、生产调度员这些职位均可由一人或两人甚至多人共同来担任，因而，这些职位分别构成对应的职务。而生产科长则由一人担任，它既可以是职位，又可以是职务。

通常，职位与职务是不加区分的，但是职位与职务在内涵上是有很大区别的。职位是任务与责任的集合，它是人与事有机结合的基本单元；而职务则是同类职位的集合，它是职位的统称。职位的数量是有限的，职位的数量又称编制；一个人所担任的职务不是终身的，可以是专任，也可以是兼任，可以是常设的，也可以是临时的，是经常变化的；职位不随人员的变动而改变，当某人的职务发生变化时，是指他所担任的职位发生了变化，即组织赋予他的责任发生了变化，但他原来所担任的职位依旧是存在的，并不因为他的离去而发生变化或消失。职位可以按不同的标准加以分类，但职务一般不加以分类。

所谓职位分类，是指将所有的工作岗位(职位)，按其业务性质分为若干职组、职系(从横向上讲)；然后按责任的大小、工作难易、所需教育程度及技术高低分为若干职级、职等(从纵向讲)，对每一职位给予准确的定义和描述，制成职位说明书，以此作为对聘用人员管理的依据。

6. 职系(职种)。职系是指职责繁简难易、轻重大小及所需资格条件并不相同，但工作性质充分相似的所有职位集合。如人事行政、社会行政、财税行政、保险行政各属于不同的职系。每个职系中的所有职位性质充分相似。一个职系就是一个职位升迁的系统，也是一种专门职业。

7. 职组。职组是指若干工作性质相近的所有职系的集合。如人事行政和社会行政可并入“普通行政”职组。

8. 职级。职级是指同一职系中职责繁简、难易、轻重及任职条件十分相似的所有职位的集合。如“中教一级”与“小教高级”的数学教师属同一职级。

9. 职等。职等是指不同职系之间，职责的繁简、难易、轻重及任职条件充分相似的所有职位的集合。如大学讲师与研究所的助理研究员均属于同一职等。

我们可通过关于我国部分技术人员专业技术职务的一张表格(如表 3—4 所示)，来说明职组、职系、职级、职等之间的关系与区别。

表 3—4　　职组、职系、职级、职等之间的关系与区别

职组	职系＼职级＼职等	5	4	3	2	1
		员级	助级	中级	副高职	正高职
高等教育	教师		助教	讲师	副教授	教授
	科研人员		助理工程师	工程师	高级工程师	
	实验人员	实验员	助理实验师	实验师	高级实验师	
	图书、资料、档案	管理员	助理馆员	馆员	副研究馆员	研究馆员

续表

职组	职系	职等 5 职级 员级	4 助级	3 中级	2 副高职	1 正高职
科学研究	研究人员		研究实习员	助理研究员	副研究员	研究员
医疗卫生	医疗、保健、预防	医士	医师	主治医师	副主任医师	主任医师
	护理	护士	护师	主管护师	副主任护师	主任护师
	药剂	药士	药师	主管药师	副主任药师	主任药师
	其他	技士	技师	主管技师	副主任技师	主任技师
企业	工程技术	技术员	助理工程师	工程师	高级工程师	正高工
	会计	会计员	助理会计师	会计师	高级会计师	
	统计	统计员	助理统计师	统计师	高级统计师	
	管理	经济员	助理经济师	经济师	高级经济师	
农业	农技人员	农技员	助理农艺师	农艺师	高级农艺师	
新闻	记者		助理记者	记者	主任记者	高级记者
	广播电视播音	三级播音员	二级播音员	一级播音员	主任播音指导	播音指导
出版	编辑		助理编辑	编辑	副编审	编审
	技术编辑	技术设计员	助理技术编辑	技术编辑		
	校对	三级校对	二级校对	一级校对		

第二节　工作分析的程序

工作分析是一个细致而全面的评价过程，它主要包括前期准备阶段、调查和分析阶段、编写工作说明书、工作说明书的保持和更新四个阶段（如图 3－2 所示）。

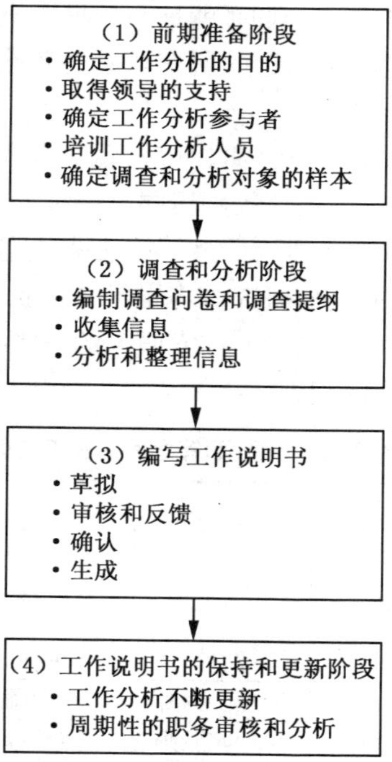

图 3—2　工作分析的基本程序

一、前期准备阶段

这一阶段的主要任务是熟悉情况，明确工作分析的目的、组成工作分析小组、确定工作分析的样本、培训工作分析人员、准备各种工作分析问卷和调查提纲。

1. 确定工作分析的目的。确定工作分析的目的是最重要的，目的也许是更新工作描述，也许是修正薪酬制度的结果，也许是为了重新设计岗位，也许是组织为了更好地适应战略计划进行部分调整。工作分析目的在一定程度上决定了将使用哪种方法来收集资料，并会影响工作分析计划的设计。如当某项工作分析是用来为新员工开发出一个专业技术培训方案时，分析者会关注于该工作的主要活动、任务以及完成的标准和对员工在知识、技能和能力方面的要求。

2. 取得领导的支持。不管出于什么目的，首先要获得高层管理部门的支持。当涉及工作的改变或组织结构的变化时，高层管理人员的支持是必需的，而当员工的忧虑、抵触情绪增长时，来自高层或部门负责人的支持是非常重要的。

3. 确定工作分析参与者。工作分析参与者的确定，一方面要考虑工作分析的目的，另一方面要考虑实际用来进行分析的方法。一般而言，工作分析的负责人通常是熟悉工作分析的人力资源管理部门的专业人士，有时候也需要外部专家的帮助，来主持或协助某些特殊分析方法的应用。一般情况下，工作分析的参加者主要由人力资源部门管理者(经理或专员)，工作承担者，工作承担者的上级主管和其他相关人员构成。

4. 培训工作分析人员。工作分析人员素质的高低对于工作分析的成败起关键作用。因此，必须对工作分析人员进行有针对性的专业培训，使他们明确工作任务，掌握分析方法，具备胜任工作分析的能力。

5. 确定调查和分析对象的样本。把要进行分析的工作分解成若干元素和环节，确定履行职务的基本难度；考虑对象的代表性，确定调查和分析对象的样本。

二、调查和分析阶段

准备工作结束后，就进入调查和分析阶段了。根据选用的分析方法列出进程表。要有充足的时间分配给信息收集。如果采用问卷法，最好让职工将填好的问卷在上交给分析人员前先交给他们的主管看一下。问卷表要附带有关对完成此表的方法的解释。

调查阶段的主要任务是对整个工作过程、工作环境、工作内容和工作人员等主要方面做一个全面的调查与分析。

1. 编制各种调查问卷和调查提纲。充分利用现有文件与资料，如岗位责任制、工作日记等进行分析总结，以便能对所要分析的岗位的主要任务、责任、流程等有比较深入系统的了解和认识。在此基础上，编制和准备各种调查问卷和调查提纲。

2. 到工作场地进行现场观察。了解工作流程，记录关键事件，调查工作必需的工具与设备，并考察工作的物理环境与社会环境。

3. 对主管人员、在职人员广泛进行问卷调查，并与主管人员、“典型”员工进行面谈，收集有关工作的特征以及需要的各种信息，征求改进意见，注意做好面谈记录，注意面谈的方式方法；谈话一般是根据事先拟定的调查问卷和调查提纲内容来进行的。通常可以分三个层面进行：一是与基层管理者谈话，以便了解实际的职务情况；二是与实际任职者谈话，以详尽了解其具体工作状况；三是选择同类任职者的代表人物谈话，以便准确全面地了解实际的工作状况。

4. 工作分析人员可直接参与要调查的工作，或通过实验的方法分析各因素对工作的影响。

5. 仔细审核已收集的各种信息，如果有必要，可以进行第二次现场考察，验证谈话所获信息。

6. 创造性发现有关工作和任职人的关键信息。

7. 归纳、总结出工作分析所需要的材料和要素。

分析阶段是在相关数据收集好后，按照工作种类、工作组类别、部门类别进行分类，对有关工作特征和工作人员特征的调查结果进行深入全面的总结分析。这一阶段的主要任务是认真审核、整理在调查阶段所获得的各种信息，创造性地分析、发现有关工作和人员的关键成分，归纳、总结工作分析的必需材料和要素。主要包括岗位名称、工作任务与职责、劳动强度、工作环境和任职资格等。通过深入全面的总结分析，获得对有关工作特征和人员特征的详尽的信息资料并形成分析报告。

三、编写工作说明书

先前的工作分析是为起草工作说明书做准备的。工作说明书由工作分析人员来写，不让管理人员和职员自己写的理由主要有两个：首先，不易形成固定的格式和内容，两者对工作说明的合法性很重要。其次，管理人员和职员的写作能力各不相同，并且他们所写的内容有可能反映了他们能够完成的事情和个人的资格能力而不是工作的要求。

这一阶段的任务就是根据分析阶段所获信息编制可供操作使用的“工作描述”与“工作规范”，并对工作分析本身进行总结评述，为今后的分析工作提供经验与信息基础。

1. 草拟“工作描述”和“工作规范”。根据工作分析的内容，用经过分析处理的信息，草拟出“工作描述”和“工作规范”。

2. 对比。将草拟的“工作描述”和“工作规范”与实际工作进行对比，根据对比结果决定是否需要进行再次调查研究与修正。

3. 修正。修正“工作描述”和“工作规范”草稿，对特别重要的岗位，可能还需要多次修订与完善。

4. 编写并完善工作说明书。将“工作描述”和“工作规范”合并，汇总形成最终的“工作说明书”，并将其应用于实际工作中，同时注意收集应用的反馈信息，不断完善。当工作说明起草好了，现有管理人员要审阅一遍，而是否交由员工再审阅决定于管理风格和企业文化。

所有工作完成后，人力资源部门将工作描述交给管理人员、主管、员工。主管和员工一起讨论最终的工作说明成果，这有助于对它形成一致的理解，有助于业绩评估和其他人力资源活动。

四、工作说明书的保持和更新阶段

工作说明书完成后，还要建立一个系统去维持它的正确性。另一方面，由于企业不停地变化，整个分析的系统过程需要相应地进行更新。

人力资源部门的相关人员要承担确保工作说明书准确性的责任。在这个过程中，员工和他们的管理人员扮演了重要角色，因为他们清楚地知道什么时候发生了变化。另一个有效的办法是在其他人力资源活动中使用工作说明书。例如，当出现了职位空缺时，在招募新人之前要重新修改工作说明书。类似地，一些企业的管理人员在业绩评估时要参阅工作说明书，从而可以识别工作说明书是否能充分说明工作、是否要修改。另外，在进行人力资源计划时通常要开展综合的、系统的复审。许多企业每三年或当技术发生变化时就开展一次彻底的审查活动，更普遍的是，当发生了组织性的变化时，审查活动也随之展开。

第三节　工作分析的方法

工作分析的信息可以通过多种方式收集到。西方发达国家经过人力资源专家与企业的共同努力，已经形成许多较为成熟的方法，如以工作为中心和以人为中心的方法。我国的人力资源工作分析方面尚在起步阶段，许多企业往往只限于岗位规范的制定，还达不到工作分析的要求。最常用的工作分析方法主要有观察法、访谈法、问卷法、工作日志法及其他方法。

一、观察法

观察法是指工作分析人员通过在工作现场对员工正常工作的状态进行观察，获取工作信息的方法。通过对信息进行比较、分析、汇总等方式，得出工作分析的成果。观察法的适用范围是有限的，许多工作循环持续时间较长，不宜完整地观察到全过程。所以观察法适用于重复性的工作，并要与其他方法相结合。比如，体力工作者和事务性工作者如流水线工人、搬运工、操作员、文秘等职位适用观察法。

管理人员或职业分析专家通过观察部分工作执行情况，同时借用其他方法对工作情况、工作环境有个大致的了解。不同时刻的多次观察有助于其他方法的实施效果。

工作抽样是观察法的一种，它不要求观察整个工作循环的每个细节，相反，管理人员可以借助抽样数据决定一个工作日的内容和节奏。

另一种观察法是员工日志法，它要求员工持续地将自己工作的情况记录在工作日志上，它在提供有效信息的同时可能会加重员工的负担，员工要填写详细的日志，他们会认为这是浪费他们的工作时间。

小资料

工作分析观察提纲(部分)

被观察者姓名：＿＿＿＿＿＿　　日期：＿＿＿＿＿＿

观察者姓名：＿＿＿＿＿＿　　观察时间：＿＿＿＿＿＿

工作类型：＿＿＿＿＿＿　　工作部分：＿＿＿＿＿＿

观察内容：

1. 什么时候开始正式工作？＿＿＿＿＿＿

2. 上午工作多少小时？＿＿＿＿＿＿

3. 上午休息几次？＿＿＿＿

4. 第一次休息时间从＿＿＿＿到＿＿＿＿。

5. 第二次休息时间从________到________。
6. 上午完成产品多少件？________
7. 平均多长时间完成一件产品？________
8. 与同事交谈几次？________
9. 每次交谈约多长时间？________
10. 室内温度________度。
11. 上午喝了几次水？________
12. 什么时候开始午休？________
13. 出了多少次品？________
14. 搬了多少次原材料？________
15. 工作地噪音分贝是多少？________
16. 其他____________________

二、访谈法

访谈法是通过工作分析人员与员工面对面的谈话来收集工作信息资料的方法。它是工作分析中大量运用的一种方法。因为对于许多工作，分析者不可能实际去做(如飞行员的工作)或者去观察(如建筑设计师的工作)。这种情况下必须去访问实际工作者，了解他们所做工作的具体情况，从而获得工作分析所必需的资料。访谈法包括个别员工访谈法、集体访谈法和主管访谈法。个别员工访谈法适用于各个员工的工作有明显差别、工作分析的时间又比较充分的情况。集体访谈法适用于多名员工从事同样工作的情况。使用集体访谈法时应请主管出席，或者事后向主管征求对收集到的材料的看法。主管访谈法是指与一个或多个主管面谈，因为主管对于工作内容有相当的了解。主管访谈法能够减少工作分析的时间。

通常员工和他们的主管都要被面谈，以便全面了解工作。在某些情况下，有可能采取全体人员座谈法，这对那些难以定义的工作较适用。

提醒您

提高访谈质量的方法与技巧

1. 尊重被调查人，接待要热情，态度要诚恳，用语要适当；
2. 营造良好的氛围，使被调查者感到轻松愉快；
3. 调查者应启发、引导，对重大问题应尽量避免发表个人的观点与看法；
4. 尽量与被访问者处于同一位置，尤其是普通的员工，要想办法打消他们的顾虑，并在工作中信守对这些普通员工的承诺，要注意非语言的交流；
5. 鼓励访谈对象用自己习惯的方式表达他们的想法；
6. 灵活安排时间，让访谈对象来确定日程；
7. 协助者应起到一定的引导作用。

访谈法是工作分析中最为常用的信息收集方法，尽管它不如问卷调查法那样具有完善的结构，但是这种方法由于能面对面地交换信息，可对对方的工作态度与工作动机等较深层次的内容有比较详细的了解，因此，它有问卷调查法无可替代的作用。

工作分析专家与任职者面对面地谈话，从面谈中可以得到在职者以下四方面的信息：工作目标，即组织为什么设置这个工作（岗位），并根据什么予以报偿；工作的范围，即工作在多大的范围内进行，员工行为的最终结果是什么且如何度量；工作的性质；工作的责任目标。

小资料

工作分析访谈提纲（部分）

访谈人：＿＿＿＿＿＿　访谈时间：＿＿＿＿＿＿

被访谈人：＿＿＿＿＿　职　　位：＿＿＿＿＿＿

在本公司任职时间：＿＿＿＿年＿＿月

在本职位任职时间：＿＿＿＿年＿＿月

工作地点：＿＿＿＿＿＿＿＿　联系电话：＿＿＿＿＿＿＿＿

工作内容：＿＿＿＿＿＿＿＿＿＿＿＿＿＿＿＿

与其他部门的联系：＿＿＿＿＿＿＿＿＿＿＿＿＿＿＿＿

所需资源：＿＿＿＿＿＿＿＿＿＿＿＿＿＿＿＿

技能与能力要求：＿＿＿＿＿＿＿＿＿＿＿＿＿＿＿＿

其他事项说明：＿＿＿＿＿＿＿＿＿＿＿＿＿＿＿＿

面谈需要专门的技巧，工作分析专家一般要接受专门的训练。访谈时，即使访谈者具有良好的专业素质，也往往会因为访谈所得信息的不确定性、量大且条理性差而在随后的整理过程中备感头疼。访谈过程中涉及的问题往往较多，为了避免遗漏，保证信息采集的质量，最好事先拟订一份比较详细的访谈问卷或访谈提纲，这样便于记录、归纳和比较信息，并能更好地将访谈内容限制在与工作有关的范围内。

三、问卷法

问卷法是工作分析人员通过结构化的问卷要求任职者和他们的主管以书面形式记录有关工作分析的信息。调查问卷的设计是问卷法成败的关键，所以问卷一定要设计得完整、科学、合理。工作分析人员首先要拟定一套切实可行、内容丰富的问卷，然后由员工填写。问卷的问题一般集中于各种工作的性质、工作的特征、工作人员的特征或业绩评价标准等方面，提问的方式可以是封闭式的，也可以是开放式的。封闭式问题要求答卷者从问卷提供的选项中进行选择，主要用于任务分析和能力分析。另外，对于一些事实性的问题应尽可能采用封闭式问题，这样问卷结果就具有较高的统一性，也相对客观，便于分析。开放式问题允许答题者按自己的观点和想法回答，也可以作为封闭式问题的补充，便于获取更广泛的信息。因为员工对工作与问卷上的问题有不同的理解，读写水平也有不同，因而问卷法通常与观察法和访谈法结合使用。

实用案例

员工调查问卷

日期：__________

公司名称：________________ 职位与职称：____________________

所属部门：________________ 所属科室：______________________

主管：__________

总公司□ 分公司或地区办事处：______________________________

1. 说明此工作的主要责任与任务

____

____

2. 其他较不重要的责任与任务

____

3. 此工作所需要的工具与仪器	大量使用	频繁使用	适度使用	偶尔使用	极少/不使用
A.______	______	______	______	______	______
B.______	______	______	______	______	______
C.______	______	______	______	______	______
D.______	______	______	______	______	______

4. 此工作所需的教育程度

高中以下□ 高中□ 大专□ 本科□ 硕士□ 博士□

5. 此工作需要的相关工作经验

不用经验□ 3个月以下□ 3个月到1年□ 1～3年□ 3～5年□ 5年以上□

6. 此工作的监督程度

□经常性地监督。除去不重要之差异，其余一并交由主管处理。

□每日几次即可，包括呈报，接受意见及指派工作。按照一定的方式与程序进行。例外事项尤应注意。

□偶尔。由于多数工作皆重复且相互牵连，因此只要制定规则与标准指引进行管理即可。对于不寻常的问题亦要注意，并及时提供建议与采取行动。

□有限监督。工作一经指派后全权负责，虽有若干工作方法可供采用，不过不妨有自己的一套。

□确定符合目标即可。评估工作，可采用任何方式，主要着重于整体成效。经常发展一些可获得预期成果的方法。

□少量或没有直接监督。工作方法之选择、发展与协调只要在一般政策范围内皆可任意行之。

7. 你所做的任何独立的决策的范畴与性质如何？

____

____

你拒绝的事项在生效前是否经常要复核？如果要，由谁复核？

____

8. 此工作的任职者在下列事项上具有的权力

	完全可以决策	需与他人协商决定	建议	只允许被告知	不允许被告知
指导					
派工					
核工					
规划别人的工作					
制定工作标准					
协调业务					
解决员工问题					
面试					
甄选员工					
调动与配置					
晋升					
奖惩					
解雇					
提薪					
……					

9. 关于本公司的业务，与他人如何联系

	持续不断	频繁	偶尔为之	从不	方法(电话/信函/访问)
其他部门的员工					
公司政策制定当局					
社会公众					
客户					
同行业工会					
政策机关					
其他					

请列举联系的例子，并说明目的：

10. 此工作所需的技能

	不具备则无法工作	非常需要	需要	最好具备，若无也无妨	根本不需要
观察能力					
集中能力					
记忆能力					
学习能力					
解决问题能力					
创造能力					
数学计算能力					
语言表达能力					
决策能力					
交际能力					
合作能力					
领导能力					
……					

11. 本工作所需的个人品格

	不具备则无法工作	非常需要	需要	最好具备，若无也无妨	根本不需要
智商水平					
情商水平					
性格					
气质					
兴趣					
爱好					
工作态度					
事业心					
自信心					
坚定性					
个人期望					
宗教信仰					
个人仪表					
……					

12. 本工作的输入与输出

完成工作本人必须具备以下输入：

A. ________________ B. ________________

C. ________________ D. ________________

此工作完成后产生如下结果：

A. ________________ B. ________________

C. ________________ D. ________________

13. 此工作可能产生的差错

此工作可能产生的差错是：________________________________

____

这些差错可通过以下方式被发现或检查到：

____

这些差错可通过以下方式被纠正：

____

这些差错若不被发现，则会产生如下后果：

____

14. 此工作所必需的体能动作

	剧烈运动	不间断运动	间断性运动	偶尔运动	无须运动
身体					
手指					
手臂					
腿部					
眼睛					
……					

15. 此工作的物理环境与社会环境

	不具备则无法工作	非常需要	需要	最好具备，若无也无妨	根本不需要
物理环境	____	____	____	____	____
无尘	____	____	____	____	____
无噪音	____	____	____	____	____
湿度适宜	____	____	____	____	____
温度适宜	____	____	____	____	____
气候适宜	____	____	____	____	____
无危险	____	____	____	____	____
无事故可能性	____	____	____	____	____
有足够的空间	____	____	____	____	____
工作地点	____	____	____	____	____
外地出差	____	____	____	____	____
社会环境	____	____	____	____	____

此工作的下属人员：________________

此工作的工作群体：________________

此工作的上级主管部门与人员：________________

为使得此工作更加有趣，应为员工增添如下社会活动：________________

____

16. 此工作的聘用条件

工作时间：________小时　　　　每周工作________天

法定节假日：□休息/□不休息/□根据需要决定是否休息

根据公司规定□可享受/□不享受带薪公休假期

工资□实行/□不实行年薪制，工资□每月/□每周发放；工资为________元

公司提供的其他福利：________________

____

17. 此工作在公司中所属的地位

□办事员级　　□主办级　　□主管级　　□部门经理

□总经理助理级　　□助理总经理级　　□副总经理级　　□总经理级

□总经理级以上

18. 此工作的任职者的晋升与培训机会

可得到的晋升机会：________________

____

可得到的培训机会：________________

____

问卷法的优点是：(1)它能够从许多员工那里迅速得到进行工作分析所需的资料，可以节省时间和人力。这种方法一般比其他方法费用低、速度快。(2)调查表可以在工作之余填写，不会影响工作时间。(3)这种方法可以使调查的样本量很大，因此适用于需要对很多工作者进行调查的情况。(4)调查的资料可以数量化，由计算机进行数据处理。

问卷法的缺点是：(1)设计理想的调查表要花费很多时间、人力和物力。而且，问卷的设计比较费工夫，且由于它属于一种“背靠背”的方法，不易了解对方的工作态度与工作动机等较深层次的内容。(2)填写调查表由工作者单独进行，缺少交流，因此被调查者可能不积极配合与认真填写，从而影响调查的质量。

四、工作日志法

工作日志法也称现场工作日记法，是由员工本人自行记录的一种信息收集方法，由任职者将自己每天所从事的每一项活动按时间顺序以日志的形式记录下来，要记录的信息一般包括所要进行的工作任务、工作程序与工作方法、工作职责、工作权限以及各项工作所花费的时间等，一般需要填写工作日志 10 天以上。这种方法提供的信息完整详细，且客观性较强，适用于对管理或其他随意性强、内容复杂的工作进行分析。需注意的是，工作日志应该随时填写，比如以 10 分钟、15 分钟为一个周期，而不应该在下班前一次性填写，以保证填写内容的真实性和有效性。

就工作本身而言，从事这项工作的人对这一工作的情况和要求最为清楚，因此，由工作者本人进行记录是最为有效和经济的，而且对于那些有经验的工作者而言，即使某些工作没有在工作日志填写期内发生，也可以根据以往的经验将一个完整工作周期内的主要工作内容补充完全。当然这种方法也可能会因记录者本身或多或少的主观色彩而造成记录偏差，这一问题可以通过由工作者的直接上级来进行必要的检查和校正得以解决。

工作日志的对象可以是先进的、一般的或后进的工人，也可以对设备的运转进行记录。工作日志记录的范围，可以是个人的，也可以是集体的；记录的内容，可以是典型的，也可以是全面的。采用工作日志的方法，甚至可以对全体员工的工作信息进行采集、整理和分析，并在个人工作信息整理和分析的基础上，形成岗位工作清单和部门工作清单，具体采用何种形式收集哪些信息，都要根据工作分析的目的和要求来决定。

工作日志法的概念和操作乍看起来十分简单，但在实际操作过程中由于涉及人员多、员工个人素质参差不齐、信息记录需要有一定的规范和要求、过程枯燥易导致填写人推诿应付等，这些都会直接影响工作日志能否获得真实有效的工作信息，并进而影响其后的工作信息汇总以及对工作信息的各类分析。因此，在采用工作日志法来收集工作信息时，必须做好充分的准备工作，确保整个日志填写及随后信息整理分析过程的顺利进行。下面是某企业在使用工作日志法进行工作信息收集时所编制的工作日志填写指南，希望能够对读者有所借鉴。

小资料

××企业工作分析操作指南(部分)

1. 填写工作日志:各部门组织员工填写10个正常工作日的工作日志,即时记录员工的工作任务,提取相关工作信息。工作日志表的具体格式参见附表一,填写说明如下:

(1)工作日志表摆放在工作台上,每做完一件事立即填写。

(2)各主管领导进行巡查,监督工作日志填写的完成情况。

(3)每日填写后由主管领导检查、签字,当日工作日志填写不合格的,需增加填写天数,直至完成10个工作日的合格工作日志。

(4)在填写期间,如有员工加班的(非工作日),仍需填写工作日志,视同工作日。

(5)在填写期间,如有员工请假造成不能填写工作日志的,需补填工作日志,直至完成10个工作日的合格工作日志。

(6)将填好的工作日志汇总,交人力资源部门审查、保管。

(7)根据工作日志填写中的问题,对填写不正确的给予指导,对填写不认真的要批评教育。以下状态属填写不合格:

①表格填写不完整,存在空漏项,如不填写时间消耗,未对重要程度进行判断等;

②不能准确描述工作的;

③用词不当,容易引起误解的;

④使用缩略语使他人不可理解的;

⑤字迹潦草、无法辨认的;

⑥未按规定要求随时填写,而事后一次性填补的。

(8)每天工作日志填写的起止时间以实际工作时间和下班时间为准,中间休息时间要分开。

(9)工作性质分为“例行”和“偶然”两种类型,本工作职责范围内重复发生的称为“例行”,属于本工作职责范围但极少发生或非本工作职责内的称为“偶然”。

(10)时间消耗:按每项活动单独计算。

(11)重要程度:根据在本职工作内对本人工作业绩影响的相对重要程度来判断。

(12)备注栏:对某一工作活动进行特殊说明,如填写:“应属他人职责,但由于他人不在而代做的工作活动”。

(13)在工作日志的填写过程中,相同的工作任务应使用同一种表达方式进行描述。

附表一　员工工作日志表(示例)

××年4月2日　上午:8:10～11:30　下午:12:30～18:45

部门:集团办公室　　职务:助理主任　　姓名:王小玲

序号	工作活动名称	工作性质(例行/偶然)	时间消耗(分钟)	重要程度(一般/重要/非常重要)	备注
1	给本部门人员分配临时性工作任务	偶然	5	一般	
2	会同集团人力资源部向集团各部门负责人征求关于4月份生日方案	偶然	40	一般	
3	到集团领导办公室检查办公设备是否正常	偶然	5	重要	
4	收集团领导审签文件交办秘书转达相关部门	例行	10	非常重要	
5	与出版社张×签订集团认刊《××市道路交通图》合同	偶然	30	重要	
6	通知相关部门到集团办取文件	例行	2	非常重要	
7	审核车队司机支出证明单	例行	5	一般	
8	新入职外勤秘书面试并签署"入职表"意见	例行	10	重要	
9	阅投诉信转人力资源部张经理	例行	5	重要	
10	……	……	……	……	

2. 填写个人工作任务汇总表:个人对10个工作日的工作日志进行汇总。个人工作任务汇总表的具体格式见附表二,填写说明如下:

(1)按工作日志填写的时间顺序和工作任务发生的先后顺序,将各项工作任务填入个人工作任务汇总表中,相同的工作任务不进行重复填写,但需记录该任务每次发生的时间消耗,最后累计某项工作任务的总消耗时间。

(2)汇总之后,将遗漏的、未发生的,以及应做而从未做过的、未来发展需要做而现在未做的工作任务添加上,注明原因,不记录时间消耗。

附表二　个人工作日志汇总表(示例)

部门:集团办公室　　职务:助理主任　　姓名:王小玲　　自××年4月2日至4月16日

序号	工作任务名称	时间消耗(分钟)	时间累计
1	给本部门人员分配临时性工作任务	3+1+5+3+3+2+3+5+5+10+2+2+2+5+5+5+3+2+4	70
2	会同集团人力资源部向集团各部门负责人征求关于4月份生日方案	40	40
3	到集团领导办公室检查办公设备是否正常	5+5+5+5+5+5+5+5+5+5+5+5	60
4	收集团领导审签文件交办秘书转达相关部门	10+8+5+10+5+10+5+8	61
5	与出版社张×签订集团认刊《××市道路交通图》合同	30	30
6	通知相关部门到集团办取文件	2+3	5
7	审核车队司机支出证明单	5+10	15
8	新入职外勤秘书面试并签署"入职表"意见	10	10
9	阅投诉信并转人力资源部张经理	5	5
10	审签本部门领料单	3	3
11	审核车队司机调休单	2+2	4
12	审核总部宿舍用电情况统计表	10	10
13	请电脑工程师检查电脑排除故障	5	5
14	……	……	……

提醒您

> 工作日志法若运用得好，可以获取大量更为准确的信息。但是从工作日志法中得到的信息比较凌乱，难以组织；且任职人员在记工作日志时，有夸大自己工作重要性的倾向；同时，这种方法会加重员工的负担。因此，在实际的企业管理中，工作日志法很少得到运用。

五、其他方法

工作分析的其他方法主要有：

1. 参与法。参与法也称职务实践法，顾名思义，就是工作分析人员直接参与到员工的工作中去，扮演员工的工作角色，体会其中的工作信息。参与法适用于专业性不是很强的职务。参与法与观察法、问卷法相比较，获得的信息更加准确。要注意的是，工作分析人员需要真正地参与到工作中去体会工作，而不是仅仅模仿一些工作行为。

2. 文献资料分析法。如果工作分析人员手头有大量的工作分析资料，比如类似的企业已经做过相应的工作分析，则比较适合采用本办法。这种办法最适用于那些比较常见而且非常正规、并已有一定历史的工作。

3. 专家讨论法。专家讨论法是指请一些相关领域的专家或者经验丰富的员工进行讨论来进行工作分析的一种方法。这种方法适合于发展变化较快，或岗位职责还未定型的企业。由于企业没有现成的观察样本，所以只能借助专家的经验来规划未来希望看到的职务状态。

在组织中，工作分析人员不仅仅使用一种方法来获取信息，将各种方法结合起来，使用效果通常会更好。如分析事务性工作和管理工作时，工作分析人员可以采用问卷法，并辅之以面谈和有限的观察；在研究生产性工作时，可采用面谈和广泛的工作观察法来获得必要的信息。工作分析人员需把多种分析方法结合起来进行有效的工作分析。

第四节　工作说明书的编制与应用

工作说明书是用文件形式来表达的工作分析的结果，基本内容包括工作描述和任职资格说明。工作描述一般用来表达工作内容、任务、职责、环境等，而任职资格说明则用来表达任职者所需的资格要求，如技能、学历、接受的训练、经验、体能等。事实上，表达准确的工作说明书一旦编写出来，该工作的等级水平层次就客观地固定下来了，工作评价则是对这种客观存在的准确认识。

一、工作说明书的内容

工作说明书主要由基本资料、工作描述、任职资格说明、工作环境四大部分组成（如表3—5所示）。

表 3—5 工作说明书的内容

项　目	内　容
基本资料	工作名称、直接上级职位、所属部门、工资等级、工资水平、所辖人员、定员人数、工作性质
工作描述	• 工作概要，即用简练的语言说明工作的性质和中心任务； • 工作活动内容，包括各项工作活动基本内容、各项活动内容占工作时间的百分比、权限、执行依据和其他； • 工作职责，要逐项列出任职者的工作职责； • 工作结果，要说明任职者执行工作应产生的结果，以定量化为好； • 工作关系，包括工作受谁监督、工作的下属、职位的晋升与转换关系、常与哪些职位发生联系； • 工作人员使用的设备和信息说明，主要是指所使用的设备名称和信息资料的形式。
任职资格说明	• 所需最低学历； • 接受培训的内容和时间； • 从事本职工作以及相关工作的年限和经验； • 一般能力； • 兴趣爱好； • 个性特征； • 职位所需的性别、年龄规定； • 体能要求； • 其他特殊要求。
工作环境	• 工作场所，是指在室内、室外还是其他特殊场所； • 工作环境的危险性说明，是指危险存在的概率大小、对人员可能造成伤害的程度、具体部位、已发生的记录、危险性造成的原因等； • 职业病，即从事本工作可能患上的职业病的性质说明及轻重程度表述； • 工作时间要求，如正常工作时间、额外加班时间的估计等； • 工作的均衡性，工作是否存在忙闲不均的现象及发生的频率； • 工作环境的舒适程度，即是否在恶劣的环境下工作，工作环境给人带来的愉快感如何。

小资料

工作说明书编制注意事项

• 工作说明书的内容可依据工作分析的目标加以调整，内容可简可繁；

• 工作说明书可用表格形式表示，也可采用叙述型，一般都应包括工作分析人员的姓名、人数栏目；

• 工作说明书中，需个人填写的部分，应运用规范术语，字迹要清晰，力求简洁明了，美观大方。

二、工作说明书的编写要求

工作说明书在组织管理中的地位是十分重要的。它不但要帮助任职者了解自己的工作，明确其责任范围，还要为管理者的某些重要决策提供参考。因此，编写工作说明书应遵循特定的要求，才能保证其更好地发挥对任职者和管理者的指导与参考作用。

一般来说，工作说明书的编写应当遵循如下要求：

1. 清晰。这要求整个工作说明书对工作的描述清晰明了，任职者读过后，可以无须询问他人或查看其他说明材料，就能明白自己应该做什么、如何做等。说明书中忌使用含糊不清和专业难懂的词汇。

2. 具体。工作说明书中的措辞应尽量选用一些具体的动词。如“安装”“加工”“传递”“分析”“设计”等。同时指出工作的种类、复杂程度，任职者需具备的具体技能、技巧、应承担的具体责任范围等。而且应当注意组织中基层（或一线）员工的工作更为具体，因此，其工作说明书中的描述也应更具体而详细。

3. 简明扼要。这要求工作说明书中的语言应尽量简单明确，避免使用冗长的词句。

4. 客观。工作说明书的整个编写过程应建立企业工作分析系统，由企业高层领导、典型职务代表、人力资源管理部门代表、外聘的工作分析专家与顾问共同组成工作小组或委员会，协同工作，完成整个编写工作。

5. 统一。工作说明书的具体形式可能有多种，但其核心内容却不应当改变。要求工作说明书中的重要项目，如工作名称、工作概要、工作职责、任职资格等，必须建立统一的格式要求，注重整体协调。否则，难以发挥工作管理作用。

三、工作说明书的编制流程

工作说明书的编制流程如图 3—3 所示。

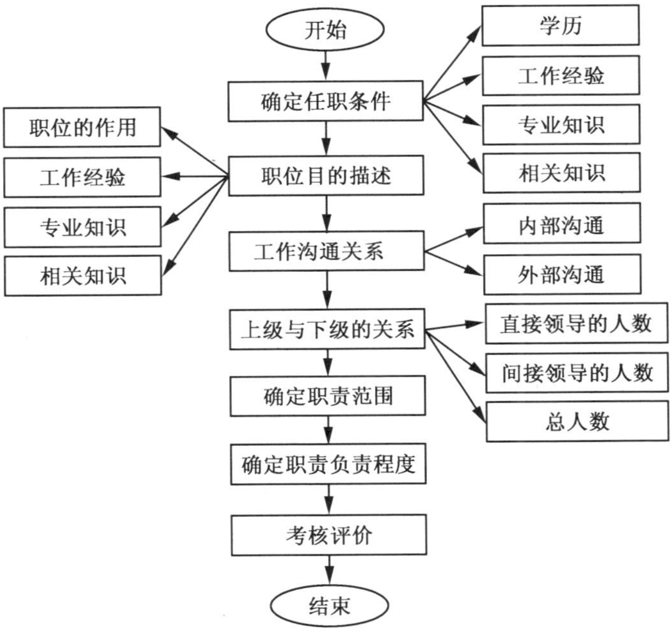

图 3—3　编写工作说明书的流程

企业可根据工作分析的目标选择编制适合的工作说明书（如表 3—6、表 3—7 所示）。

表 3—6 简单的工作说明书范例

工作说明书

部　　门:办公室　　　　职位:办事员
职位等级:七级　　　　职系:行政管理
工作内容:负责办公室行政事务管理事项
1. 公章的管理与使用。
2. 复印机、速印机、传真机的管理。
3. 办公环境安全及卫生管理工作。
4. 公司文书、信件等的收发事宜。
5. 书报杂志的订购与管理。
6. 接待来访人员。
7. 公司车辆的统筹调配管理。
职务资格:
1. 大学本科毕业,曾任人事或总务工作两年以上。
2. 大专毕业曾任人事、总务工作六年以上。
3. 现任职位等级七级以上。
4. 具有高度服务精神与善于处理人际关系者。
5. 男女均可。

表 3—7 详细的工作说明书范例

<table>
<tr><td colspan="8">基本资料</td></tr>
<tr><td>职务</td><td>职称</td><td>工资等级</td><td>工资水平</td><td>定员</td><td>所属部门</td><td>分析日期</td><td>分析人</td></tr>
<tr><td></td><td></td><td></td><td></td><td></td><td></td><td></td><td></td></tr>
<tr><td colspan="4">工作描述</td><td colspan="4">工作执行人员的资格条件</td></tr>
<tr><td rowspan="2">工作概要</td><td colspan="3" rowspan="2"></td><td colspan="3">执行工作的条件</td><td>需求程度</td></tr>
<tr><td rowspan="8">智力条件</td><td colspan="2">基础知识</td><td></td></tr>
<tr><td rowspan="3">工作时间</td><td colspan="3" rowspan="3">1. 正常班(实际劳动时间　小时)
2. 早到(约　分)
3. 加班(约　小时/周)
4. 轮班(　)</td><td colspan="2">作业知识</td><td></td></tr>
<tr><td colspan="2">规划能力</td><td></td></tr>
<tr><td colspan="2">注意力</td><td></td></tr>
<tr><td rowspan="4">工作姿势</td><td colspan="3" rowspan="4">1. 坐(　%)
2. 立(　%)
3. 走动(　%)
4. 蹲、弯腰(　%)</td><td colspan="2">判断能力</td><td></td></tr>
<tr><td colspan="2">语言能力</td><td></td></tr>
<tr><td colspan="2">领导能力</td><td></td></tr>
<tr><td colspan="2">控制能力</td><td></td></tr>
<tr><td rowspan="4">工作程序及方法</td><td colspan="3">1　(%)</td><td rowspan="4">身体条件</td><td colspan="2">体力</td><td></td></tr>
<tr><td colspan="3">2　(%)</td><td colspan="2">运动能力</td><td></td></tr>
<tr><td colspan="3">3　(%)</td><td colspan="2">手眼配合能力</td><td></td></tr>
<tr><td colspan="3">4　(%)</td><td colspan="2">效应</td><td></td></tr>
</table>

续表

<table>
<tr><td rowspan="8">工作环境</td><td>分类</td><td>程度</td><td colspan="2">身体疲劳程度</td><td></td></tr>
<tr><td>温度</td><td></td><td colspan="2">精神疲劳程度</td><td></td></tr>
<tr><td>湿度</td><td></td><td colspan="2">熟练期</td><td></td></tr>
<tr><td>粉尘</td><td></td><td rowspan="5">经验</td><td>同类工作</td><td>年</td></tr>
<tr><td>异味</td><td></td><td>相关工作</td><td>年</td></tr>
<tr><td>污秽</td><td></td><td>1</td><td>年</td></tr>
<tr><td>噪声</td><td></td><td>2</td><td>年</td></tr>
<tr><td>危险性</td><td></td><td>3</td><td>年</td></tr>
<tr><td colspan="3">使用设备：</td><td colspan="3">备注：</td></tr>
</table>

四、工作说明书的应用

工作分析是现代人力资源管理的基础，工作分析结果在人力资源管理各项功能中发挥着不可或缺的作用。工作分析结果集中体现于工作说明书，工作说明书在人力资源管理系统中的具体应用，归纳起来有如下几点：

1. 职位分类。利用工作说明书，可以根据各种职务的工作内容性质或任职资格要求的共通性，将不同的工作归纳到相应的类别中去，如工勤系列、职员系列、财务系列、营销系列、技术系列、技工系列等。对职位进行分类，是组织薪酬体系设计的一个基础要求，通过职位分类可以为不同的职位系列设置不同的成长通道，有利于企业确定薪酬的倾斜政策以及对专门人才的培养。

2. 工作评价。工作说明书是工作评价的基础性文件，没有标准的工作说明书来提供标准化的工作信息，在组织中，尤其是在规模庞大、层级关系复杂的组织中就不同工作在组织中的相对价值进行排序，简直是不可想象的。工作评价是建立健全薪酬体系的关键所在，而工作分析又是工作评价的基础，从这个意义上说，系统而科学的工作分析过程是薪酬体系建设的必由之路。

3. 工作设计与再设计。通过工作分析，可以对工作的内容、工作职责、工作关系、工作流程、工作环境和条件等各个方面进行系统的审视，通过改进不合理之处来提高员工的工作满意度，提高员工的工作效率。而且利用工作分析提供的信息，可以对工作所要完成的具体任务及采用的方法进行重新确认，有助于组织通过工作的丰富化和工作的扩大化来对工作进行再设计，使得人与工作能够更好地匹配。

4. 绩效评价。绩效评价的过程就是将员工的实际工作绩效与要求其达到的工作绩效标准进行对比的过程。而雇员应当达到何种绩效标准，以及需要完成哪些特定活动都需要通过工作分析来确定。工作分析可以帮助管理者确定一项工作的具体内容，根据这些内容，可以制定出符合组织要求的绩效标准，根据这些标准对员工工作的有效性进行客观的评价和考核。

5. 员工培训。工作分析以及作为工作分析结果的工作说明书显示出了工作本身要求雇员具备哪些技能，可以帮助管理者判断从业人员是否符合工作的要求以及员工目前的能力与工作要求的差距，从而也就能够了解雇员的培训需求，并根据培训需求制订培训计划，确定培训方针、培训内容和培训方式，决定受训人员，评价培训效果等，真正使培训具有针对性、及时性和有效性。

6. 员工调动与安置。通过工作分析，有助于管理者根据组织与个人情况判断一个人是否适合一项工作，在不需要培训的情况下，可以为员工提供不同的工作机会，提高人与工作的适应性，使每一个员工在既能胜任、又能符合自己特点的工作中发挥作用。

7. 招聘与录用。通过工作分析，明确不同工作的任职资格，规定了符合工作要求的人员录用标准，可以客观、公正地评价求职人员，从而使甄选录用工作科学化、正规化，避免经验主义和录用中的盲目性，保证了人适其职，从源头上对工作绩效的影响因素进行控制。

8. 劳动安全。通过工作分析，可以全面了解不同工作的危险程度，从而采取有效的安全保护措施。同时，一旦发生事故，也可以根据工作分析的信息，科学地分析和判断事故的原因，为事故的处理提供有效的依据。

工作说明书的作用如图 3—4 所示。

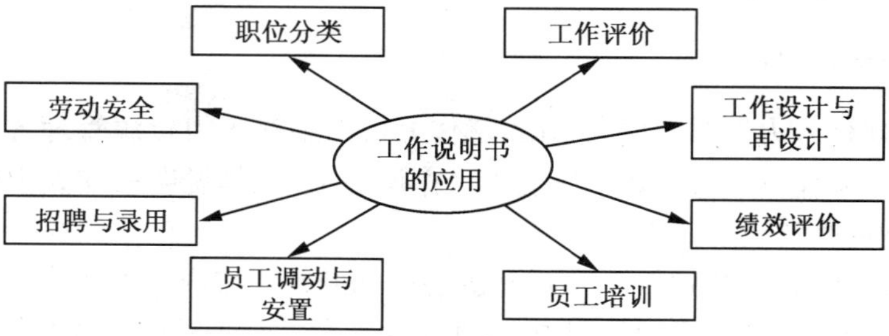

图 3—4　工作说明书的作用

工作分析是人力资源管理活动的基础，它是组织进行公平管理的基础，工作分析提供的信息集中体现于工作说明书中，它所提供的信息对员工的报酬、考核、晋升、职业发展等具有直接的影响。一般来说，工作分析结果的应用都不是独立进行的，不同的应用之间互相联系、互为支撑，例如工作分类和工作评价常常是交织在一起的，两者又同时为绩效评价提供支持。

小　结

关键术语

工作分析　工作分析的内容　工作分析的程序　工作分析的方法　工作说明书　编制工作说明书

本章小结

1. 工作分析是组织的一项管理活动，它旨在通过收集、分析、综合整理有关工作方面的信息，为组织计划、组织设计、人力资源管理和其他管理职能提供基础性服务。

2. 工作分析包括两个方面的内容：一是确定工作的具体特征；二是找出工作对任职人员的各种要求。前者称为工作描述，后者称为任职说明。

3. 工作分析为每项工作的任职者提供了客观标准，成为企业对员工进行晋升、调动或降职的决策依据。工作分析保障了同工同酬，并使员工明确工作职责和努力方向，有利于调动员工的工作积极性等。

4. 工作分析过程要由适当的管理部门采取合理步骤完成，不管采取哪种方法，都有好几个步骤，因方法的不同而有所不同。最基本的工作程序包括前期准备阶段，调查和分析阶段，编写工作说明书，保持和更新四个阶段。

5. 最常用的工作分析方法主要有观察法、访谈法、问卷法、工作日志法及参与法、文献资料分析法、专家讨论法等。

6. 工作说明书是用文件形式来表达的工作分析的结果，基本内容包括工作描述和任职者说明。工作描述一般用来表达工作内容、任务、职责、环境等，而任职者说明则用来表达任职者所需的资格要求，如技能、学历、接受的训练、经验、体能等。

知识结构图

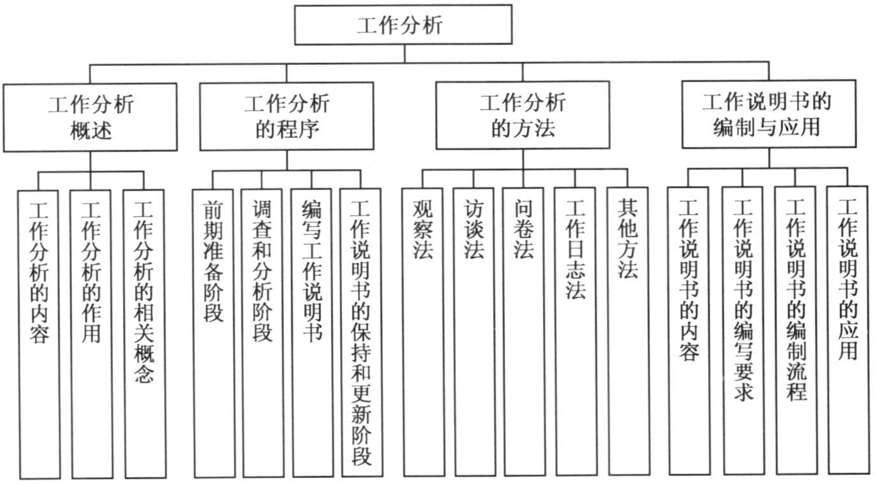

应　用

案例研究

举步维艰的宏达公司的工作分析

宏达公司是一家房地产开发公司。近年来，随着当地经济的迅速增长，房产需求强劲，公司有了飞速的发展，规模持续扩大，逐步发展为一家中型房地产开发公司。随着公司的发展和壮大，员工人数大量增加，许多的组织和人力资源管理问题逐渐凸显出来。

公司现有的组织机构，是基于创业时的公司规划，随着业务扩张的需要逐渐扩充而形成的，在运行的过程中，组织与业务上的矛盾已经逐渐凸显出来。部门之间、职位之间的职责与权限缺乏明确的界定，扯皮推诿的现象不断发生；有的部门抱怨事情太多，人手不够，任务不能按时、按质、按量完成；有的部门又觉得人员冗杂，人浮于事，效率低下。

公司在人员招聘方面，用人部门给出的招聘标准往往含糊，招聘主管往往无法准确地加以理解，使得招来的人大多不尽如人意。同时目前的许多岗位不能做到人事匹配，员工的能力不能得以充分发挥，严重挫伤了士气，并影响了工作的效果。公司员工的晋升以前由总经理直接决定。现在公司规模大了，总经理已经几乎没有时间来与基层员工和部门主管打交道，基层员工和部门主管的晋升只能根据部门经理的意见来做出决定。而在晋升中，上级和下属之间的私人感情成为决定性的因素，有才干的人往往不能获得提升。因此，许多优秀的员工由于看不到自己未来的前途而另寻高就。在激励机制方面，公司缺乏科学的绩效考核和薪酬制度，考核中的主观性和随意性非常严重，员工的报酬不能体现其价值与能力，人力资源部经常可以听到大家对薪酬的抱怨和不满，这也是人才流失的重要原因。

面对这样严峻的形势，人力资源部开始着手进行人力资源管理的改革，改革首先从进行职位分析、确定职位评价开始。职位分析、职位评价究竟如何开展、如何抓住职位分析、职位评价过程中的要害点，为公司本次组织改革提供有效的信息支持和基础保证，是摆在宏达公司面前的重要课题。

首先，他们开始寻找进行职位分析的工具与技术。在阅读了国内目前流行的基本职位分析书籍之后，他们从其中选取了一份职位分析问卷，来作为收集职位信息的工具。然后，人力资源部将问卷发放到了各个部门经理手中，同时他们还在公司的内部网上发了一份关于开展问卷调查的通知，要求各部门配合人力资源部的问卷调查。

据反映，问卷在下发到各部门之后，却一直搁置在各部门经理手中，而没有发下去。很多部门是直到人力部开始催收时才把问卷发放到每个人手中。同时，由于大家都很忙，很多人在拿到问卷之后，都没有时间仔细思考，草草填写完事。还有很多人在外地出差，或者任务缠身，自己无法填写，而由同事代笔。此外，据一些较为重视这次调查的员工反映，大家都不了解这次问卷调查的意图，也不理解问卷中那些生疏的专业术语，何为职责、何为工作目的，许多人对此并不理解。很多人想就疑难问题向人力资源部进行询问，可是也不知道具体该找谁。因此，在回答问卷时只能凭借自己个人的理解来进行填写，无法把握填写的规范和标准。

一星期之后，人力资源部收回了问卷。但他们发现，问卷填写的效果不太理想，有一部分问卷填写不全，一部分问卷答非所问，还有一部分问卷根本没有收上来。辛苦调查的结果却没有发挥它应有的价值。

与此同时，人力资源部也着手选取一些职位进行访谈。但在试着谈了几个职位之后，发现访谈的效果也不好。因为，在人力资源部，能够对部门经理访谈的人只有人力资源部经理一人，主管和一般员工都无法与其他部门经理进行沟通。同时，由于经理们都很忙，能够把双方凑在一起，实在不易。因此，两个星期时间过去之后，只访谈了两个部门经理。

人力资源部的几位主管负责对经理级以下的人员进行访谈，但在访谈中，出现的情况却出乎意料。大部分时间都是被访谈的人在发牢骚，指责公司的管理问题，抱怨自己的待遇不公等。而在谈到与职位分析相关的内容时，被访谈人往往又言辞闪烁，顾左右而言他，似乎对人力资源部这次访谈不太信任。访谈结束之后，访谈人都反映对该职位的熟悉还是停留在模糊的阶段。这样持续了两个星期，访谈了大概 1/3 的职位。王经理认为时间不能拖延下去了，因此决定开始进入项目的下一个阶段——撰写职位说明书。

可这时，各职位的信息收集却还不完全。怎么办呢？人力资源部在无奈之中，不得不另觅他途。于是，他们通过各种途径从其他公司中收集了许多职位说明书，试图以此作为参照，结合问卷和访谈收集的一些信息来撰写职位说明书。

在撰写阶段，人力资源部还成立了几个小组、每个小组专门负责起草某一部门的职位说明，并且还要求各组在两个星期内完成任务。在起草职位说明书的过程中，人力资源部的员工都颇感为难，一方面不了解别的部门的工作，问卷和访谈提供的信息又不准确；另一方面，大家又缺乏写职位说明书的经验，因此，写起来都感觉很困难。规定的时间快到了，很多人为了交稿，不得不急急忙忙，东拼西凑了一些材料，再结合自己的判定，最后成稿。

最后，职位说明书终于出台了。然后，人力资源部将成稿的职位说明书下发到了各部门，同时，还下发了一份文件，要求各部门按照新的职位说明书来界定工作范围，并按照其中规定的任职条件来进行人员的招聘、选拔和任用。但这引起了其他部门的强烈反对，很多直线部门的管理人员甚至公开指责人力资源部，说人力资源部的职位说明书是一堆垃圾文件，完全不符合实际情况。

于是，人力资源部专门与相关部门召开了一次会议来推动职位说明书的应用。人力资源部经理本来想通过这次会议来说服各部门支持这次项目。但结果却恰恰相反，在会上，人力资源部遭到了各部门的一致批评。同时，人力资源部由于对其他部门不了解，对于其他部门所提的很多问题，也无法进行解释和反驳，因此，会议的最终结论是，让人力资源部重新编写职位说明书。后来，经过多次重写与修改，职位说明书始终无法令人满意。最后，职位分析项目不了了之。

人力资源部的员工在经历了这次失败的项目后，对职位分析彻底丧失了信心。他们开始认为，职位分析只不过是"雾里看花，水中望月"的东西，说起来挺好，实际上却没有什么大用，而且认为职位分析只能针对西方国家那些管理先进的大公司，拿到中国的企业来，根本就行不通。原来雄心勃勃的人力资源部经理也变得灰心丧气，但他却一直对这次失败耿耿于怀，对项目失败的原因也是百思不得其解。

那么，职位分析真的如他们认为的"雾里看花，水中望月"吗？该公司的职位分析项目为什么会失败呢？

资料来源：根据百度文库的资料整理。

问题：

1. 该公司为什么决定从职位分析入手来实施变革，这样的决定正确吗？为什么？

2. 如果你是人力资源部新任的主管，让你重新负责该公司的职位分析，你该如何去开展？

实验实训

新联信息公司已成立 20 年了，是一家高新技术企业。目前，公司有 16 个部门、250 多名员工。各个部门的经理主要是通过外部招聘，或是内部重组时的人员调配而来，管理经验丰富。员工的年龄也比较年轻，知识层次比较高。

该企业存在的问题主要有：

1. 人员紧张。各部门存在一人兼多职现象。

2. 部门间职责不清。去年上半年公司组织结构就调整过 3 次。部门之间职责划分不清，工作互有重叠，不时出现互相推诿的现象。

3. 工资制度不规范。高新技术行业以前是高工资领域，近来工资略有调整。公司拟通过规范工资制度，进一步调动员工积极性。

针对上述问题，公司领导决定通过咨询有关专家，明确各部门的职责。专家小组通过走访大量的员工，对公司的各种文献资料进行详细分析。最后，专家认为，上述弊端的根源在于缺乏完备的工作分析。

为此，专家和各个部门经理一起探讨部门的岗位设置，力求科学合理。在确定岗位后，开始发动全体员工对确定的岗位进行描述，在专家指导下制定工作说明书。通过工作说明书，明确了部门中每个员工的职责权限及所需资格条件。

令专家和公司管理层惊讶的是，在工作说明书拟定后，工资、考核制度尚未制定和实施，管理层和员工的积极性和工作的顺畅程度很快就有了很大的提高。

通过这次改革，首先明确了各部门、各岗位职责，有效地解决了部门职责重叠现象，当然也包括相互推诿的现象，同时也为公司未来发展奠定了坚实基础。该公司目前比较大的问题就是人员紧张，而这次咨询得到的工作说明书为企业未来招聘奠定了基础，设立了科学的任职资格，方便了人力资源部的招聘工作。

要求：

1. 请为新联信息公司营销经理制作工作说明书。
2. 如果你是人力资源部经理，你将如何组织做好此次公司范围内的工作分析。

复习思考题

1. 为什么工作分析是其他人力资源管理活动的基础？
2. 描述你将如何在一个公司里具体地开展工作分析。

第四章　员工招聘

学习目标

通过本章学习，你应能够：
了解人员招聘的概念、意义和内容；
掌握人员招聘的基本程序；
掌握内部招聘和外部招聘的基本方法。

导入案例

高能力、低忠诚的人可否录用？

A 公司是一家国内知名的印刷企业，总部位于北京，主要经营印刷教育类用书。公司目前打算拓展大学市场，因此需要招聘一名熟悉大学市场的销售经理。公司销售总监林先生刚刚收到一名应聘者张某的简历。张某是由王某介绍的，王某是公司地区销售经理中最出色的一位，虽然王某来公司仅两年，但工作业绩已经表明其前途无量。

从简历上看，张某似乎是一个爱折腾的人。大学毕业 8 年间，没有一份固定的工作，在天津、广州、深圳、上海各待了两年，而今刚回到北京。一般来说，大多数公司都不会考虑这样的人选，但是由于王某的力荐，公司决定给张某一次机会。

林先生花了两天的时间，与公司的 HR 经理和王某一起对张某进行面试。三人一致认为问题的关键在于：张某能否安顿下来认真工作？张某条件优越，他的父母是大学教授，从小在学术氛围中长大，充分了解与教授相处的各种情况。他是一个有能力、知进取的人。

会面后，林先生和 HR 经理都认为，如果张某能安顿下来投入工作，会成为一名杰出的销售人员。但同时也意识到存在的危机，那就是张某可能会再次变得不耐烦，放弃这份工作去更好的地方。不过，林先生和 HR 经理决定暂时雇用张某。

公司招聘甄选程序要求：在最后决定雇用人员之前，要对每一名应聘者进行一系列心理测试。测试表明，张某充满智慧且具有相当熟练的社会技能。然而，其余几项关于个性和兴趣的测试呈现出令公司难以接受的状况。测试报告表明张某有高度的个人创造力，这将使他不可能接受权威，不可能安顿下来投入到部门所要求的工作中去。关于他的个性评估都表明一个事实：他不具备对企业的忠诚度，不是公司想雇用的那类人。依据这个测试结果，林先生和 HR 经理又拿不定主意了。

根据心理测试的结果对候选人进行更加客观全面的分析。首先,该候选人具有高度的创造力、进取心和独立的开拓能力,适合从事具有挑战性的工作,对于市场经理这一岗位而言,是非常具有潜力的人选。此外,该候选人具有良好的社会背景、熟练的社会技能和成为一名优秀销售人员的能力,同时对于公司需要进入新的市场领域,该候选人所具备的能力和潜在的人际关系网络对于公司也会有很大的帮助。但他缺少对企业的忠诚度,权威认知度低,导致工作稳定性差,命令的执行和遵守程度低。

试想一下,如果你手下有一个像张某这样的员工,工作能力强但不接受权威,而且随时准备离开。你会怎么用好他?

资料来源:HRoot 经理人世界,http://www.hroot.com。

招聘工作是人力资源管理经常性的工作,当工作机会充裕时员工流动比例高,工作机会稀缺时员工流动比例低,再加上企业内部正常的人员退休、辞退以及调动,使得人员的补充成为一种经常性的行为。招聘工作也是一项技术性很强的工作,即使是寻找最普通的员工,也要遵循一定的流程,运用科学有效的方法,保证组织拥有最合适的人才队伍,这是组织成功的基础。

第一节　员工招聘概述

组织为了发展的需要,要不停地吸收满足职位要求的成员,员工招聘对组织和个人的发展意义重大。招聘是组织人力资源管理的基础工作,只有招人招对了,才能有效地用人、育人和留人。招聘具有内在的规律性,组织只有按照一定的程序,遵循一定的原则,才能保证招聘的成效。

一、招聘的含义

(一)招聘的概念

员工招聘又称人力资源的吸收,是指依据科学的方法,按照一定的程序,根据人力资源规划与工作分析的数量和质量的要求,从组织招募、选择、录用到评估人力资源的过程。

(二)招聘的内容和基础

1. 招聘的内容

员工招聘是一个具有规律性的过程,主要是由招募、选择、录用、评估等一系列活动构成。招聘是组织为了吸引更多更好的候选人来应聘而进行的若干活动,主要包括招聘计划的制订与审批、招聘信息的发布、应聘者申请等;选拔是组织从“人与事”两个方面出发,挑选出最合适的人来担任某一职位,它包括:资格审查、初选、面试、考试、体检、人员甄选等内容;录用涉及员工的初始安置、试用、正式录用;评估是指对招聘活动的效益与录用人员质量的评估。

2. 招聘的前提

员工招聘有两个重要的前提:一是人力资源规划。从人力资源规划中得到的人力资源净需求预测决定了预计要招聘的职位与部门、数量、时限、类型等因素。二是工作分析。工作描述与工作说明书为录用提供了主要的参考依据,同时也为应聘者提供了关于该工作的详细信息。这两个前提是招聘计划的基础。

不同的企业或组织,不同的职位,招聘选拔的条件有所不同。如世界一流的管理咨询公司麦肯锡坚信只有一流的人才,才会造就一流的公司,因此该公司每年吸引的全是世界一流的人才，从美国的斯坦福大学、哈佛大学，到英国的牛津大学、剑桥大学，从日本的东京大学，韩国的首尔大学，到中国的北京大学、台北大学等，公司要求应聘者不仅是精英人才，而且必须具有谦虚、语言沟通及团队精神等各方面的能力。松下对于吸收人才却有不同的见解，其闻名的70%求才法主张吸收中上等人才。松下幸之助之所以这样做，是出于对一流人才的不信任。他认为这类人往往比较自负，不安心工作，如果是一个中上等人才，那么他便会踏踏实实、兢兢业业地努力工作。

（三）招聘与其他人力资源管理活动的关系

招聘是人资源管理活动非常重要的环节，它直接关系到组织人力资源的形成，并与其他人力资源管理活动之间存在密切的联系：招聘以人力资源规划和工作分析为基础，同时又是人力资源管理中其他工作的基础。人力资源管理所包括的各个环节，从招聘、培训、考核、薪酬到人力资源保护、劳动关系、奖惩与激励制度等环节中，人员招聘是基础。如果招聘的人员不能够胜任，或不能满足企业要求，那么，企业人力资源管理的工作效益就得不到提高。各项工作的难度都将难上加难，图4—1显示了招聘与其他人力资源管理活动的关系。

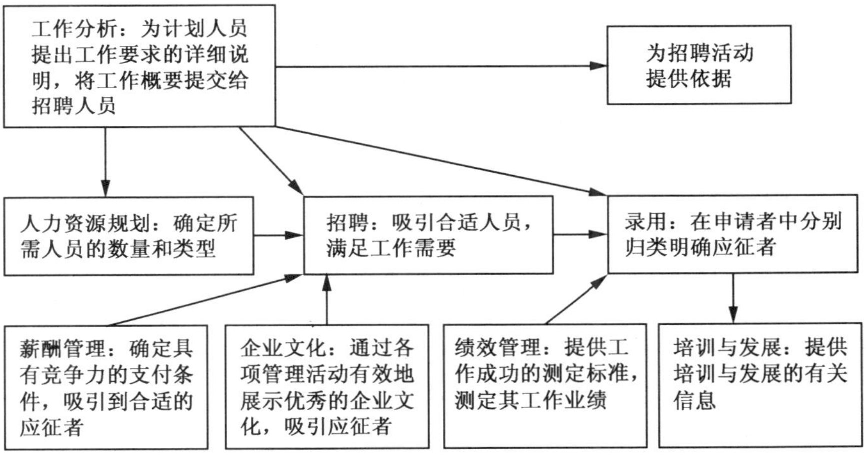

图4—1　招聘与其他人力资源管理活动的关系

二、招聘的原因和重要性

（一）招聘的原因

招聘是组织的一项经常性的工作，会耗费大量的人力、物力和财力。没有充足的理由，企业不可轻易招聘。一般情况下，企业或组织招聘源于以下几种情况的人员需求：(1)新的企业或组织成立；(2)企业或组织发展与规模扩大；(3)现有的岗位空缺；(4)现有岗位上的人员达不到工作要求；(5)突发的雇员离职造成的岗位空缺；(6)岗位原有人员晋升而形成岗位空缺；(7)机构调整时的人员流动；(8)为使企业的管理风格、经营理念更具活力，而必须从外面招聘新的人员。

在做出招聘决策时应慎重行事。强调人力资源在企业管理和发展中的意义，并不意味着人力资源的数量越多越好。人力资源管理的一个中心目标是提高生产率，而提高生产率恰恰要求降低人力投入，而且招聘工作本身也要花费大量的资金。因此，在人力决策中，增加人力资源的数量应该尤其慎重，切不可以为“人多力量大”。当企业出现劳动力短缺时，除了招聘之外还有多种方法可以选择，如职位的空缺是偶然性的或季节性的，往往找一个兼职或临时性雇员就可以胜任；对于有不同的技术要求和工作时间表的工作，相对于一个专职的雇员而言，将其向外发包给具有这项工作专长的转包商又是一个比较好的选择；如现有的雇员愿意工作更长的时间，加班加点被许多雇主认为是比雇用和培训新雇员更好的一种选择。

（二）招聘的重要性

众所周知，当前企业的竞争就是人才的竞争，作为人才输入环节的招聘，其重要性不言而喻，说其关系到企业的生死存亡也毫不过分。

1. 奠定组织成功管理的基础

员工招聘对组织来说意义重大。如同生产高质量的产品必须有高质量的原材料一样，组织自下而上的发展也必须有高质量的人力资源。如何获得人力资源对组织而言就显得尤为重要。员工招聘就是为了确保组织发展所必需的高质量人力资源而进行的一项重要工作。尤其是在人才竞争激烈的 21 世纪，企业能否招聘到对其发展来说至关重要的人才，这非常重要。如果企业的招聘与录用工作的质量高，一方面能为企业招聘到优秀人员，而且也能为企业减少由于录用人员不当带来的损失。反之，失败的招聘，会产生以下弊端：不可能有较高的生产力；企业不得不解雇不合适者，寻找新的替代者；员工有可能主动离职，岗位继续空缺。招聘失败引致的直接损失包括：员工离职资遣费，新应聘者的招聘、筛选和考核成本，新员工上岗前职位空缺的临时替补费用、新员工培训费以及职位空缺期所造成的生产力损失等。而员工离职中，80％的经济损失被认为是隐性损失或间接损失，包括由于员工离职对在岗员工的业绩和士气的影响，以及对吸引顾客的不良影响等。

2. 为组织注入新的管理思想和新的活力

当组织内部的人力资源不能够满足组织发展和变化的要求时，就需要根据人力资源规划和工作分析的数量与质量要求，从外部吸收人力资源或从内部进行重新任命。对高层管理者和技术人员的招聘和选拔，可以在企业改革、技术创新、管理改革等各方面为企业增添新的动力和活力。例如，受命于危难之际的 IBM 总裁郭士纳，接过权力之柄后，在企业内部掀起了一场大刀阔斧的改革：彻底摧毁旧有生产模式、大规模地削减成本、重新调整组织结构、重振大型机业务、拓展服务业范围等，很快就使 IBM 这头“笨重的大象”开始“翩翩起舞”。

3. 增强了组织与成员的相互了解

成功的员工招聘，一方面，可以使组织更多地了解员工到本组织工作的动机与目标，组织可从诸多候选人中选出个人发展目标与组织目标趋于一致的并愿与组织共同发展的员工，这样组织可更多地保留人力资源，减少因员工离职而带来的损失。另一方面，成功的招聘，也可使组织外的劳动力能更多地了解组织，他们根据自己的能力、兴趣与发展目标来决定自己是否加入组织，与组织共同发展。这对发挥员工的潜能是非常重要的。

4. 发挥窗口效应和提高企业的声誉

招聘不仅是为了获得组织发展所必需的高质量的人力资源，还是组织与外界进行信息传递、交换的重要途径。在招聘中，企业通过大量的信息传播，一方面，可以吸引众多的求职者，为应征者提供一个充分认识自己的机会；另一方面，也为塑造组织形象、扩大知名度提供了很好的机会。成功的招聘活动，能够使组织在求职者心中、公众心目中留下美好的印象。例如，华为公司通过经常性招聘活动，不仅吸引了大量的优秀人才，同时也提高了自身的知名度。

三、招聘的流程

（一）招聘的一般过程

人员招聘是一项系统工程。完善的招聘工作过程或程序是人力资源管理的经验总结，也是组织做好招聘与录用工作的保证，具体而言，该工程由四个相互关联而又各自独立的操作系统组成。系统运行的每个组成部分都是为了保证公司人员招聘与录用工作的质量，为企业选拔合格人才。人员招聘工作过程具体包括招募活动、选拔测试、考察录用与招聘评估四大体系（如图 4—2 所示）。

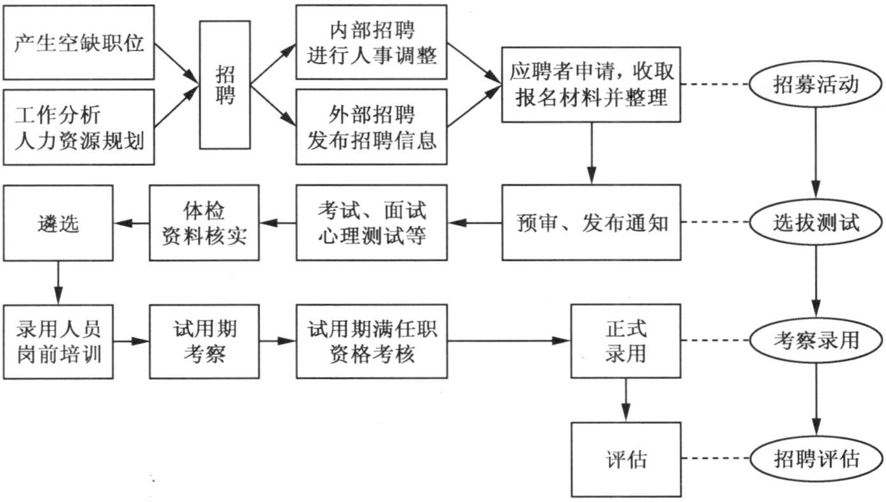

图 4—2　员工招聘流程

一般而言，对于个别不重要的工作岗位招聘，不需要经过最高管理层的决定，也不需要经过招聘基本程序的四大步骤。

实用范例

大摩公司求职记

摩根士丹利公司（简称大摩）对于经管类专业的学生来说，其大名就如同微软对于计算机专业的学生一般如雷贯耳。对于毕业生而言，加盟这样的公司，不仅意味着自己的职业生涯有了一个辉煌的起点，更为日后广泛涉足国际金融领域的最前沿发展提供了空间和舞台。可以说，大摩公司的工作经历是一条通往高素质、高层次人才的"快速通道"，是热门中的热门，因而成为众多经管专业优秀毕业生竞相争夺的对象。在中国，大摩每年全国招收的总人数不超过十几名，申请者却数以千计，竞争的激烈程度超乎想象。

大摩公司的招聘其实很简单：网上递交申请材料；第一轮面试；第二轮面试；录取。"手机 24 小时开机，工作不分白天黑夜"是投行人士敬业精神的最好写照。他们必须以满足客户需求为己任，快速应对市场变化，以灵活的方式解决各种疑难问题。

一、网上申请：信心、耐心和实力的第一道关

大摩公司的网上申请程序烦琐而让人害怕，不少申请者在入门阶段就因受不了网络数据库反复地盘问而自动“缴械投降”。坦率地说，大摩公司的“在线申请”是颇为折磨人的。费尽心机回答完无数问题，输入诸多信息后点击“Next（下一步）”按键，却要继续耐着性子等待下一张表格、问卷。整整一个晚上，在电脑面前回答完所有问题并顺利附加上简历和求职信后，一心等待“OK”却不幸遭遇网络中断时的怒从中来、有苦难言。

大摩的申请问答无所不包。从常见的教育背景、主干课程、实习经历和工作经验，到高中各科成绩、大学各科成绩和父母年龄、单位，甚至还要求填上实习时带教人的联络方式和详细公司地址，当然还得全部用英文填写，最后才能将自己的简历和求职信粘贴到其数据库内。面对那么多申请者，这些无关紧要的个人历史信息到底能得到人事部门多大程度的关注，对于录取与否又能有多大程度的影响，深表怀疑。烦琐的申请程序无异于大摩给众多申请者设置的一道壁垒和屏障。这道壁垒要挡住的，不仅是那些缺乏自信和实力的人，还有那些浮躁高傲、缺乏细心和耐心的人。网上申请完成后很快就能收到大摩全球申请系统发来的确认函。

二、电话面试：周末晚上的突然袭击

这场面试是一个毫无预告的突然袭击，发生在逍遥悠闲的周末夜晚。

临睡前，在毫无任何准备的情况下，经历了一场来自大摩公司的惊心动魄的电话面试。22:30 刚过，连日劳碌的我眼皮就开始打架，打算早早上床睡觉。此时电话响了，拿起话筒，说是找我。这么晚了，会是谁呢？“喂”声过去，那边应对的却是“hello”。一声 hello 立刻使我从准睡眠状态中惊醒。

“你好，是小雨吗？这里是大摩香港，你的网上申请材料我们已经收到。很高兴通知你，你已经通过了我们的初选，我们想对你进行面试可以吗？”电话那头是一个年轻男子的声音，用极快的语速说着流畅的英语。

电话面试就这样开始了，问题主要包括：介绍你自己；对投行的认识，以及觉得自己为什么适合做投行，根据简历的内容，提问与工作经历有关的内容；一点关于 balance sheet & income statement 的知识，只要是学过财务的都知道，关键是怎么用英语合适地表达出来。最后问你有什么问题问他。完了，提醒各位最后一定说声谢谢，以提高印象分。

三、第二次面试

大摩的面试是智力加体力的疲劳战，总共有四轮，每轮半小时，一场面试就是整整一个半天。不同的轮次被安排在不同的房间，面对不同的面试官，问题难度都非常高，还会涉及许多专业知识。在所有形形色色的面试中，可以称得上是“霸王级”。事先应聘者拿到一张面试程序表，不同的面试者将按照事先定好的时间顺序，分别与四个面试官交谈，每人的规定时间是半小时。

第一回合：问题很简单，数量也不多，但第一个问题可能就是一个涉及面非常广的 big question（大问题）：“除了你写在简历上的内容之外，你还有哪些东西希望让我了解？”面试官们集中思想，认真聆听，不时打断，在感兴趣的地方做更详细、更深入的提问，挖掘这些事件背后的深层信息。众所周知，投资银行是一个工作压力和强度都非常大的行业，因此会问“你是如何看待压力和变化的？你对公司了解多少？你是通过哪些途径了解我们公司的？你对投资银行业了解程度如何？”等问题。

第二回合："专业杀手"出场，面试官冷峻的眼神和不苟言笑的面容让人不敢有丝毫懈怠，他们负责"拷问"所有与证券、投资有关的问题，判断应聘者的商业敏感度。

"请你用英语自我介绍一下？你为什么不出国？你关心股票吗？这两天的股指是多少？如果让你投资，你看好哪只股票？为什么？现在的股票是不是应该按照市盈率定价？如果给你100万，你会投资哪个行业？现在上海的房地产市场大致行情怎样？哪些地方的房价最高？你估计投资的预期收益率大概能有多少？"

"冷面"脸上始终没有任何回应的表情，不仅没有赞许和鼓励的微笑，甚至连目光接触也很少，这对于面试者的自信心和心理状态而言是一个很大的考验。

第三回合：这个回合没有前面两个回合那么紧张，完全就像聊天一样。资深的部门主管会以自我介绍开始，会叙述自己的留学和工作经历，会谈及如何加盟大摩公司，这两年来又做了哪些工作，最深刻的感受和体会是什么，等等。但正当应聘者听得饶有兴趣时，他会突然话锋一转："你已经大致了解了我的情况，能不能向我介绍一下你自己呢？"

第四回合：高级主管亲自上阵，一个过来人这样回忆"最后一个回合的面试官是四人中唯一的一名女士。她是北大经院的校友，哈佛的MBA，面试了一个上午，已到午饭时分，前一名面试者又超过了预定时间，看得出她也面露倦意。依照惯例，我做了今天上午的第四次自我介绍。她非常慷慨地对我的英语大加赞赏，接着便问我是怎样学习英语的。随后要求我就简历上的一个小地方做更详细的说明，就匆匆结束了她的提问。她说："所有进入最后一轮面试的人都非常优秀。但是我们的录取名额有限，不论最后结果如何，我们都会把你的资料收入数据库，并和你们保持联系。"这番礼貌的措辞由她的口中以标准的英语道出，显得优雅而得体。"

资料来源：许国庆，李国忠著：《无领到白领》，中信出版社2006年版。

（二）招聘过程中用人部门和人力资源部门的职责分工

招聘是人力资源管理活动中的重要环节，这不仅是人力资源部门的工作，更是用人部门不可推卸的职责。人力资源部和用人部门在招聘的不同阶段，承担不同的工作，扮演不同的角色。一般而言，是否需要招人、招什么样的人、什么时候招人，这些主要由用人部门提出和决定，而人力资源部门作为一个职能部门，主要在于确定招聘流程和负责每项招聘活动的运作，并且为用人部门提供专业的咨询和合理的建议。不管怎样，招聘过程离不开两个部门的密切配合。一般而言，两个部门在实际招聘过程中的工作职责分工如表4—1所示。

表4—1 在招聘中用人部门和人力资源部门的工作职责分工

用人部门	人力资源部门
1. 招聘计划的制订与审批； 2. 招聘岗位的工作说明书及录用标准的提出； 3. 应聘者初选，确定参加面试的人员名单； 4. 负责面试、考试工作； 5. 录用人员名单、人员工作安排及试用期间待遇的确定； 6. 正式录用决策； 7. 员工培训决策； 8. 录用人员的绩效评估与招聘评估； 9. 人力资源规划修订。	1. 招聘信息的发布； 2. 应聘者申请登记，资格审查； 3. 通知参加面试的人员； 4. 面试、考试工作的组织； 5. 个人资料的核实、人员体检； 6. 试用合同的签订； 7. 试用人员报到及生活方面安置； 8. 正式合同的签订； 9. 员工培训服务； 10. 录用员工的绩效评估与招聘评估； 11. 人力资源规划修订。

（三）招聘小组的建立

组织在招聘过程中，求职者是与组织招聘的成员接触而不是与组织接触，而且招聘活动是工作申请人与组织的第一次接触。在对组织的特征了解甚少的情况下，申请人会根据组织在招聘活动中的表现来推断组织其他方面的情况。因此，招聘人员的选择是一项非常关键的人力资源管理决策。

一般来说，招聘组成员除了应该包括组织人力资源部门的代表以外，还可以包括直线经理人、招聘的工作岗位未来的同事或下属。申请人会将这些招聘组成员作为组织的一个窗口，由此判断组织的特征。因此，招聘组成员的表现将直接影响申请人是否愿意接受组织提供的工作岗位。

四、招聘收益金字塔

招聘从企业获得应征信函开始，经过笔试、面试等各个筛选环节，最后才能决定正式录用或试用。在这一过程中，应征者的人数变得越来越少，就像金字塔一样。这里所谓的招聘收益，指的是经过招聘过程中的各个环节筛选后留下的应征者的数量，留下的数量大，我们就说招聘收益大；反之就说招聘的收益小。企业中的工作岗位可以划分为许多种，在招聘过程中针对每种岗位空缺所需要付出的努力程度是有差别的。到底为招聘到某种岗位上足够数量的合格员工应该付出多大的努力可以根据过去的经验数据来确定，招聘收益金字塔就是这样一种经验分析工具。

如图 4—3 所示，假设根据企业过去的经验，每成功地录用到 1 名销售人员，需要对 5 名候选人进行试用，而要挑选到 5 名理想的候选人又需要有 15 人来参加招聘测试和面谈筛选程序，而挑选出 15 名合格的测试和筛选对象又需要有 20 人提出求职申请。那么，如果现在企业想最终能够招聘到 10 名合格的销售人员，就需要有至少 200 人递交求职信和个人简历，而且企业发出的招聘信息必须有比 200 人多很多的人能够接收到。由此可见，招聘收益金字塔可以帮助企业的人力资源部门对招聘的宣传计划和实施过程有一个准确的估计与有效的设计，可以帮助企业决定为了招聘到足够数量的合格员工，需要吸引多少应征者。

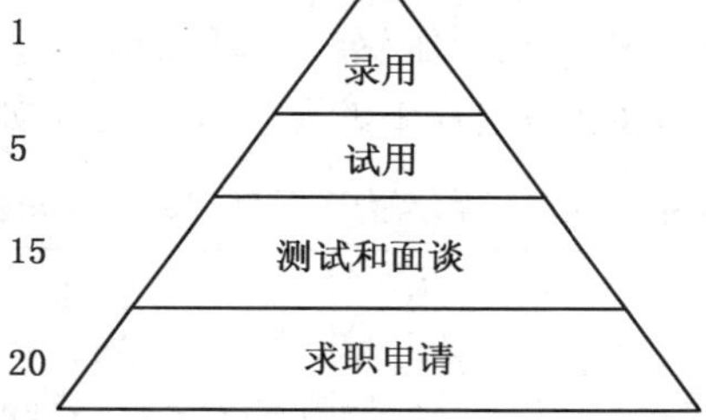

图 4—3 招聘收益金字塔

在确定工作申请资格时，组织有不同的策略可以选择。一种策略是把申请资格设定得比较高，于是符合标准的申请人就比较少，然后组织花费比较多的时间和金钱来仔细挑选最好的员工。另一种策略是把申请资格设定得比较低，于是符合标准的申请人就比较多。这时组织有比较充分的选择余地，招聘的成本会比较低。一般而言，如果组织招聘的工作岗位对于组织而言至关重要，员工质量是第一位的选择，就应该采取第一种策略。如果劳动力市场供给形势比较紧张，组织也缺乏足够的招聘费用，同时招聘的工作对于组织不是十分重要，就应该采取第二种策略。

在招募新员工时，组织面临的问题是如何在众多的工作申请人中挑选出合格的有工作热情的应征者。那些经营业绩出众的大公司，在招聘中面对的将是一个申请人的汪洋大海。组织的招聘是一个过滤器，它影响着什么样的员工能成为组织的一员。理想的录用过程的一个重要特征是被录用的人数相对于最初申请者的人数少得多。这种大浪淘沙式的录用可以保证录用到能力比较强的员工。而且能力强的员工在接受培训后的生产率提高幅度将高于能力差的员工经过相同的培训后生产率的提高幅度。

五、招聘小结

在招聘活动结束后，企业通常要将活动内容和结果进行整理，尤其是将综合分析的结果进行整理，在整理的基础上形成招聘小结，为下一次成功的招聘打好基础。

（一）撰写招聘小结的原则

1. 真实地反映招聘的全过程。将招聘活动中一般过程和重要细节记录下来，不能带有主观的色彩，这便于事后客观、准确地分析问题。

2. 由招聘的主要负责人撰写。在招聘过程中，主要负责人对招聘全过程有清楚的了解，能够全面地记录整个招聘过程，而其他招聘人员大多只熟悉其中的某一个步骤。

3. 明确指出成功之处和失败之处。在客观描述的基础上，再用独立的段落写出招聘活动的经验，对于下一次招聘有重要的参考价值。

（二）招聘小结的主要内容

1. 招聘计划简述。招聘计划是在制定人力资源规划之后，实施招聘活动之前产生的，在这里只需要说明招聘岗位名称、数量、招聘计划何时完毕、人员何时能够上岗工作、招聘工作由哪个部门负责实施等。

2. 招聘进程。招聘进程则以时间表的形式描述招聘与录用的时间安排与落实。

3. 招聘结果。招聘结果记录每次通过测试的人员的数量和最终录用决策。

4. 招聘经费。该部分内容应该详细地叙述招聘费用的使用和支付情况。

5. 招聘评定。该部分内容实质上就是招聘综合分析的结果，在撰写招聘评定时，既要总结出合理的有借鉴意义的成功经验，又要客观地指出招聘工作存在的不足。

在招聘小结完成后，招聘的负责人应给参与招聘活动的人员阅读和学习，使之能够全面地了解已经进行的招聘活动；同时应该交给专人妥善保存，以供随时查阅。

第二节　招聘活动

招聘活动是员工招聘中的一个子系统，其中包含很多具体的活动，每一项工作能否有效进行，都会影响到招聘的成败。这里重点分析与招聘计划、招聘决策、招聘信息相关的活动。

一、招聘计划的制订与审批

招聘计划是招聘的主要依据。制订招聘计划的目的在于使招聘更趋合理化、科学化。由于员工招聘直接影响到人力资源开发与管理的其他步骤，招聘工作一旦失误，以后的工作就难以开展，组织也将得不到最优秀的人力资源。

招聘计划是用人部门根据部门的发展需要，根据人力资源规划的人力净需求、工作说明的具体要求，对招聘的岗位、人员数量、时间限制等因素做出详细的计划。招聘计划的具体内容包括：(1)招聘的岗位、人员需求量、每个岗位的具体要求；(2)招聘信息发布的时间、方式、渠道与范围；(3)招募对象的来源与范围；(4)招募方法；(5)招聘测试的实施部门；(6)招聘预算；(7)招聘结束时间与新员工到岗时间。

招聘计划由用人部门制订，然后由人力资源部门对它进行复核，特别是要对人员需求量、费用等项目进行严格复查，签署意见后交上级主管领导审批。

微型案例

某企业招聘计划实例

一、招聘目标(人员需求)

职务名称	人员数量	其他要求
软件工程师	5	本科以上学历，35 岁以下
销售代表	3	本科以上学历，相关工作经验 3 年以上
行政文员	1	专科以上学历，女性，30 岁以下

二、信息发布时间和渠道

1.《××日报》　1 月 18 日

2. ××招聘网站　1 月 18 日

三、招聘小组成员名单

组长：王岗成(人力资源部经理)对招聘活动全面负责

成员：赵刚(人力资源部薪酬专员)具体负责应聘人员接待、应聘资料整理

刘雾英(人力资源部招聘专员)具体负责招聘信息发布，面试、笔试安排

四、选拔方案及时间安排

1. 软件工程师

资料筛选	开发部经理	截至 1 月 25 日
初试(面试)	开发部经理	1 月 27 日
复试(笔试)	开发部命题小组	1 月 29 日

2. 销售代表

资料筛选	销售部经理	截至 1 月 25 日
初试(面试)	销售部经理	1 月 27 日
复试(面试)	销售副总	1 月 29 日

3. 行政文员

资料筛选	行政部经理	截至 1 月 25 日
面试	行政部经理	1 月 27 日

五、新员工的上岗时间

预计在 2 月 1 日左右

六、费用招聘预算

1.《××日报》广告刊登费　4 000 元

2. ××招聘网站信息刊登费　800 元

合计:4 800 元

七、招聘工作时间表

12 月 11 日:起草招聘广告

12 月 12 日~13 日:进行招聘广告版面设计

12 月 14 日:与报社、网站进行联系

12 月 18 日:报社、网站刊登广告

12 月 19 日~1 月 25 日:接待应聘者、整理应聘资料、对资料进行筛选

1 月 26 日:通知应聘者面试

1 月 27 日:进行面试

1 月 29 日:进行软件工程师笔试(复试)、销售代表面试(复试)

1 月 30 日:向通过复试的人员通知录用

2 月 1 日:新员工上班

人力资源部

2019 年 1 月 5 日

资料来源:根据育路人力资源频道的资料整理。

二、招聘决策

(一)招聘决策的内容

招聘决策是指组织管理层关于目前出现的空缺岗位或将来需要设置的新岗位进行招聘的决定过程。招聘决策是招募活动中至关重要的环节,当直线经理说:"我这里刚走了一个人,或我这里工作太忙了,我要人!"这时就产生了是否需要招聘的问题。此时,组织真的需要招人吗?

招聘决策包括三大内容,也是三大关键环节(如图 4—4 所示)。

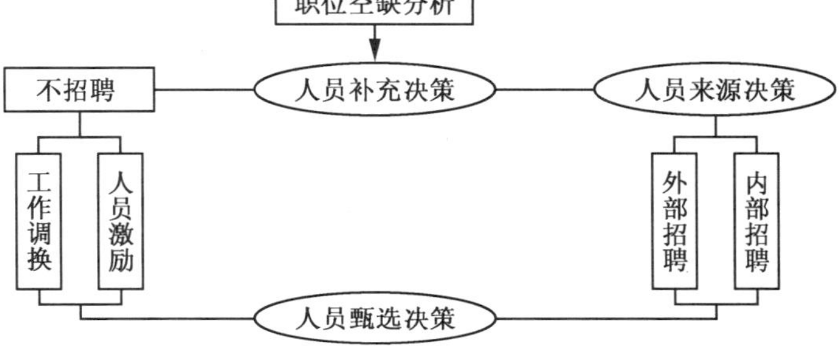

图 4—4　招聘决策三大环节

1. 人员补充决策

人员补充决策,是决定以什么样的途径来解决人员不足的问题。主要有两种选择:一是补充新人,二是对在职人员采取人事措施。也就是说,在出现人员不足的情况下,有的企业不增

加人员编制，而是通过提高现有人员效率来平衡人事关系，例如提高工作强度，使 5 个人能完成原定 6 个人分配的任务。另外一些企业则会通过人员补充来解决问题。

2. 人员来源决策

在同样决定补充人手的情况下，由于对具体职位的补充人员，可以来自组织外部，也可以来自组织内部，因此就要做出对外部招聘与内部开发的选择。这两种方式各有利弊，不同的企业会有不同的选择，也体现出企业不同的人力资源政策。这一点会在招聘渠道和方式中进行详细分析。

3. 人员甄选决策

无论是外部招聘还是内部招聘，都需要根据职位标准选拔人员，组织需要根据该职位的工作分析确定人员招聘的条件和资格。合理的甄选决策，是保证获得高质量员工的关键。正是在这一环节上，各种人事测评技术得到了高速的发展。

小资料

招聘决策中的常用问题清单

当设立一个新的职位时，招聘决策还需回答以下问题。

- 设立这个职位的目的是什么？
- 为了达到这些目的有没有其他的办法？是不是非得设置这个新的职位才能达到这些目的？
- 如果这个新的职位有人来填补，那么其未来 5 年的成本是多少？
- 这个职位对维持或改善销售的影响如何？对维持和改善收入的影响如何？对改善人的使用的影响如何？
- 现在是谁在担任该职位的工作？
- 现在担任该职位的人超时工作已经多久了？
- 这个“超载”职位的工作的部分职责能否转移到该部门的其他地方进行？
- 在劳动力市场上招聘这个职位的人员可能性有多大？
- 该职位能够维持存在至少两年吗？
- 是否其他部门和雇员都认为这个职位是必需的？
- 这个新的职位对其他职位的影响如何？尤其是对那些被它“抢走”了职责的相关职位的影响如何？
- 如果不新设置这个职位，最坏会发生什么情况？

(二)空缺岗位的分析

1. 空缺岗位的确认

确认空缺岗位，这是决定人员补充决策的首要问题。

(1)空缺岗位的类型和规模

一方面，哪些类型的职位缺少人手，这是人力资源需求在质上的规定。缺少人手的是管理职务还是操作职务？是中层职务还是高层职务？不同职务往往需要不同的补充办法。另一方面，空缺岗位需要多少人员补充，这是人力资源需求在量上的规定。大量和少量的区别影响到招聘决策，涉及招聘成本、招聘渠道和方式以及工作难度等。

(2)空缺岗位的持续性和紧迫性

空缺岗位的持续性，是指人员短缺是长期还是短期问题。这不仅与组织发展状况有关，而且与人员的可替代性有关。如果一个职位的人员可替代性低，意味着职位空缺在短期内无法满足，同时，这也与劳动力市场状况和组织对人员的吸引程度有关。

空缺岗位的紧迫性，是指职位需求是紧急还是宽松的问题。这不仅与组织的经营状况有关，还与职位的价值相关。若该岗位处于业务流程中的关键环节，与组织的核心资源直接相关，一旦空缺，职位补充往往是迫切的。

2. 空缺岗位的解决

空缺岗位的解决有不同的方式。组织通常有两种选择，不同的选择会采用不同的办法。

(1)人员不补充

人员不补充，意味着企业通过原有人力资源的调整来满足岗位的需要。该决策面临的情况一般是：工作是短期的、小范围的波动；现有人力资源潜力还没有完全发挥；人与事之间在结构上没有达到很好的匹配。在这种选择下，组织可以采取很多方法。

①加班：这是解决工作短期波动最常用的方法，这样可以避免招聘和培训的费用，虽然组织要付出更高的报酬，但对员工而言，可以增加收入。但潜在问题是，如果加班时间过长，会使员工过度劳累，感到压力增加，挫折感增强，从而影响工作效率。

②激励政策：通过提高工资水平、工资变动幅度奖金等方式调动员工的积极性，提高员工满意度。

③工作的重新设计：有时，人手不够可能是由于工作流程、工作方法或者工作分配不合理产生的，此时，可以通过工作扩大化和工作丰富化这两种主要方法对工作进行重新设计。工作扩大化，主要是使原有的工作包含很多项内容，如由一人负责一道工序变成负责多道工序，这样还可以使员工掌握更多的技能；而工作丰富化则赋予了员工更多的挑战性、责任和自主性，从而提高员工的主动性和士气。

(2)临时补充

临时补充，意味着员工与组织建立短期的劳动关系，这是一种灵活便捷、成本较低的做法。据估计，一个长期在编员工的保险福利一般占工资总额的30%～40%。对于劳动密集型企业，面对不断缩小的利润空间和产品需求波动大的现状，迫切需要改变传统的用工模式，加大临时工的比重。

具体临时补充的方法主要有外包、兼职人员、租赁员工。

①外包。外包是指将工作转包给另一家企业或组织完成。例如，美洲航空公司与约翰逊控制公司签订了一份由约翰逊公司在28家二级机场为美洲航空公司提供机票代理业务的合同。这里成本控制是最主要的原因。

外包不仅是“购买最擅长的公司提供的专业服务”或者“降低成本”那么简单，相反，它由以服务质量和成本控制为坐标轴所划出的曲线中最优化的那个点所决定，其取决于对降低成本，增加服务、提高客户满意度等的综合评估。例如在找到翰威特管理咨询公司之前，索尼的人力资源机构在软件应用和文本处理方面一筹莫展，公司意识到不仅需要技术方案来解决人力资源管理的问题，并且还需要有效的管理降低人力资源服务成本，通过翰威特提供的综合性的客服中心、数据管理支持及后台软件服务，索尼采用了新技术，简化了管理规程，改进了人力资源的服务质量。

②寻找兼职人员。组织利用兼职人员完成工作任务,可以在降低人工成本的同时,实现在工作负荷频繁变动下的弹性用工。企业法律顾问、任课教师、产品派送、市场调查、会展接待、收银员、促销员、财务审计等,很多企业内部的这些岗位都是由兼职人员承担的。

③租赁员工。这是一种日益流行的弹性用工制,通俗地讲,企业有新的订单、新的工程需要增加员工时,可以马上去"租",订单完成后,再将多余的员工"退租"回去。在这种情况下,组织一般会与职业介绍中心等劳务派遣组织建立合作关系,组织免去了对这些租赁员工的人事管理,包括对福利方案的维护。此外,这些劳务派遣组织往往承担起了人员培训的工作。联合包裹公司(UPS)就与一家临时就业服务机构签订了一项合同,由这些临时就业服务机构为自己提供计算机数据录入人员,该服务机构就设计了一个类似于 UPS 所使用的那种计算机界面,只有当某位临时雇员的键盘输入水平达到一定的程度时,该就业服务机构才会将其派送到 UPS 去做临时工。耐克也同一家临时就业服务机构签订了一项类似的请这些机构提供运动鞋包装工的合同。

(3)长期补充

长期补充,即员工与组织建立长期的劳动关系,共同发展。这也是企业发展的长态,通过建立长期关系,可以形成稳定的人才队伍,塑造特有的企业文化,增强组织的凝聚力,进而通过人力资源建立企业核心竞争力。长期补充的方式主要分为内部选拔和外部招聘两大渠道。

临时补充成为企业广为接受和日益普遍的选择,但是这样做,员工对组织的忠诚度和承诺性不高,无法形成对组织的认同,缺乏组织的凝聚力。此外,还可能造成临时工和正式工之间出现紧张关系,调查显示:33%的正式雇员认为临时雇员对其工作保障是一种威胁,这样会影响员工之间的合作。

一般而言,企业在以下几种情况下,可以选择临时补充:

①企业需要一些在劳动力市场很难找到的专门技术人员;

②企业希望在远离公司总部的分公司或地区补充新的办公室职员;

③公司或地区补充新的办公室职员;企业希望补充职位来实施项目,而在这些项目中,存在异常高的风险因素,且有可能损害企业原有员工的报酬率。

(三)招聘决策的运作

作为一项具体的活动,招聘决策的运作可分为三个步骤:

1. 用人部门提出申请

需要增加人员的部门负责人向人力资源部提出需要人员的人数、岗位、要求,并解释理由。一般来说,用人部门需填写用人申请表(如表 4-2 所示)。

2. 人力资源部复核

主管部门应该到用人部门去复核申请,是否一定要这么多人,减少一点人行吗?并写出复核意见。

3. 最高管理层决定

根据企业的不同情况,可以由总经理工作会议决定,也可以在部门经理工作会议上决定。决定应该在充分考虑申请和复核意见的基础上产生。

表 4—2　用人申请表

申请编号:______________申请部门:______________

填　写　人:______________填写日期:______________

岗位名称:____________________岗位是否在计划内:是(　　)　否(　　)

要求人数:____________________增加(　　)　顶替(　　)

用人部门:____________________聘用方式:合同(　　)　临时(　　)　钟点(　　)　实习生(　　)

本岗位由:内部调配(　　)外部招聘(　　)

要求到岗日期:____________________

要求服务时间:____________________

职责(请具体填写,包括本岗位的特殊要求):

____

____

录用资格(包括性别、专业、教育、经验和技能等):

必须达到:____

____

希望达到:____

____

本部门主管签字/日期　____

人力资源部意见:1. 单位是否缺编　是□ 缺________人　否□

2. ____

主管领导签字/日期 ____

注:此表由用人部门填写;每一岗位填写一张申请表。

三、发布招聘信息及策略

企业在做出招聘决策后,就可进行发布招聘信息工作,要确定发布招聘信息的时间、方式、渠道与范围。由于所需招聘的岗位、数量、任职者要求的不同,招聘对象的来源与范围不同,以及新员工到岗的时间不同和招聘预算的限制,发布信息的过程也将不同。

(一)发布招聘信息的原则

企业在发布招聘信息时,应遵循下列原则:

1. 面广原则。如果只考虑招聘的效果,不考虑成本因素,那么,发布招聘信息的面越广,接收到该信息的人越多,应聘的人也越多,这样可能招聘到合适人选的概率越大。

2. 及时原则。在条件许可的情况下,招聘信息应该尽早地向人们发布,这样既有利于缩短招聘进程,也有利于使更多的人获取信息,使应聘人数增加。

3. 层次原则。招聘的人员都处在社会的某一层次,要根据招聘岗位的特点,向特定层次的人员发布招聘信息。

(二)发布招聘信息的类型

对企业而言,招聘信息发布渠道的选择也是很重要的。如果企业选择使用广告进行空缺职位的宣传，就应该进行招聘广告的安排。一般而言，广告招聘能够比其他的招聘方式吸引更多的应聘者。广告已经成为广大企业普遍采用的一种招聘方式，其优势在于宣传的范围广。

招聘广告按照传播媒体的不同，可以划分为广播广告、电视广告、报纸广告、行业或专业杂志广告和网络广告等。

1. 广播与电视广告

在我国，企业使用广播或电视发布招聘广告的并不多。其原因主要是：(1)电视广告费用相当昂贵，仅用于招聘似乎太高；(2)广播或电视广告在受众面前停留的时间有限，也不能被“剪下来”保存。

因此，广播与电视广告主要是用于招聘企业的高级管理人才。有时企业将招聘高级人才以访谈面试的形式出现，企业可以借机宣传企业的形象。事实上，在广播与电视上发布招聘广告进行人员招聘的企业，大多是政府的职业中介机构或猎头公司，也有少部分的知名企业。它们在广播与电视媒体上发布广告的目的更多的是提高企业的知名度和塑造企业的形象。

2. 报纸广告

报纸广告是企业进行招聘时使用最为频繁的媒介，因为报纸广告的费用比电视广告的成本要低得多，同样能吸引众多的应聘者。报纸广告不仅受企业的欢迎，也受到了应聘者的欢迎。其主要的优点是：应聘者可以在不同的时间、地点被多个不同的读者阅读，能够方便地复印抄写。一般来说，低层次职位可以选择地方性报纸，高层次或专业化程度高的职位则要选择全国性或专业性的报刊。

3. 行业或专业杂志广告

行业或专业杂志广告，也是企业招聘专业的管理人员和技术人员的最佳选择。因为行业或专业杂志的读者，大多是与行业有关的专业人员，杂志的读者群比一般的报纸更为集中，所以，广告的针对性就更强一些。当企业在这类杂志上发布招聘广告时，招聘信息就会被目标受众接受。

进行杂志广告招聘要注意两点：(1)由于专业杂志的印刷期较长，所以招聘广告发布的提前量要比较充分，并要注明招聘截止日期。(2)杂志广告的创作，要美观又有创意，做到既能吸引读者目光，又能宣传企业形象。

报纸杂志广告的比较如表 4—3 所示。

表 4—3　　　　报纸杂志广告对比一览

媒介选择	优点	缺点	适用性
全国性报刊	将影响到全国的受众	代价昂贵——基于广告大小和版面位置	高级职务或技能稀缺的职务
当地报刊	相对便宜	范围小 可能会错过某些人	除高级职务和高技能职务外的所有职务
业界报刊	价格适中	要警惕杂志号称和实际卖出的出版物数量不同	专业和技术性的职务

4. 网络广告

网络广告，是指企业在网络上发布招聘广告。

(三)招聘信息的宣传策略

在招聘过程中，企业一方面需要尽可能地吸引应聘者，另一方面还必须利用招聘过程的机会宣传企业形象或者声誉。因此，对招聘工作应该从更高的层次来认识，制定好宣传策略。招聘的宣传策略主要是指在招聘活动中，人力资源部门对公司及其相关政策的宣传。将公司的招聘政策及时与外界沟通，有利于顺利开展招聘活动。

1. 招聘广告的设计原则和内容

(1)广告设计的原则

招聘广告应遵循 AIDA 四个原则，即注意(Attention)、兴趣(Interesting)、欲望(Desire)和行动(Action)。换言之，好的招聘广告要能够吸引求职者的注意并能激发其求职兴趣，继而创造求职欲望并促使其采取实际的应聘行动。

注意：要从广告设计的总体效果出发，引起人们的关注。广告设计如果没有特色，就很容易淹没在其他的广告中。引人注目的方法可用醒目的字体、与众不同的色彩、显眼的位置等，最醒目的内容应是企业最具吸引力之处，如企业的名称、企业的标识、招聘的位置、待遇条件、工作地点等。例如，广告语打出“华为诚聘”等。

兴趣：可以通过具有煽动性的广告词引起求职者的兴趣和得到工作的愿望，例如，“实现中国人才在中国发挥才能的理想”“你将投身于一项富有挑战性的工作”。

愿望：不仅要使求职者有兴趣，而且能让其产生得到工作的愿望。这可通过针对求职者的需求，列举企业能够提供的条件如工资、福利、职位、培训机会、住房条件、出国机会等来实现。

行动：不仅要向求职者提供联络方式，如联系电话、通信地址、公司网站等，还要用一些煽动性的话题促使对方迅速采取行动，如“现在就投简历吧”。

(2)招聘广告的内容

在招聘广告的内容方面，美国学者戈登(J. Gordon)、威尔逊(P. Wilson)和斯旺(H. Swann)通过对报纸读者的调查来了解企业招聘广告中各种信息的必要性(如表 4—4 所示)。一般来说，完整的招聘广告包含以下要素：公司简介，招聘职位和数量，工作地点，专业要求和经验要求，职称要求和优先者条件，工作职责，应聘者个性特点要求，应聘材料，联系方式和截止日期等。

表 4—4　招聘广告的必要内容

细　节	细节的必要性(%)
工作地点	69
任职资格	65
工资	57
职务	57
责任	47
公司	40
相关经历	40

续表

细　节	细节的必要性(%)
个人素质	32
工作前景	8
公司班车	8
员工福利	6

企业的招募宣传应该向受众传达企业的就业机会,并为本企业创造一个正面的形象,同时提供有关工作岗位的足够的信息,以使那些潜在的应聘者能够将工作岗位的需要同自己的资格和兴趣进行比照,并唤起那些最好的求职者的热情前来应聘。这不仅适用于企业在外部劳动力市场进行招聘,也适用于企业在内部劳动力市场的招聘工作。

在招聘广告中注意避免出现歧视性条款,这不仅表现为对女性、外来务工人员和残疾人的歧视,还表现为对年龄、民族、姓氏、外貌、身材、属相、学历、身体状况、血型、经验、地域、婚姻状况、生育状况、星座等诸多方面的歧视。这些歧视性条款的出现,不仅人为地缩小了应聘者的规模,而且可能会使企业陷入法律诉讼的纠纷。据统计,目前中国 70%以上的招聘广告均含有歧视性条款,歧视性问题触目惊心,随着中国《就业促进法》的健全和完善,将逐步加强反就业歧视的有关条款,有望在此基础上推进《反就业歧视法》的出台。

微型案例

华为 2020 届应届生招聘公告

这里可能荆棘密布
这里可能尽是险峰
这里有无人涉足过的滩涂
这里也有无穷大的天地

只要你胸怀世界 坚韧平实 洞见新知
这里就有属于你的没有天花板的舞台
来华为,用一颗勇敢的心,开启新世界

消费者服务经理(应届生、留学生)
职位类别:服务类—服务族
工作地点:全球
岗位职责
负责消费者领域服务满意度的持续提升,构建卓越服务生态,树立行业服务标杆。

1. 服务网络设计师:规划、设计、建设及运营管理全球的热线中心和现场服务中心;
2. 服务体验构建者:通过创新的服务解决方案设计开发,打造差异化服务,持续增强消费者服务体验;

3. 服务知识传道人：整合专业服务知识及资源，提升全球团队的服务能力，构建卓越服务体验。

岗位要求

专业知识要求：

1. 具备良好的沟通理解和人际交往能力；

2. 通信信息类理工科专业优先；

3. 拥有丰富的技术类比赛、社团组织、社会实践经验将更有优势；

4. 志存高远、乐于挑战、渴望成功，并希望在不同国度、不同文化中积累跨国工作经验。

采购数字化工程师（应届生、留学生）

职位类别：供应链类—采购族

工作地点：中国/东莞

岗位职责

在这里，你将与全球顶尖的采购专家、数据科学家、AI 专家、IT 专家共同探讨新技术，构建业界领先的数字化系统！在这里，有足够的舞台让你一展所长，你将有机会从事以下某项喜欢的工作：

1. 通过数据挖掘和人工智能等数字化技术，实现采购数字化战略转型，成为炙手可热的跨界人才；

2. 探索挖掘海量的采购数据，开展数据建模和数据挖掘，构建智能化、自动化的分析、预测、预警和运筹优化模型，建设采购所需的各类 IT 系统，支撑采购战略决策；

3. 建设集成的智能运营中心，实现业务状态实时可视、任务在线协同、多地联合指挥、指令透明下达的业务战略，参与从用户需求到软件产品定义、架构设计、开发实现、上线运营等产品生命周期的建设，实现采购作业的数字化；

4. 解决产品在实现过程中的技术难题，应用前沿技术提升产品的核心竞争力，如分布式系统、微服务架构、实时计算、性能调优等等。

岗位要求

专业知识要求：

1. 计算机、自动化、数学、统计学、管理科学与工程、信息安全等专业优先；

2. 有统计分析、机器学习、数据挖掘等领域的理论知识基础和实践经验；

3. 热爱编程，基础扎实，熟练掌握不限于 Python/R/ JAVA/HTML 等编程语言中的一种或数种，有良好的编程习惯；

4. 熟悉 Oracle、DB2、SQL Server、mySQL 等至少一种数据库，对数据结构、算法有一定了解；

5. 掌握分布式并行计算框架，包括 Hadoop、Hive、Spark、流式计算、实时计算等大数据相关技术；

6. 具备独立工作能力和解决问题的能力，善于沟通，乐于合作，热衷新技术，善于总结分享，喜欢动手实践。

资料来源：https://www.huawei.com/cn，2019 年 9 月 1 日。

2. 公布招聘政策

公司的招聘政策在一定程度上是区别于其他公司招聘活动的关键。招聘政策运用是否恰当对招聘成功有着重大的影响。

(1)市场领袖薪酬策略

该策略是指在同等职位条件下,该公司的薪资报酬领先于其他公司的策略。该策略是通过高薪来吸引最优秀的人才。所以,在宣传时,企业要注意以下两点:

第一,突出宣传企业的发展前景并且与高薪相结合,此目的是尽可能多地吸引应聘者。

第二,对应聘者的要求比较严格,在招聘广告的内容中,设置一些必要的遴选指标,让不具备条件的应试者知难而退,以减轻录用工作的压力。市场领袖薪酬策略,通常被一些市场领先者运用,他们通过对人才的控制来保持市场领先的状态。由于该策略会使得劳动力成本升高,进而导致产品成本升高,影响产品的市场份额,所以除非是市场的绝对领先者,否则该策略一般不轻易使用。

(2)自由雇用政策

自由雇用政策是指雇用关系的双方都可以在任何时候以任何理由解除雇用关系。与之相对的是劳动合同制,即企业和新进员工要签订劳动合同,规定员工在合同期限内不能离开公司,否则,要缴纳一定的违约金;而企业如果在合同期限内解雇员工,则要给员工一定金额的赔偿。劳动合同制很好地防止了企业人力资源外流,防止了人才流失给企业带来的损失。换句话说,当企业想保持人员的相对稳定时,可以采取这种策略。

但自由雇用政策与此相反,它是一种鼓励人员流动、鼓励人员竞争的策略。该策略一般运用于高新技术企业,该类企业需要不断地吸引新人新思维,来进行创新活动,促进企业的发展,促进企业内部的竞争,在内部优胜劣汰。一旦采用劳动合同制,被淘汰的人员如果太多,则企业支付的赔偿金将会过高,从而影响企业的经济效益。同时,某些优秀的人才比较喜欢自由雇用政策,不愿意被合同束缚在一个公司。自由雇用政策和劳动合同制各有利弊,企业也应该根据自身情况谨慎用之。

(3)公司形象的广告宣传

如前所述,企业有时进行招聘活动不仅仅是为了招聘新员工,还有宣传企业形象的目的。企业有三种招聘途径可以宣传公司形象。

第一,公司网站或中介机构的招聘网页。精美的网页往往能体现公司的内在文化,所以好的网页会给受众留下美好的印象。

第二,精心组织的招聘会。华为公司每年都要在全国许多高校举办专场招聘会,会上公司招聘人员向毕业生介绍公司的成长历史、市场地位和发展规划,然后在接下来的几天里才进行求职资料的收取以及面试工作。尽管每次招聘会只录取少数几名毕业生,但是总能够吸引大批的毕业生踊跃地投送求职材料。所以,通过形象宣传活动,联想公司几乎受到各大高校毕业生的青睐。

第三,举止得体的招聘者。招聘者的一言一行代表着公司,他们的行为关系到公司的形象。所以,对招聘者进行培训,使之举止得体,这既有利于招聘活动本身,也有利于企业形象。

3. 公布招聘流程和结果

把招聘流程和结果公开,是招聘成功与否的另一个关键。公开招聘流程和结果,有助于形成公平竞争的气氛,有助于应聘者熟悉应聘流程并灵活地安排自己的时间,有助于缓解落选者的失落感,也会降低由于落选者不满而散布不利于公司形象的信息的可能性。

四、报名材料的收集与整理

应聘者在获得企业的招聘信息后，可以向招聘企业提出应聘申请。一般有三种方式：一是应聘者通过信函向招聘企业提出申请；二是直接填写招聘企业的应聘申请表；三是应聘者通过电子邮件的方式向招聘企业提出申请。无论是哪种方式，一方面企业应提供应聘人员申请表（如表4—5所示）；另一方面应聘者都应向招聘企业提供个人资料。个人资料主要有：(1)应聘申请表，重点说明将应聘的职位；(2)个人简历，主要说明学历、工作经验、技能、成就、个人品格等个人信息；(3)各种证件，包括学历、成就（各种奖励）证明的复印件；(4)身份证复印件。

个人简历与应聘申请表应该尽量详细，以便于招聘企业的人力资源部门进行必要的审定与核实等工作。

招聘企业要求应聘者在规定的时间内在指定地点报名，领取报名登记表，填写并上交表格。在实际操作中，还有一些具体的策略。比如，有时为了了解应聘者的某些资格和特殊技能，需要他们递交附加材料；有时为了了解应聘者的耐心，故意让报名程序比较复杂。

表4—5　　**××公司应聘申请表**

应聘职位：

<table>
<tr><td>姓名</td><td></td><td>性别</td><td></td><td>出生年月</td><td></td><td>政治面貌</td><td></td><td rowspan="8">照片</td></tr>
<tr><td>学历</td><td></td><td>毕业院校</td><td colspan="3"></td><td>专业</td><td></td></tr>
<tr><td>职称</td><td></td><td colspan="3">现从事的专业/工作</td><td colspan="3"></td></tr>
<tr><td colspan="2">现工作单位</td><td colspan="3"></td><td>联系电话</td><td colspan="2"></td></tr>
<tr><td colspan="2">通信地址</td><td colspan="3"></td><td>邮　编</td><td colspan="2"></td></tr>
<tr><td colspan="2">家庭地址</td><td colspan="3"></td><td>身份证号码</td><td colspan="2"></td></tr>
<tr><td colspan="2">掌握何种外语</td><td colspan="2"></td><td colspan="2">有无证书</td><td colspan="2"></td></tr>
<tr><td colspan="2">技能与特长</td><td colspan="2"></td><td>技能等级</td><td colspan="3"></td></tr>
<tr><td colspan="2">个人兴趣</td><td colspan="2"></td><td>身高　米</td><td>体重　公斤</td><td>健康状况</td><td colspan="2"></td></tr>
<tr><td>个人简历</td><td colspan="8"></td></tr>
<tr><td colspan="3">欲离开原单位的主要原因</td><td colspan="2"></td><td>现在的工资</td><td colspan="3"></td></tr>
<tr><td colspan="3">欲加入本单位的主要原因</td><td colspan="6"></td></tr>
<tr><td>收入期望</td><td colspan="2">元/年</td><td colspan="2">可开始的工作日期</td><td colspan="4"></td></tr>
<tr><td colspan="3">晋升期望（职位、日期、时间）</td><td colspan="6"></td></tr>
<tr><td colspan="3">其他期望</td><td colspan="6"></td></tr>
<tr><td colspan="3">家庭成员情况</td><td colspan="6"></td></tr>
<tr><td colspan="3">备注</td><td colspan="6"></td></tr>
<tr><td colspan="9">自愿保证：本人保证表内所填写内容真实，如有虚假，愿受解职处分。
申请人签名：　　日期：</td></tr>
</table>

第三节　招聘的渠道和方法

如果企业出现空缺职位，如何招聘到合适人员对于企业来说非常重要。人员招聘渠道分为外部招聘与内部招聘。外部招聘有员工推荐、广告、猎头公司、职业协会、职业介绍机构、校园招聘等。内部招聘主要通过员工晋升、工作调换、工作轮换、内部人员的重新聘用来进行。外部招聘与内部招聘对企业来说各有利弊，这就要求组织权衡利弊进行选择。

一、内部招聘

管理咨询公司合益(Hay)研究发现："从公司外部聘请新CEO是一个受人关注的举动，但是在'全美最受赞赏的公司'中，有3/4的公司不会采取这样的举动，77%的董事会倾向于提拔内部候选人。"

古人云："国有三不祥，夫有贤而不知，知而不用，用而不任。"如果不了解组织中是否存在贤者，或有贤者而不用，或用而不委任以相应的职务，那么不仅说明这个组织的领导人是"蠢材"，而且还证明这个组织因此而没有前途。

在美国，沃尔玛被管理界公认为是最具文化特色的公司之一，《财富》杂志评价它"通过培训方面花大钱和提升内部员工而赢得雇员的忠诚和热情，管理人员中有60%的人是从小时工做起的"。在一般零售公司，没有10年以上工作经验的人根本不会被考虑提升为经理，而在沃尔玛，经过6个月的训练后，如果表现良好，具有管理好员工、管理好商品销售的潜力，公司就会给他们一试身手的机会，先做助理经理，或去协助开设新店，然后如果干得不错，就有机会单独管理一家分店。通过这样的方式，为员工在企业内部的发展开辟了广阔的平台，从而极大地降低了离职率，鼓舞了士气。

与传统人事管理相比，现代人力资源管理注重组织内部人力资源的开发利用。当组织中出现职位空缺，人力资源管理部门将采取积极的态度首先从组织内部中寻找、挑选合适的人员填补空缺。

(一)内部招聘人员来源渠道

在内部招聘下，满足空缺职位的员工从何而来？内部招聘人员来源渠道主要有晋升、工作调换、工作轮换与内部人员重新聘用。员工通过这些途径，在组织内部进行流动。从某种意义上讲，内部招聘是企业员工职业生涯管理实现的重要途径。

1. 晋升

从内部提拔一些合适人员来填补职位空缺是常用的方法。它可使组织迅速从员工中提拔合适的人选到空缺的职位上。内部提升给员工提供了机会，使员工感到在组织中是有发展机会的，个人职业生涯发展是有前途的，这对于鼓舞士气、稳定员工队伍是非常有利的。同时由于被提升的人员对组织较为了解，他们对新的工作环境能很快适应。这也是一种省时、省力、省费用的方法。但这种方法由于人员选择范围小，可能选不到最优秀的人员到岗位上，另外会造成"近亲繁殖"的弊病。还有可能使未被晋升的优秀员工对组织产生不满而离开，导致企业人才流失。一般来说，当组织的关键职位和高级职位出现空缺时，往往采用内外同时招聘的方式。

麦当劳是全球最大的跨国快餐连锁企业，其连锁店分布世界各地。"我们重视每个员工的价值、成长及贡献。我们不只是服务顾客的汉堡公司，更是供应汉堡的人性化公司。我们要成为每个所在社区的最佳雇主”。这是麦当劳经营理念中关于“人员承诺”的宣言。麦当劳的管理人员95%要从底层员工做起,这是通过一种快速晋升制度实现的:一个刚参加工作的年轻人,可以在一年半内当上餐馆经理,可以在两年内当上监督管理员,负责三四家餐馆的工作。3年后,监督管理员可能晋升为地区顾问,担任总公司派驻下属企业的代表,成为“麦当劳公司的外交官”。

2. 工作调换

工作调换也即平调,是在职务等级不发生变化的情况下,工作岗位发生变化。它是企业从内部获得人员的一种渠道。它一般用于中层管理人员的招聘。例如,海尔推行届满调换制,对于任期届满的干部,企业有计划地组织岗位转换。一方面,干部面对全新的工作环境、工作内容和要求,会产生一种新鲜感和应付挑战的亢奋,从而提高工作积极性,以防止干部长期任职于某部门而思路僵化,缺乏创造力与活力;另一方面,轮岗制对年轻干部而言还可增加锻炼机会,有利于他们全面熟悉业务,取得不同岗位的工作经验,迅速成长为业务技术骨干,为企业发展储存更多的人力资源。

3. 工作轮换

与工作调换不同,工作轮换大多用于一般员工的培养,让有潜力的员工在各方面积累经验,为晋升做好准备,也可以减少员工因长期从事某项工作而带来的枯燥、无聊。例如一家汉堡快餐公司,可以让员工在柜台、煎区、炸区、大堂等区域的不同岗位之间轮换。海尔的新进员工,经过岗前培训后,就有机会通过1～2年的工作轮换方式,在企业中寻找最适合自己的位置。

4. 内部人员的重新聘用

有些企业由于一段时期经营效果不好,会暂时让一些员工下岗待聘,当企业情况好转时,再重新聘用这些员工。由于员工对企业的了解,对工作岗位很快适应,为此可以节省大量的培训费用。同时又以较小的代价获得有效的激励,使组织具有凝聚力,促使组织与员工个人共同发展。例如,伴随着美国经济的复苏,汽车市场开始回暖,2010年美国通用汽车公司在美国本土的汽车组装厂和相关设施机构重新聘用了之前被裁退的约3 000个工人。

(二)内部人员的招聘方法

内部人员的招聘方法主要包括员工推荐、档案法以及布告法等。

1. 员工推荐

推荐法可用于内部招聘,也可用于外部招聘。它是由本组织员工根据组织的需要推荐其熟悉的合适人员,代用人部门和人力资源部门进行选择和考核。由于推荐人对用人部门与被推荐者均比较了解,使得被推荐者更容易获得组织与职位的信息,便于其决策,也使组织更容易了解被推荐者,因而这种方法较为有效,成功的概率也较大。据了解,美国微软公司有40%的员工都是通过员工推荐方式获得的。为了鼓励员工积极推荐,企业可以设立一些奖金,用来奖励那些为公司推荐优秀人才的员工。

2. 档案法

企业人力资源部门都有员工的档案,从中可以了解员工的各种信息,帮助用人部门或人力资源部门寻找合适的人员补充空缺的职位。尤其是建立了人力资源管理信息系统(HRMIS)的企业,则更为便捷、迅速,并可以在更大范围内进行挑选。档案法只限于员工的客观或实际信息,如员工所在职位、教育程度、技能、教育培训经历、绩效等信息,而对主观的信息如人际技能、判断能力、正直等难以确认,而对很多工作而言,这些能力是非常重要的。这种方法可以和布告法共同使用，招聘人员在浏览员工档案后，会与有条件的员工接触，一方面引起他们对招聘信息的注意，另一方面进一步了解他们是否想提出申请。

利用技术档案的优点，可以在整个组织内发掘合适的候选人，同时技术档案可以作为人力资源信息系统的一部分。如果经过适当的准备，并且技术档案包含的信息比较全面，采用这种方法比较便宜和省时。

依诺华健康系统（Inova Health System）是一家由弗吉尼亚州各大医院结成的联盟，这家联盟建立了一个数据库系统，为各家医院现有成员分别建立一份文件，同时，还要求建立一个内部的计算机网络来促进各家医院之间的交流和沟通。当一家医院出现了职位空缺，系统会第一时间告知有关决策者：有多少可以通过内部员工流动来填补，多少可以通过其他劳动力供给过剩地区提拔人员来填补，这种方式可以提高人与工作之间的匹配程度，最终提高了员工的工作满意度。

3. 布告法

布告法也称张榜法，它是内部招聘最常用的方法，尤其是对非管理层的职位而言。布告法的目的在于使组织中的全体员工都了解到哪些职务空缺，需要补充人员，使员工感觉到组织在招募人员方面的透明度与公平性，并认识到在本组织中，只要自己有能力，通过个人的努力，是有发展机遇的。这有利于提高员工士气，培养积极进取精神。布告法是在确定了空缺职位的性质、职责及其所要求的条件等情况后，将这些信息以布告的形式，公布在组织中一切可利用的墙报、布告栏、内部报刊或网络上，尽可能使全体员工都能获得信息，号召有才能、有志气的员工毛遂自荐，脱颖而出。对此职务有兴趣者即可到主管部门和人事部门申请。主管部门和人事部门经过公正、公开的考核择优录用。

（三）对内部选拔的评价

美国通用电气公司（GE）第 8 任董事长兼 CEO 杰克·韦尔奇的变革精神、领导才能、管理方法和竞争策略，为全球工商界人士树立了楷模，世人皆称之为“世纪经理人”。他的伟大之处不仅在于对通用电气公司的管理革命，还在于如何在内部选择接班人，并为此做出了不懈努力。早在 1994 年韦尔奇就开始着手考虑接班人问题，接班人的最初候选人，均是 GE 内部的分公司经理或厂长。在秘密敲定了十几名候选人名单后，他会经常性地安排他们与董事会成员打高尔夫球，或者聚餐跳舞，娱乐活动轻松活泼，在看似不经意间，对候选者们暗访考察。考察内容包括管理性格、言谈举止、人际交往、与下属关系的融洽程度等。重视候选人的业绩，是 GE 选拔接班人的主要标准。最后选定的 3 名候选人都是 GE 的有功之臣，都取得过令人羡慕的骄人业绩，他们是各自领域中最成功和最受瞩目的领导人。

1. 内部招聘的优点

从通用电气的成功任命，可以看出内部招募有许多好处。

（1）为组织内部员工创造了晋升的机会和防止可能的冗员。晋升对员工动机的激发和士气的提高会产生积极的、重大的作用。一项研究发现，晋升机会能导致流动率的下降、较高的工作满意度及更好的工作效率。如果员工知道自己有希望得到晋升和职业有发展就会为组织努力工作，这也是对员工的绩效和忠诚的奖励。反之，如果总是优先考虑外部人员填补工作空缺，就会产生相反的影响。

（2）组织和员工相互之间比较了解。首先，组织对自己的员工比较了解。组织如果拥有一份员工技能清单就可以把这作为内部招聘的起点，而且员工的绩效评价也是可以获得的，可以通过获悉候选人员的现任和前任管理者对其潜力的发展给予评价，即能够有机会观察候选人的工作习惯、工作技能、与他人相处的能力以及在组织中的适应性。组织可以得到现有员工更为准确的资料，从而减少做出错误决策的概率。其次，员工也了解组织的更多情况，知道组织的运作、组织的价值观和文化，这样员工的预期不准确性和对组织不满意的可能性就降低了。

(3)成本低。与外部招聘相比，内部招聘在评价、测试和背景资料方面，能节约一定的人力、物力和财力，而且招聘的速度快。同时，组织可以充分利用现有员工的能力，对以前在员工的人力资本投资上获得一定的回报。

(4)速度快。内部招聘简化了招聘程序，为组织节约了时间，省去了许多不必要的培训项目(如职前培训、基本技能培训等)，减少了组织因职位空缺而造成的间接损失(如岗位闲置等待、效率降低等)。

2. 内部招聘的缺点

但是内部招聘仍然存在许多令人担忧的问题。

(1)易导致“近亲繁殖”。当只从内部招聘时，必须谨慎，以确保新思想和改革不被如“我们以前从没有做过”“没有他我们一样能做好”等观念所窒息。

(2)易引发企业高层领导和员工之间的不团结。在用人方面的分歧常常是高层领导之间产生矛盾的焦点，这不仅涉及领导的权力分配，而且与领导的威信息息相关，这也是人事改革的一个侧面，会在企业政治方面引起异常激烈的明争暗斗，并对员工的士气和没有被晋升的员工的工作表现产生消极的影响，特别是在几个同事申请同一职位时更是如此。这样就可能形成不和谐的冲突，导致组织内人际关系紧张。当一个职位空缺时，许多雇员都会被考虑补充那个职位，当然大部分会被否决，一些被否决的候选人可能会产生怨恨情绪。

(3)易引发后续问题。员工可能会提升到他不能胜任的工作岗位，因此组织就需要能干的员工和强有力的管理开发计划，以确保员工能承担更大的责任；另一个问题就是内部晋升是以资历还是以能力为基础。

(4)过多的内部招聘可能会使组织变得封闭。不断从内部提拔人才可能会鼓励员工安于现状。一个必须改进流程的组织通常应适当从外部招聘人员。

(5)过多的内部招聘可能导致效率降低的现象。例如，如果高级经理人员离开本组织后由其直接下属接任，那么这名下属的职位就需要找人来承担。当这个人晋升延伸到等级结构末端的时候，最初的那个职位就激发了许多人的注意。几乎所有的人员都需要一段时间去熟悉新工作，甚至当员工在组织中工作了很多年，新职位也要求其调整思路以适应新的职责，并重新界定与同事的人际关系时，这些人必须在他们过去的同事面前扮演一个新的角色，并且在过去的同事成为下级时，面临的管理困难会不断涌现。由于许多人就职新岗位，内部招聘困难可能会恶化这个结果。直到这些员工都具备了与前任同等的工作能力，并重新界定了他们的工作关系后，这种效率降低的状态才会有所改变。

内部招聘既有长处也有不足。在组织实施以稳定为主的战略、面临的外部环境威胁较小的情况下，内部招聘可能发挥最好的作用。在时间或经费有限的情况下，内部招聘可能较适宜。

二、外部招聘

由内部招聘获得人员的最大不足是并不能从根本上解决企业内部劳动力短缺的问题。尤其是当企业处于创业时期、快速发展时期或需要特殊人才时，仅有内部招聘是不够的，必须借助外部劳动力市场。因此，外部招聘也是重要的人员来源渠道。IBM、HP 等国际知名公司的

CEO很多都是“空降兵”。

（一）外部招聘的方法

1. 求职者自荐

求职者自荐是指在没有得到公司内部人员推荐的情况下，应聘者直接向招聘单位提出求职申请。求职者在某种程度上已经做好了到企业工作的充分准备，并且确信自己与空缺职位之间具有足够的匹配程度，然后才会提交求职申请。

求职者毛遂自荐的最大优点是：费用低廉，可以直接进行双向交流；而且求职者已花费很长时间了解企业，也更容易受到激励。

不足之处是：随机性较大，时间较长，合适人选不多。因此用这种方式招聘合格人员，需要专人负责接待，要有详细的登记表格，并尽可能鼓励求职者表现自己的才能。

2. 广告招聘

尽管通过广告招募来的人往往比直接来公司求职的人和被推荐来的人要稍差，并且成本通常也更高一些，但它仍然是目前最为普遍的招募方式之一。

企业在设计招聘广告时，首先要回答两个非常重要的问题：我们需要说些什么？我们要对谁说？就第一个问题来说，许多公司由于没有回答好，导致职位空缺的细节内容没有有效地传递出去。在理想情况下，看到招聘广告的人应当能够获得足够的信息来对工作以及要求做出评价，从而使他们能够判断自己是否具备招聘广告中的资格要求。这可能意味着广告的篇幅要长一些，成本也更高一些。

3. 就业服务机构

在我国，随着人才流动的日益普遍，应运而生了人才交流中心、职业介绍所、劳动力就业中心、猎头公司等就业服务机构。这些机构通过定期或不定期地举行人才交流会，供需双方面对面地进行商谈，增进了彼此的了解，并缩短了招聘与应聘的时间。

在下列情况下，组织会优先考虑借助就业服务机构进行招聘：

（1）自己没有人力资源部门，因而不能有效地进行人员招募和测试。

（2）过去的经验表明，很难找到足够多的合格的人选。

（3）必须迅速找到合适的人选充实某一空缺岗位。

（4）想节省面试时间。

根据就业服务机构的性质和服务业务的不同，可将其分为公共就业服务机构、私营就业服务机构与高级经理人员搜寻公司。

（1）公共就业服务机构

我国目前存在的人才交流中心、职业介绍所、劳动力就业中心都属于公共就业服务机构，能够为企业提供比较全面的人力资源管理代理服务。相当多的企业也通过它们招聘所需要的人员。在劳动力市场发达的国家，公共就业服务机构的服务比较全面。如美国，雇主可以将自己的职位空缺登记到当地的州政府就业办公室，该机构会从当地失业者的资料库中检索出合适的人选。这些公共就业服务机构免费向企业提供适合空缺职位需要的候选人，然后由雇主对他们进行面试或测试。

公共就业服务机构的优点是：应聘者众多，很难形成裙带关系，时间较短。缺点是：需要一定费用，对应聘者情况不够了解，不一定有岗位需要的合适人选，应聘人员素质较低。所以企业要选择信誉较高的机构，同时对应聘者要再进行一次测试，为了保障测试的可靠性和有效性，企业还应该让职业机构提供较为详细的应聘者资料。

(2)私营就业服务机构

一般来说,公共就业服务机构主要是为“蓝领”劳动力市场服务的,私营就业服务机构则有不同之处:

一是它填补了更广泛类型的工作资源,除提供文员和“蓝领”工人外,也提供技术和低层管理人员的工作。

二是求职者更愿意在私人代理机构登记,因而比公共代理机构的求职者更愿意接受工作。

三是其代理服务需要收费,因此受契约的约束。当较高层级的管理职位被填补时,通常是公司付费给私营代理机构,而文员和“蓝领”求职者要自己付费。私营就业服务机构减轻了企业寻找、联系、预先筛选求职者的行政负担,因此具有特殊的作用。

(3)高级经理人员搜寻公司

高级经理人员搜寻公司(Executive Search Firms,ESF)也称猎头公司(Hunter Head),它是私营就业服务机构的一种具体形式。它定位于在别的企业工作成功的经理,并未主动寻找新工作的人。近年来,为适应组织对高层次人才的需求与高级人才的求职需要,我国的猎头公司迅速增多,业务发展迅速。猎头公司在供需匹配上较为慎重,其成功率也比较高。

企业选择猎头公司有许多好处:

第一,可以保密。高层管理岗位和技术岗位的招聘常常是要求高度保密的。从公司内部而言,最高管理层常常不希望员工知晓公司对高层岗位的对外招聘计划,特别是涉及现有在职人员被顶替的情况。对应聘者或面试人选而言,在保密的形式下应试不会伤及其已有的事业。在猎头公司中,越是专业化的声誉卓著的猎头公司,保密工作做得越好。显然,通过猎头公司招聘并不需要太多担心泄密。

第二,猎头公司拥有丰富的人才信息资源。企业招聘面可以扩大,人才的选择更加便利。拥有对某一类人才从素质到成本等方面的广泛的信息,拥有专业化的人才搜索技术,这样它们能在市场上不做任何声张的情况下,悄悄地找到所需要的目标人才群。

第三,猎头公司可以提供客观情况和建议给企业。猎头工作是一项极费时间而又敏感的过程。猎头公司能帮助客户即雇主们就所招职位正确地评估其期望值,重新核定其有关组织架构的汇报路径,确定一个切实可行的入职条件及薪酬待遇。猎头顾问及时向面试人选提供客观真实的意见反馈,并及时向雇主提出建议。作为招聘方面的专家,猎头顾问能有效地对面试人选的背景进行调查,并能从有关人士甚至能从那些不愿发表意见的人士口中得到有关面试人选过去的工作表现及背景情况。

第四,企业可以借助猎头公司接近理想人选。对高级管理人员而言,与猎头公司打交道是一件很敏感的事情,因为他们可能不愿意将其准备离开就职企业的想法“公开”,以免引起当前雇主做出某些反应。因此,猎头公司往往充当了这些高级经理人员的当前雇主与未来新雇主之间的一个秘密缓冲地带。这也是猎头公司存在的重要基础。

在招聘上,一方面,高层岗位的招聘,使用猎头较之其他招聘渠道常常能省时、省力、省钱。在使用猎头公司的雇主当中,相当部分雇主是在通过其他招聘渠道失败之后,才找到猎头公司的。当然,这包括一些雇主是在使用小规模猎头公司招聘失败之后,方改用大型专业化猎头公司的。另一方面,猎头公司了解高级人才薪酬的市场行情,能建议雇主向合格人选支付合适的薪酬,并能帮助雇主做好有关聘用条件方面的协商,从而使雇主可以直面面试人选的“讨价还价”。这样的方式明显更容易达到需要,保证投入的产出。

但是许多猎头公司良莠不齐,评估一家猎头公司,不能单纯看其规模、成立年限和是否“有名”，否则可能犯主观化和表面化的错误。那么，如何有效选择一家专业的猎头公司呢？组织可以从以下几个方面对猎头公司进行考察：

第一，看猎头的竞争策略。一家专业的猎头公司应该致力于长期持续的事业，而不是仅仅为了赚取一笔佣金，是致力于与客户建立战略伙伴关系而不是只做一锤子买卖。

第二，看猎头的顾问水平。专业而高水平的猎头顾问是雇主购买猎头服务最根本的动因。一家专业的猎头公司，其顾问应该具有以下基本素质：优秀的人格品性、资深的行业背景、丰富的社会阅历、娴熟的沟通艺术、深厚的文化底蕴。

第三，看猎头顾问的咨询价值。一名专业的猎头顾问要善于界定客户需求，真正理解客户需求，并在必要的时候说服客户或让其放弃想法，从而成为客户的战略伙伴，与客户共同根据战略分析职位空缺，共同确定任职资格，共同界定人选的来源分布并与客户共同确定合适的人选。

第四，看猎头的评估体系。评估体系是正确寻访人选的关键，一家有实力的猎头公司，应该具备科学而严谨的评估系统，包括对客户的评估、对职位需求的评估、对人选能力和素质个性的评估、对人选使用状况和效果的评估等。猎头公司的评估系统贯穿于整个过程，这才是猎头顾问咨询价值的体现。

第五，看猎头公司的成功案例。一家猎头公司的成功搜寻案例是其实力和水平的重要体现。但不仅要看其客户的层次和名气，更重要的是要考量其客户在行业中的地位、招聘职位的层次、需求人才的稀缺性、职位待遇水平等综合因素。

4. 校园招聘

在高校进行招聘，正在逐步成为企业喜欢运用的招聘渠道。在我国，校园面试是企业招募初级专业人员以及管理人员的一个最重要来源。许多企业认为，要想争取到最优秀的学生，除了通知这些在不久的将来会毕业的学生来参加面试之外，给学生们留下强烈印象的最好方式是实行大学生见习计划。

例如，3M 公司的大学招募战略：

(1)公司只把自己的招募努力集中在 25～30 所大学上，以避免自己的注意力过于分散。

(2)它对这些大学有着较高的承诺性，公司每年都为这些大学的毕业生提供空缺职位。

(3)在校园面试过程中，3M 公司让大量的直线管理人员参与进来。

(4)公司人力资源管理人员在与大学中负责毕业生就业工作的人进行合作，协调参与招募过程的直线管理人员的活动，以保证一个人一年到头都与同一所学校打交道。

(5)3M 公司还努力不断地改善自己的招聘工作，他们经常会要求那些已经被自己雇用的学生向公司提供一些对招募过程的反馈意见。

校园招聘的显著好处就是：企业能够找到相当数量的具有较高素质的合格应聘者，不足之处则是：毕业生缺乏实际工作经历，对工作和职位的期望值高，录用后容易产生较高的流失率。为了保证校园招聘的效果，企业要精心选择学校，对招聘者进行培训，与高等院校建立良好的关系，实施大学生实习计划以及考虑在招聘的时候采用真实工作预览的策略。

事实上，大多数高校中也都设置了就业办公室来辅助企业进行校园招聘，进而帮助毕业生实现就业。

5. 网络招聘

网络招聘，也被称为电子招聘，是指通过技术手段的运用，帮助企业人事经理完成招聘的过程。即企业通过自己的网站、第三方招聘网站等机构，使用简历数据库或搜索引擎等工具来完成招聘过程。现今网络招聘市场被前程无忧、中华英才网以及智联招聘三分天下。

企业网络招聘有两种主要方式：一是注册成为人才招聘网站的会员，在人才招聘网站上发布招聘信息，收集求职者资料，查询合适的人才；二是在企业自己的网站上发布招聘信息，吸引人才。

（1）网络招聘的优势

第一，覆盖面广。互联网的覆盖面是以往任何媒介都无法比拟的，它的触角可以轻易地延伸到世界的很多角落。网络招聘依托互联网的这个特点，达到了传统招聘方式无法获得的效果。

第二，时效性强。网络招聘的双方通过交互式的网上登录和查询完成信息的交流。这种方式与传统招聘方式不同，它不强求时间和空间上的绝对一致，方便了双方时间的选择。互联网本身不受时间、地域限制，也不受服务周期和发行渠道限制。它不仅可以迅速、快捷地传递信息，而且还可以瞬间更新信息。

第三，成本低。网络招聘在节约费用上有很大的优势。对于应聘人员来说，通过轻点鼠标即可完成个人简历的传递，原本一个月才能完成的信息整理、发布工作，现在可能只要半天就能够完成。这既节约了复印、打印费用，还省却了一番鞍马劳顿。对用人单位来讲，网络招聘的成本更低。

第四，针对性强。网络招聘是一个跨时空的互动过程，对供求双方而言都是主动行为，无论是用人单位还是个人，都能根据自己的条件在网上进行选择。这种积极的互动，减少了招聘和应聘过程中的盲目行为。目前，一些大型的人才招聘网站都提供了个性化服务，如快捷搜索方式、条件搜索引擎等，这进一步加强了网络招聘的针对性。

（2）网络招聘存在的问题

第一，网络应聘成功率比较低。先进的网络技术极大地提高了信息传递的速度，导致一个职位可能会同时吸引许多求职者。在招聘组织收到许多简历的同时，也会出现简历数量过于庞大、人力资源部门不得不花费大量的时间筛选、疲于应付的现象。此外，大量无效的信息还会增加真正合格的候选人漏选的可能性。有统计表明，一些进行网上招聘的规模较大的企业每周要接收 500 至 1 000 份新简历。面对如此多的简历，人力资源管理者通常是匆匆浏览一遍后就将其中的 80%删除了，一般浏览每份简历的时间不超过半分钟。要让公司在半分钟内通过一封 E-mail 对应聘者产生兴趣，其难度可想而知。

第二，信息虚假。虚拟的网络世界给少数虚假信息提供了可乘之机，对求职者和招聘者双方来说，也都存在对虚假信息的担忧。有些求职者夸大了自己的优势。有些网站为了吸引人气，往往会发布一些过期的职位或某些虚假信息，还有一些企业通过发布并不存在的职位来招聘销售人员，还有些企业则虚假抬高职位薪水。

第三，中高端人才通过普通的网络招聘的效果不好。企业对于高层的招聘采用普通的网络招聘效果不好，也是网络招聘的弱势，因此，涌现出了一些猎头公司来分网络招聘的羹，目前做得好的猎头公司大部分集中在上海、深圳、北京。猎头公司可以通过线上和线下为企业和中高端人才提供猎头服务。

第四，招聘网站的服务水平有待提高。网络招聘并不是简单地把招聘信息搬上网，“一挂”了事。除了具备必要的技术实力以外，招聘网站还必须对人力资源有深刻的理解，需要有较强的市场策划与推广能力，以吸引更多的应聘者。然而目前大多数招聘网站在深层次的服务上还很薄弱，对人才市场的分析、市场供求倾向、薪资水平、相关人事制度变化等方面的咨询服务也十分有限。网络招聘的服务体系的完善，还任重而道远。

(二)对外部招聘的认识

1. 外部招聘的优点

(1)人员选择范围广泛。从外部找到的人员比内部招聘多得多,不论是从技术、能力和数量方面讲都有很大的选择空间。

(2)外部招聘有利于带来新思想和新方法。外部招聘来的员工会给组织带来"新鲜的空气",会把新的技能和想法带进组织。这些新思想、新观念、新技术、新方法、新价值观、新的外部关系,使得企业充满活力与生机,能帮助企业用新的方法解决一直困扰组织的问题。这对于需要创新的企业来说就更为关键。

(3)大幅节省了培训费用。从外部获得有熟练技术的工人和有管理才能的人往往要比内部培训的成本低,特别是在组织亟须这类人才时尤为重要。这种直接的"拿来主义",不仅节约了培训经费和时间,还节约了获得实践经验所交的"学费"。

2. 外部招聘的缺点

第一,外部招聘选错人的风险比较大。这是因为外部招聘在吸引、联系和评价员工方面比较困难。

第二,需要更长的培训和适应阶段。即使是一项对组织来说很简单的工作,员工也需要对组织的人员、程序、政策和组织的特征加以熟悉,而这是需要时间的。

第三,内部员工可能感到自己被忽视。外部的招聘会影响组织内部那些认为自己可以胜任空缺职位员工的士气。

此外,外部招聘可能费时费力。与内部招聘相比,无论是引进高层人才还是中低层人才,都需要相当高的招聘费用,包括招聘人员的费用、广告费、测试费、专家顾问费等。来自外部的员工通常需要比较长的时间去了解组织及其产品和服务、同事以及客户,完成这个社会化的过程。虽然候选人可能具备出色的技能、培训经历或经验,并且在其他组织中也干得比较成功,但是这些因素并不能保证其在新组织中得到同样的成功或有能力适应新组织的文化。

三、招聘渠道和方法的选择

苹果公司曾聘用百事可乐总裁任 CEO,通用电器选拔"土生土长"的杰克·韦尔奇,这两位都为所在公司做出了卓越的贡献。当面对空缺岗位的人事问题时,是"输血"还是"造血",具体采取哪种招聘方法,会更顺利地找到合适的人员呢?

研究表明,企业在招募人员时最好采取内外部相结合的办法。具体是偏向内部还是外部,取决于组织战略、职位类别和组织在劳动力市场上的相对地位等因素的影响。

(一)对高级管理人才的选拔,应遵循内部优先原则

在人力资本成为企业核心竞争力重要组成部分的今天,高级管理人才对于任何企业的发展都是不可或缺的。企业在高级管理人才的选拔过程中应当遵循内部优先的原则。高级管理人才能够很好地为企业服务,一方面是依靠自身的专业技能、素质和经验,能够为企业服务;更重要的是,企业内部培养造就的人才,更能深刻理解和领会企业的核心价值观,由于长期受企业文化的熏陶,已经认同并成为企业文化的信徒,所以也更能坚持企业的核心价值观不变,而核心价值观的延续性对企业是至关重要的。同时企业的高层管理团队和技术骨干,都是以团队的方式进行工作,分工协作,密切配合,而核心价值理念相同的人一起工作更容易达到目标,如果观念存在较大差异,将直接影响合力的发挥。

实践表明,内部选拔高级管理人才对企业基业长青有重要意义。《从优秀到卓越》一书在

总结了从优秀到卓越的公司的经验之后得出结论:“从公司之外请来被奉若神明的名人做领导,往往对公司从优秀到卓越的跨越过程起消极作用。在11家实现跨越的公司中,有10家的首席执行官是从公司内部选拔的。”西方有些著名企业很早就形成了从内部选拔、培养与任用的用人策略与机制。例如,通用电气、摩托罗拉、宝洁公司、福特汽车公司、波音公司、3M公司等著名公司,在其合计高达1 700多年的岁月中,只有4个CEO是外聘的,而且只在两家公司中出现过。

(二)对中层管理人员的招聘,可以采取“内外兼顾”的做法

对中层管理人员的招聘,内部与外部招聘都是行之有效的方法,可以采取“内外兼顾”的做法。在实践过程中并不存在标准答案。一般来说,对于需要保持相对稳定的组织中层管理人员,可能更多地需要从组织内部获得提升,而在需要引入新的风格、新的竞争时,可以从外部引进合适的人员。

多年来沃尔玛一直坚持内部提拔与外部引进同时并举的方法。对于现有的员工,它坚持鼓励与挖掘的原则,提倡从“草根”(基层)中培养管理者。他们认为这样的管理人员更能吃苦耐劳并深受基层的欢迎,同时也给其他伙伴树立了榜样。内部提拔的同时,沃尔玛也着手于从外部引进新鲜血液,不惜高薪聘请有能力的人才来担任管理职位。不论是内部提拔还是外部聘请,沃尔玛都对他们实行系统的专业培训。通常沃尔玛的专业培训每个月都会进行1～2次。一个部门经理平均每年接受培训的时间不少于144小时。正是沃尔玛两手并进的人才培养与选拔举措,使得它的人才供给能够源源不断,一举解决了高速发展中人才短缺的“瓶颈”。

内部招聘让员工看到了新的职业发展机会,会制造工作满意度和激励因素。此外,用现有的员工来填补空缺职位在一定程度上保证了这些雇员适应组织文化。然而,如果内部招聘系统不公平,就会产生其他问题。避免内部提升产生负面冲击的最好方法就是设立一个公平的程序,因为如果程序是公平合理的,人们更能够接受失败。如果有了一个公平的晋升程序,大多数人能够接受失败并保持高效的生产力。可以使用客观的选择工具,避免主观的选择方法,如根据无计划的面试、雇员的声誉和介绍信等。一是在那些挑选过程中,可以使用面试或测试的方法,这些方法可以客观评价在工作描述中已具体规定的所需的工作能力。使用客观的选择方法给雇员提供这样一个信息:选择程序是公平的,并且担当某个职位的可能性是与能力直接相关的,而不是偏爱。二是与求职者公开沟通。告知求职者关于选择过程的工作方式和成功的求职者必须符合的标准,决策过程保证公开。例如,如果一项工作要求交际能力是决定性因素,必须将这一点首先陈述出来。三是为落选的求职者提供信息反馈。告知落选的求职者决策结果和原因,帮助分析他们的优势和劣势,并且明确他们需要改进的地方以便他们成为今后空缺职位的可行的候选人。

(三)外部环境发生剧烈变化时,企业必须采取内外结合的人才选拔方式

当外部环境发生剧烈变化时,行业的经济技术基础、竞争态势和整体游戏规则发生根本性的变化,知识老化周期缩短,原有的特长、经验成为学习新事物、新知识的一种包袱,企业受到直接的影响。在这种情况下,从企业外部、行业吸纳人才和寻求新的资源,成为企业生存的必要条件之一。不仅因为企业内部没有所缺的专业人才,同时时间也不允许坐等企业内部人才的培养成熟,因此必须采取内部选拔与外部招聘相结合、内部培养与外部专业服务相结合的措施。

20世纪90年代初,在飞利浦公司处于危难之际走马上任的迪默,尽管他本人是通过内部晋升走上CEO位置的,但为了改变当时的组织文化,形成创新、参与的组织气氛,他对高级管

理层进行了大幅的人事改革,直接从企业外部进行招聘。到1933年底,飞利浦公司的财务状况就得到了根本性好转。到1994年中期,原来的高层管理者只留下4名,而且14名高层管理者中只有5名是荷兰人。

(四)企业处在快速成长时,应广开外部渠道

对于处在成长期的企业,由于发展速度较快,仅仅依靠内部选拔与培养无法跟上企业的发展。同时企业受人员规模的限制,选择余地相对较小,无法得到最佳的人选。在这种情况下,企业应当采取更为灵活的措施,广开渠道,吸引和接纳需要的各类人才。

(五)企业的文化不同,招聘渠道的选择不同

文化决定了选拔方式,如果组织要维持现有的强势企业文化,不妨从内部选拔,因为内部的员工在思想、核心价值观念、行为方式等方面对于企业有更多的认同,而外部的人员要接受这些需要较长的时间,而且可能存在风险;如果企业想改善或重塑现有的企业文化,可以尝试从外部招聘,新的人员带来的新思想、新观念可以对企业原有的思想与观念造成冲击,促进企业文化的变化和改进完善。

在现实的招聘实践中,组织有多种招聘来源可以选择。而组织具体选择招聘方式在很大程度上取决于组织的传统和过去的经验。原则上,组织所选择的招聘渠道应该能够保证组织以合理的成本吸引到足够数量的高质量的工作申请人。

各种招聘渠道吸引来的员工的工作前程可能具有不同的特征。一项研究表明,通过员工推荐进入组织的员工通常不会在很短的时间内离职。其原因可能有以下三个方面:第一是推荐者已经事先向被推荐者详细介绍了组织的情况,使得他进入组织后没有产生强烈的意外和失望;第二是被推荐者已经通过了推荐者按照组织的需要进行的筛选;第三可能是推荐者对被推荐者施加了某种压力,使其比较稳定地工作。还有研究表明,被推荐进入组织的员工开始获得的报酬水平比较高,但在随后的晋升中,薪酬增加得比较缓慢。其原因可能是开始组织对被推荐者的资格比较确信,但是他们长期的表现说明开始时对他们的评价存在着高估的现象。

第四节 招聘测试

一、招聘测试概述

在企业员工招聘过程中、招聘测试是重要的一环。招聘测试是指在招聘过程中,运用各种科学方法和经验方法对应聘者加以客观鉴定的总称。人与人之间是存在差异的,这种差异可以通过各种方法加以区别,这为招聘测试奠定了基础。

(一)招聘测试的重要性

招聘测试又简称测试,在员工招聘中具有重要意义。

1. 挑选合格的员工。应聘者的条件,不一定符合招聘者的要求。挑选合格的员工对于建立企业文化、提高生产率、发展企业均有重要的推动作用。只有通过测试才能挑选到合格的员工。

2. 让适当的人担任适当的工作,许多求职者来应聘多个岗位时,有时会出现“某人适合从事甲岗位而不适合从事乙岗位”的现象,只有通过测试才能了解谁担任哪个岗位最合适。

3. 体现公平竞争原则。当应聘者多于招聘名额时,测试可以让最合适的人选脱颖而出,落选者也能了解自己的不足之处,相对比较心平气和地接受落选的事实。

(二)信度和效度分析

招聘测试方法很多,科学地选择测试工具,能显著地提高招聘的成效。信度和效度是组织在决定采用何种测试方法时非常重要的两个指标。

1. 测试的信度

信度指的是可靠性程度,是指通过某项测试所得的结果的稳定性和一致性。如果某人在相差不到一星期的时间内先后做了两次智力测试,分别得到 80 分和 110 分,那么我们就会怀疑这种测试是否可信。通常信度可分为:重测信度、复本信度、分半信度。

(1)重测信度:是指用同一种测试方法对一组应聘者在两个不同时间进行测试的结果的一致性,一致性可用两次结果之间的相关系数来测定。正如上面的智力测试,同样的问卷,对同一个对象在相同的情况下,两次测量结果差异显著。这说明这类测试的稳定性受熟练程度影响较大,因为被测试者在第一次测试中可能记住某些测试题目的答案,从而提高了第二次测试的成绩。

(2)复本信度:是指对同一应聘者使用两种对等的、内容相当的测试的结果之间的一致性。例如,如果对同一应聘者使用两张内容相当的个性测试量表,通过计算两个测量结果的相关系数,来分析信度水平。

(3)分半信度:是指把同一(组)应聘者进行的同一测试分为若干部分加以考察,各部分所得结果之间的一致性。这可用各部分结果之间的相关系数来判别。

2. 测试的效度

效度指的是有效性,是指用人单位对应聘者真正测到了品质、特点与其想要测的品质、特点的符合程度。一个测试必须能测出它想要测定的功能才算有效。效度可分为三种:预测效度、内容效度、同测效度。

(1)预测效度。它说明测试用来预测将来行为的有效性。在人员选拔过程中,预测效度是考虑选拔方法是否有效的一个常用指标。我们可以把应聘者在选拔中得到的分数与他们被录后的绩效分数相比较,两者的相关性越大,则说明所选的测试方法、选拔方法越有效,以后可根据此法来评估、预测应聘者的潜力。若相关性很小或不相关,说明此法在预测人员潜力上效果不大。

(2)内容效度。即某测试的各个部分对于测量某种特性或做出某种估计有多大效用。考虑内容效度时,主要考虑所用的方法是否与想测试的特性有关,如招聘打字员,测试其打字速度和准确性、手眼协调性和手指灵活度的操作测试的内容效度是较高的。内容效度不用预测结果与工作绩效考核得分的相关系数来表示,而是凭招聘人员或测试人员的经验来判断。内容效度多应用于知识测试与实际操作测试,而不适用于对能力和潜力的测试。

(3)同测效度。它是指对现有员工实施某种测试,然后将测试结果与员工的实际工作绩效考核得分进行比较,若两者的相关系数很大,则说明此测试效度就很高。这种测试效度的特点是省时,可以尽快检验某测试方法的效度,但若将其应用到人员选拔测试时,难免会受到其他因素的干扰而无法准确地预测应聘者未来的工作潜力。例如,这种效度是根据现有员工的测试得出的,而现有员工所具备的经验、对组织的了解等,则是应聘者所缺乏的,因此,应聘者有可能因缺乏经验而在测试中得不到高分,从而错误地被认为是没有潜力或能力的。其实,他们若经过一定的培训或锻炼,是有可能成为称职员工的。

二、人员面试

在招聘过程中,考核人员无法通过人员资格审查和初选来对应聘者进行深层次的了解,个人也无法得到关于组织的更为全面的信息，因此需要通过面试使组织与个人各自得到所需要的信息，以便组织进行录用决策，个人进行是否加入组织的决策。面试是双向选择的一个重要手段。

面试是供需双方通过正式交谈，使得组织能够客观了解应聘者的业务知识水平、外貌风度、工作经验、求职动机等信息；应聘者能够了解到更全面的组织信息。与传统人事管理只注重知识掌握不同的是，现代人力资源管理更注重员工的实际能力与工作潜力。进一步的面试还可帮助组织(特别是用人部门)了解应聘者的语言表达能力、反应能力、个人修养、逻辑思维能力等；而应聘者则可了解到自己在组织的发展前途，能将个人期望与现实情况进行比较，组织提供的职位是否与个人兴趣相符等。面试是员工招聘过程中非常重要的一步。

(一)面试的类型

1. 初步面试和诊断面试

从面试所达到的效果来分类，面试可分为初步面试和诊断面试。

(1)初步面试，用来增进用人单位与应聘者相互了解的过程。在这个过程中应聘者对其书面材料进行补充(如对技能、经历等进行说明)，组织对其求职动机进行了解，并向应聘者介绍组织的情况、解释职位招募的原因及要求。初步面试类似于面谈，它比较简单、随意。通常，初步面试是人力资源部门中负责招聘的人员主持，不合适的人员或对组织不感兴趣的应聘者将被筛选掉。

(2)诊断面试，是对经初步面试筛选合格的应聘者进行实际能力与潜力的测试，它的目的在于招聘单位与应聘者双方补充深层次的信息，如应聘者的表达能力、交际能力、应变能力、思维能力、个人工作兴趣与期望、组织的发展前景、个人的发展机遇、培训机遇等。这种面试由用人部门负责，人力资源部门参与，它更像正规的考试。对于高级管理人员的招聘，则组织的高层领导也将参加。这种面试对组织的录用决策与应聘者是否加入组织决策至关重要。

2. 单独面试和集体面试

从参与面试过程的人员来看，可分为单独面试和集体面试。

(1)单独面试，是指主考官与应试者单独面谈。这是最普遍、最基本的一种面试方式。单独面试的优点是能提供一个面对面的机会，让面试双方较深入地交流。单独面试又分为两种类型：一是只有一个主考官负责整个面试过程。这种面试大多在较小规模的单位录用较低职位人员时采用。二是由多名主考官参加整个面试过程，但每次均只与一名应试者交谈。公务员面试大多属于这种形式。

(2)集体面试，这是目前非常流行的一种形式，指多名应试者同时面对面试考官的情况。在集体面试中，通常要求应试者做小组讨论，相互协作解决某一问题，或者让应试者轮流担任领导主持会议、发表演说等。这种面试方法主要用于考察应试者的人际沟通能力、洞察与把握环境的能力、领导能力等。面试官善于观察和分析判断，并做好必要的记录和评价。

微型案例

华为的集体面试过程

华为的集体面试是十几个应聘者同时面试，在一间小会议室里进行，有三个面试官。面试什么职位的人都有。进去之后，要求每个人用一张白纸做一个小牌子，写上自己的名字和应聘职位，这是应聘者要完成的第一步。第二步：轮流自我介绍，内容包括自己的概况、优点、缺点、爱好。介绍完之后，面试官挑选几个人问问题，问的问题有“你说你的缺点是内向，你觉得内向是缺点，对吗？”“你说一下刚才谁没有介绍自己的优缺点？”诸如此类。

第三步：分组讨论。将所有面试的人分成两组，每组分别讨论唐僧、孙悟空、猪八戒、沙僧，谁最适合做销售员，并按照合适程度排序，说出理由，时间20分钟，讨论结束时每组必须形成一个该组的统一意见，选代表发言。在讨论的20分钟里，3个面试官观察所有人。20分钟后，两组先后分别陈述该组的讨论结果。每个人都有发言机会，面试官会提出各种各样的反驳应试者观点的意见，并且会问比较尖锐刻薄的问题。其中很重要的一个问题是“有没有人与本组统一意见不同的？”目的是考察成员对团队意见的一致性和合作能力。

第四步：彼此打分。讨论结束后，每个人被要求按照贡献水平给同组的成员（包括自己）打分并排序。并且把结果说给在场所有人听，解释原因。其间，面试官会问一些问题，如：

(1)你为什么把×××排最后？

(2)你觉得你比他强是吗？

(3)你觉得他最差是吗？

(4)×××把你排在最后你同意吗？

(5)被排在最后的是要被淘汰的，你仍然会把自己排在最后吗？

集体面试结束之后，所有人必须把用过的草稿纸、试题纸留在会议室，然后出去等通知。

在集体面试中，考察了应聘者的分析能力、领导能力、表达能力、沟通能力、应变能力、承受压力的能力，由于内容新颖、形式灵活，成为业界广受关注的面试方法。

3. 结构化面试、非结构化面试和半结构化面试

从面试的组织形式来看，面试分为结构化面试、非结构化面试、半结构化面试。

(1)结构化面试

国家机关招考公务员的面试，一般采用结构化面试。结构化面试又称标准化面试，是根据所制定的评价指标，运用特定的问题、评价方法和评价标准，严格遵循特定程序，通过测评人员与应聘者面对面的言语交流，对应聘者进行评价的标准化过程。在面试过程中采用结构面试清单。结构化面试的测试结果往往比较准确和可靠。

第一，根据工作分析的结构设计面试问题。这种面试方法需要进行深入的工作分析，以明确在工作中哪些事例体现良好的绩效，哪些事例反映较差的绩效，由执行人员对这些具体事例进行评价，并建立题库。结构化面试测评的要素涉及知识、能力、品质、动机、气质等，尤其是有关职责和技能方面的具体问题，更能够保证筛选的成功率。

第二，向所有的应聘者提出同一类型的问题。问题的内容及其顺序都是事先确定的。结构化面试中常见的两类有效问题为：以经历为基础的问题，与工作要求有关，了解求职者所经历过的工作或生活中的行为；以情景为基础的问题，在假设的情况下，了解与工作有关的求职者的行为表现。提问的秩序结构通常有几种：①由简易到复杂的提问，逐渐加深问题的难度，使候选人在心理上逐步适应面试环境，以充分地展示自己。②由一般内容到专业内容的提问。

微型案例

国家公务员考试结构化面试试题

1. 请用3分钟左右的时间谈一谈你过去的一些学习和生活的经历以及你为什么报考这个职位。

2. 假设你是某高校的一名教师,近期将从韩国来30名学生参加一个汉语学习短期班,为期3周。学校决定让你来安排此次培训班,你打算如何做?

3. 假设有这样一种情况:你的工作能力绰绰有余,工作成绩也很突出,却无法赢得领导信任,而某些工作能力不如你的同事却因能说会道而博得了领导的欢心,对此你有何想法?

4. 假设你在某单位工作,成绩比较突出,得到领导的肯定。但同时你发现同事们越来越孤立你,你怎么看待这个问题?你准备怎么办?

5. 在西部大开发中,有人认为最缺乏的是人才;有人认为最缺乏的是资金;有人认为最缺乏的是观念的更新。你认为在西部大开发中最缺乏的是什么。为什么?

6. 假如你在毕业前一年就已经联系好一家你非常想去的工作单位,并从知识、能力等方面进行了充分的准备,但毕业时却由于其他原因未能如愿。在这种紧迫的情况下,你又通过艰辛的努力去联系了一家相对较小而内心并不情愿从事的工作单位,并为此做出了郑重承诺。就在即将签署协议之前,一年前联系的单位又同意接收你。在这种情况下,你会怎么办?

7. 有人认为,想进机关当公务员的大学生往往不是学生中的精英,而是一些只求四平八稳、上进心不强的“二流”学生,你怎么看?

好,面试就到这,请问你还有没有其他问题?

第三,采用系统化的评分程序。从行为学角度设计出一套系统化的具体标尺,每个标尺都有确定的评分标准,甚至针对每一个问题的评分标准,建立系统化的评分程序,能够保证评分一致性,提高结构有效性。

这种面试的优点在于,对所有应聘者均按同一标准进行,可以提供结构与形式相同的信息。这样便于分析、比较,同时减少了主观性,且对考官的要求较少。研究表明,结构型面试的信度与效度较好。但缺点是过于僵化,难以随机应变,所收集信息的范围受到限制。

在进行结构化面试时,应注意以下问题:一是工作技能需求分析。在面试之前,主考官应弄清招聘的职位所需的技能,并对各个技能区分其需要的重要程度,这有助于寻找到合适的人选。技能分为两类:一类是如何做好工作、达到预期的工作绩效目标的技能;另一类是需要何种技能去完成此项工作。二是面试问题的准备。面试的问题应当围绕着所需了解的信息,重点是对能力与潜力的了解,问题要简明扼要,尽量给应聘者以更多的发挥机会。三是对面试过程的引导与控制。由于这种面试更接近于考试,因此主考官应注意不要给应聘者以较大的精神压力,注意引导面试的氛围。四是对面试结果的评价。主考官对应聘人员的评价应建立在公正平等的基础上,将应聘者的实际表现与技能需求做对比分析,然后排出各个应聘者的优劣。

(2)非结构化面试

这种面试无固定的模式,事先无须做太多的准备,主考官只要掌握组织、职位的基本情况即可。在面试中往往提一些开放式的问题,如“谈谈你对某件事情的看法”“你有何兴趣与爱好”等。这种面试的主要目的在于给应聘者充分发挥自己能力与潜力的机会，由于这种面试有很大的随意性，主考官所提问题的真实目的往往带有很大的隐蔽性，所以要求应聘者有很好的理解能力与应变能力。

非结构化面试由于灵活自由，问题可因人而异，可深入浅出，可得到较深入的信息。但是这种方法缺乏统一的标准，易带来偏差，且对主考官要求较高，主考官需要有丰富的经验、洞察力与很高的素质。

(3)半结构化面试

半结构化面试是指面试构成要素中有的内容做统一的要求，有的内容则不做统一的规定，也就是在预先设计好的试题(结构化面试)的基础上，面试中主考官向应试者又提出一些随机性的试题；半结构化面试是介于非结构化面试和结构化面试之间的一种形式。它结合两者的优点，有效避免了单一方法上的不足。总的来说，面试的方法有很多优势，面试过程中的主动权主要控制在评价者手中，具有双向沟通性，可以获得比材料法中更为丰富、完整和深入的信息，并且面试可以做到内容的结构性和灵活性的结合。所以，半结构化面试越来越得到广泛使用。

结构化面试可以减少盲目性和随意性，其特点是客观，有效性高，但对面试设计、组织以及主试的培训程度要求都比较高。半结构化面试和非结构化面试的特点是简单、容易组织，但主考官的随意性较大。

4. 压力性面试和非压力性面试

根据面试目的的不同，可以将面试分为压力面试和非压力面试。

(1)压力面试

一家知名咨询公司招聘咨询顾问，经过几轮对答后，面试官突然表示：“你今天的面试我很不满意，你知道你有哪些回答是不符合我们用人需求的吗?” 原本信心十足的应聘者，听到完全否定的回答，一下子就懵了。尽力回忆面试回答也没发现什么纰漏，于是犹豫了半天，不知如何回答。

该面试给应聘者提出一个意想不到的问题。在压力面试中，面试官人为地制造紧张气氛，让应考者接受诸如挑衅性的、非议性的、刁难性的刺激，以考察其应变能力、压力承受能力、情绪稳定性等。典型的压力式面试，是以考官穷追不舍的方式连续就某事向应考者发问，且问题刁钻棘手，甚至逼得应考者穷于应付，考官以此种“压力发问”方式逼迫应考者充分表现出对待难题的机智灵活性、应变能力、思考判断能力、气质性格和修养等方面的素质。

压力面试中一般有 2～4 名考官，其中一名考官不管你答得怎么好都会面无表情，这就是给你施加压力的人。高明的压力面试官会撇去一切客套话，直奔主题。就算一个很普通的问题，听上去都可能非常生硬或粗鲁，而这正是面试官们想要得到的效果。他们要观察的就是：恶劣的情况能在多大程度上干扰面试者的决策和信心。

(2)非压力面试

非压力面试是在没有压力的情景下考察应聘者有关方面的素质。面试官努力创造一种宽松亲切的氛围，使面试者尽量在没有压力的情况下回答问题。

总的来说，除了那些需要真正在压力下工作的员工外，非压力面试适用于绝大多数员工，而且在压力和不友好的环境中面试者往往不能正常发挥，从面试获得的信息更容易被曲解，影响了评价的合理性。

5. 行为描述面试、职位追溯面试、情景化面试、心理面试

根据面试内容的不同，可以将面试分为行为描述面试、职位追溯面试、情景化面试和心理

面试。

(1)行为描述面试

行为描述面试即BD面试(Behavior Description Interview),是近年来的研究成果。这种面试是基于行为的连贯性原理发展起来的。面试主考官通过行为描述面试要了解两方面的信息:一是应聘者过去的工作经历,判断他选择本组织发展的原因,预测他未来在本组织中发展所采取的行为模式;二是了解他对特定行为所采取的行为模式,并将其行为模式与空缺职位所期望的行为模式进行比较分析。

在面试过程中,主考官往往要求应聘者对其某一行为的过程进行描述。如主考官会提问:"你能否谈谈你过去的工作经历与离职的原因?""请你谈谈你昨天向你们公司总经理辞职的经过?"等。

BD面试在提问过程中,所提的问题经常是与应聘者过去的工作内容和绩效有关的,且提问的方式更有诱导性。例如,对与同事的冲突或摩擦,"你与你同事有过摩擦吗?举例说明"的提问显然不如"告诉我,与你工作中接触最少的同事的情况,包括问题是如何出现的,以及你们之间关系最紧张的情况",后者更能激起应聘者真实的回答。

BD面试中所提的问题,都是从工作行为分析中得到的,这种分析可以确定在特定的与工作有关的情形下,应聘者应做的事情,什么是有效的,什么是无效的,即确定期望的行为模式,通过应聘者对问题的回答来判断他的行为模式是否符合需要。

能力面试是继BD面试之后的又一研究成果。与注重应聘者以往取得的成就不同的是,这种方法关注的是他们如何去实现所追求的目标。在能力面试中,主考官要试图找到过去成就中所反映出来的优势。要确认这些优势,主考官要寻找STAR——情景、任务、行动和结果。其大致过程如下:先确定空缺职位的责任与能力,明确其重要性;然后询问应聘者过去是否承担过与空缺职位类似的职位,或是否处于类似的"情景",一旦主考官发现应聘者有类似的工作经历,则再确定他们过去负责的"任务",进一步了解一旦出现问题他们所采取的"行动",以及"行动"的结果究竟如何。

(2)职位追溯面试

这是面试中常用的方法,例如"请谈谈你做过的工作有哪些?""在过去的学习经历中对哪门课程最感兴趣?"等问题,主要围绕过去职位相关情况的问题进行提问。

(3)情景化面试

"假设你面对一名经常迟到的员工,你会怎么做?"这是一个典型的情景化面试,即给面试者提出一个假设的情景,一般都是在其所应聘岗位中经常出现的情况或问题,以此来了解和评价面试者的工作技巧和综合能力。

(4)心理面试

这是心理测试方法在面试中的应用,一般由心理学家或人力资源的专家主持,目的在于评价某种心理素质(敏感性、自信心等),这种测试宜在选拔高级人才时使用。

(二)面试中的提问技巧

在面试过程中,主考官常常向应聘者提问,提问应注意提问的内容与技巧。提问的内容应是对应聘者书面材料的补充了解,重点是与工作有关的内容,若加之适当的提问技巧,可帮助主考官获得更多的信息,提高面试的质量。

1. 简单提问

在面试刚开始时,通常采用简单提问来缓解面试的紧张气氛,消除应聘者的心理压力,使应聘者能轻松进入角色，充分发挥自己的水平和潜力。这种提问常以问候性的语言开始，如“一路上辛苦吗？”“你乘什么车来的？”“你家住在什么地方？”等。

2. 递进提问

在用简单提问提出几个问题以后，往往谈话的气氛开始轻松下来，这时可采用递进提问方式将问题向深层次引申一步。递进提问的目的在于引导应聘者详细描述自己的工作经历、技能、成果、工作动机、个人兴趣等。提问应采用诱导式提问，如“你为什么要离职？”“你为什么要到本公司来工作？”“你如何处理这件事情？”“你如何管理你的下属”等，避免使用肯定/否定式提问，如“你认为某事情这样处理对吗？”“你有管理方面的经验吗？”因为前一种提问方式能给应聘者更多的发挥余地，能更加深入了解应聘者的能力与潜力。

3. 比较式提问

比较式提问是主考官要求应聘者对两个或更多的事物进行比较分析，以达到了解应聘者的个人品格、工作动机、工作能力与潜力的目的。如“如果现在同时有一个晋升机会与培训机会，你将如何选择？”“你在以往的工作经历中，你认为最成功的地方是什么？”等。

4. 举例提问

这是面试的一项核心技巧。当应聘者回答有关问题时，主考官让其举例说明，引导应聘者回答解决某一问题或完成某项任务所采取的方法和措施，以此鉴别应聘者所谈问题的真假，了解应聘者实际解决问题的能力。如“请举例说明你对员工的管理成功之处”等。

5. 客观评价提问

这是主考官有意让应聘者介绍自己的情况，客观对自己的优缺点进行评价，或曾在主考官身上发生的某些事情，以此引导应聘者毫无戒备地回答有关敏感问题，借此对应聘者进行更加深入的了解。如“世上没有十全十美的人，比如说，我在处理突发事件时就易冲动，今后有待于进一步改善。你觉得你在哪些方面需要改进？”

（三）影响面试效果的因素

很多情况下，仅仅根据面试的评价结果进行甄选是很危险的。面试官的主观偏差对面试效果的影响始终存在。

1. 首印效应。首印效应是指依赖于首次接触时产生的印象而做出判断或评价，这种印象往往是片面的、不可靠的，极易造成误差。一项针对上海浦东新区 30 家外企的专题问卷调查结果表明，90％的企业会把第一印象作为用人标准。

2. 晕轮效应。“晕轮”是指在人际相互作用过程中形成的一种夸大的社会印象，正如日月的光辉，在云雾的作用下扩大到四周，形成一种光环作用。常表现在一个人对另一个人（或事物）的最初印象决定了他的总体看法，而看不准对方的真实品质，形成一种好的或坏的“成见”。主测者对被测者某一方面看得过重或印象深刻，从而误认为该人员其他方面的优劣也都与这一方面的优劣相类似，产生了以点盖面的评价。例如，面试官认为“她的谈吐非常得体，她的工作能力一定强”。

3. 近因效应。在测评中，测评者常常会依赖于他记忆中最清晰的某一工作表现作为评定依据，而记忆中最清晰的事件通常是最近发生的事件，这就容易忽视测评的时间范围而导致测评误差。通常面试官对第一个和最后一个面试者印象最深刻。

4. 像我效应。测评者在评定被测者时，往往特别体谅被测者与自己相类似的某些行为或思想。例如，主测者是个革新能手，他对善于革新的被测者的成绩就会给予较高评价。

5. 刻板效应。有些测评者在生活阅历和待人处事中，自觉不自觉地形成了一套评价别人的模式标准。在评价应试者时,往往游离于评价标准之外,而以自己固有的模式去比较,致使评价出现偏差。比如,测评者主观认为年轻者学识不丰富、经验不足、耐力不强等,因而对他们的评价不高;或主观认为年长者学识丰富、经验多、耐力强,因而评价较高。也有的测评者认为年轻人有闯劲、有魄力,而年龄偏大的人因循守旧、胆小怕事,从而无形中影响测评结果,出现偏差。

6. 情感效应。情感效应是指测评者在评定中受到与被测者的个人情感的影响而做出有悖事实的评定。主测者与被测者的个人感情好,做出的评定往往容易偏高;反之,就容易偏低。

此外,还有以下影响面试效果的因素:

(1)过早地做出录用决策。面试者常在见面后的几分钟,凭印象已有录用决策的意向。

(2)过分强调面试表现中的不利内容,以致不能全面了解个人。

(3)面试者本人对空缺岗位的任用条件不了解,无法掌握正确的标准去衡量应聘者。

(4)面试者本人缺乏面试经验。

(5)面试过程中,面试者本人讲得太多,未让应聘者多讲,失去了招聘面试的意义。

(6)有时,由于招聘时间紧迫,为完成招聘任务,不得不加快速度,急于求成。

(7)面试者易受前一名应聘者的影响,并以此作为标准去衡量后一名应聘者。

(8)面试中,采用非结构化面试,其结果不如结构化面试可信和有效。

(四)提高面试效果的措施

1. 注重面试官的素质和技巧

客观公正地对待所有的应聘者,不因个人的主观因素评价应聘者,而以录用标准加以衡量;具有良好的语言表达能力,在提问过程中语意表达清楚准确,不引起应聘者的误解,并善于引导应聘者回答问题;要善于倾听应聘者的陈述,并能准确理解应聘者的陈述;具备敏锐的观察能力,善于观察应聘者在面试过程中的各种行为,如身体姿态、语言表达、面部表情、眼神变化、服装、精神面貌等;善于控制面试的现场,能营造良好、轻松愉快的面试氛围,善于把握面试的节奏。一般来说,面试官应在面试中让应聘者先简单介绍一下自己的情况,以便面试者观察一下对方,浏览一下应聘者的材料,认真倾听,然后进入正式面试阶段。

2. 采用结构化面试

正式面试阶段,一般要按照结构化面试的方式展开。所提问题可根据求职申请表中发现的疑点,先易后难逐一提出。

小资料

1. 多问开放式的问题。即“为什么”“怎么样?”目的是让应聘者多讲。

2. 面试中不要暴露面试者的观点和想法,不要让对方了解你的倾向,并迎合你,掩盖他真实的想法。

3. 所提问题要直截了当,语言简练,有疑问可马上提问,并及时做好记录。

4. 不要轻易打断应聘者的讲话,等对方回答完一个问题,再问第二个问题。

5. 面试中,除了要倾听应聘者回答的问题,还要观察他的非语言的行为,如面部表情、眼神、姿势、讲话的声调语调、举止,从中可以判断对方的一些个性、诚实、自信心等情况。

6. 传统的面试往往集中问一些信息,十分注意求职申请表中所填的内容,加以推测分析。同时还询问应聘者过去做过的工作,据此来判断他将来能否担当此任,这是完全必要的。但有时应聘者也会编造一些假象。为了克服这一点，我们在考察对方工作能力、工作经验时，可针对应聘者过去工作行为中特定的例子加以询问。基于行为连贯性原理，所提的问题并不集中在某一点上，而是一个连贯的工作行为。例如，过去半年中你所建立最困难的客户关系是什么？当时你面临的主要问题是什么？你是怎样分析的？采取什么措施？效果怎样？从而能较全面考察一个人。

7. 面试中还可提出一些案例，这些案例均是与应聘职务有关的，从中观察应聘者的分析、判断能力，也可提出一个话题让对方讲述，从中判断他的表述能力。

8. 面试中非常重要的一点是了解应聘者的求职动机，这是一件比较困难的事，因为一些应聘者往往把自己真正的动机掩盖起来。但我们可以通过他的离职原因、求职目的、个人发展、对应聘职位的期望等方面加以考察，再与其他问题联系起来加以综合判断。如果应聘者属于高职低求、高薪低求，离职原因讲述不清，或频繁离职，则需引起注意。

3. 做好面试结束工作

在面试结束时要给应聘者以提问的机会，不管录用还是不录用，均应在友好的气氛中结束面试。如果对某一对象是否录用有分歧意见，不必急于下结论，还可安排第二次面试。及时整理好面试记录表。

对应聘者的评估可采用评语式评估，也可采用评分式评估。评语式评估的特点是可对应聘者的不同侧面进行深入的评价，能反映出每个应聘者的特征，但缺点是应聘者之间不能进行横向比较。评分式评估则是对每个应聘者相同的方面进行比较，其特点正好与评语式评估相反。

表 4—6 是某公司的面试评价表。

表 4—6　　××公司面试评价表

姓名　性别　年龄　编号 应征职位　所属部门					
评价要素	评价等级				
	1(差)	2(较差)	3(一般)	4(较好)	5(好)
1. 个人修养					
2. 求职动机					
3. 语言表达能力					
4. 应变能力					
5. 社交能力					
6. 自我认识能力					
7. 性格内外向					
8. 健康状况					
9. 掩饰性					
10. 相关专业知识					

续表

11. 总体评价					
评 价	□建议录用	□有条件录用	□建议不录用		
用人部门意见	签字：	人力资源部门意见	签字：	总裁（总经理）意见	签字：

三、常用测试技术

企业员工招聘测试种类很多，主要有以下几种：

(一)心理测试

心理测试是指通过一系列的心理学方法来测量被试者的智力水平和个性方面差异的一种科学方法。通过心理测试可以了解一个人所具有的潜在能力，了解一个人是否符合该企业某一岗位的需要。

1. 智力测试

招聘过程中的智力测试不同于一般的智商水平测试。智力测试是对应聘者的数字能力和语言能力进行测试。它主要通过词汇、相似、相反、算术计算等类型的问题来进行。一般来说，在智力测试中成绩较好的人，在今后的工作中具有较强的能力，关注新信息，善于找出主要问题，其业绩也不错。

例如，请从理论或逻辑的角度在每组后面再分别填一个字母或数字：

1，3，6，10，(　)

1，1，2，3，5，(　)

21，20，18，15，(　)

2. 个性测试

个性是一个人能否施展才华、有效完成工作的基础，某人的个性缺陷会使其所拥有的才华和能力大打折扣。毋庸置疑，对组织而言，一个干劲十足、心理健康的员工，远比一个情绪不稳定、积极性不高的员工更有价值。人员选拔中的一项工作就是将应聘者个性与空缺职位员工应具备的个性标准相比较，选拔两者相符的员工。当然，具有特定个性的人并不一定能够从事特定的工作或只能从事特定的工作；同样，特定的工作也不是只能由特定个性的人来胜任。只不过，特定的工作需要特定的员工个性。如会计、秘书均需具备心细的品格特征，而市场营销人员则需要具有强烈的创新、开拓的意识。很显然，心细的人不一定就能当好秘书，也绝非只能当秘书；有强烈创新、开拓意识的人不一定能干好市场营销工作，也不是只能从事市场营销工作。另外，由于个人往往具有多种个性特质，使得个人对工作的选择余地更多一些。

个性测试可以更好地了解应聘者的个性特点，如性格、气质等，帮助组织进行人员选拔。好的个性测试应准确反映出一个人的个性特征。英国学者的调查研究表明，在20世纪80年代中期，65%的组织从未用过个性测试，而20世纪90年代初，该数字下降到36%，有27%的组织在超过半数的招聘活动中均使用了个性测试。在另一项深入调查中发现，在雇员超过

2 000 人的组织中有 50%使用了个性测试，74%的组织使用了能力测试，而对规模较小的组织，这两个数字分别为 41%和 62%。

在企业中用得较多的个性测试主要有两类：一类是自陈式测试，如卡特尔 16 种个性特征问卷等多维度综合个性测试工具以及某些单维的、密切结合某类职业特点的个性测试工具等；另一类为投射测试。

(1)自陈式测试。卡特尔 16 种个性特征问卷由美国伊利诺伊州立大学卡特尔教授(R. B. Cattell)于 1963 年发明。此工具在 20 世纪 80 年代初引入我国。该测试主要测定人的个性中 16 种主要特征(如表 4—7 所示)。该测试由 187 个问题组成，最后可得出个人的个性特征剖面图，还可进一步分析个人的心理健康、专业有无成就、创造力、成长能力等状况。

表 4—7　　卡特尔人格特征问卷测定人的个性中主要特征

特质	低程度特征	高程度特征
乐群性	缄默、孤独	乐群外向
聪慧性	迟钝、学识浅薄	聪慧、富有才识
稳定性	情绪激动	情绪稳定
恃强性	谦虚、顺从	好强、固执
兴奋性	严肃、审慎	轻松、兴奋
有恒性	权宜、敷衍	有恒、负责
敢为性	畏缩、退却	冒险、敢为
敏感性	理智、着重实际	敏感、感情用事
怀疑性	依赖、随和	怀疑、刚愎
幻想性	现实、合乎成规	幻想、狂放不羁
世故性	坦白直率、天真	精明能干、世故
忧虑性	安详沉着、有自信心	忧虑抑郁、烦恼多端
变革性	保守、服从传统	自由、批评激进
独立性	依赖、随群附众	自主、当机立断
自律性	矛盾冲突、不明大体	知己知彼、自律严谨
紧张性	心平气和	紧张困扰

(2)投射测试。可以探知个体内在隐蔽的行为或潜意识的深层的态度、冲动和动机。由于采用图片测试，避免了文字测试中常用的社会赞许反应倾向性，即不说真心话而投测试者所好。在人员选拔上，往往用投射测试来了解应聘者的成就动机、态度等。

投射法测试所依据的原理是，人的一些基本性的个性特征与倾向性，是深藏于自己意识的底层，处于潜意识状态下的，他自己并未明确认识到它们。当把某一个意义含混、可做多种解释的物件，如一件实物，更多的是一张图片或照片，突然出示给被测者看，并不容他细加思索推敲，而让他很快地说出对该物体的认识和解释；由于被测者猝不及防，又无暇深思，就会把自己内心深处的心理倾向“投射”到对这一物体的解释上去，难以做出掩饰，因而较为可信。这个诱导被测者说出心里话的物体，就称为投射物。

最著名而又被广泛使用的是美国学者麦克里兰(D. McClelland)所开发的一套(至少 6 张，多可到十余张)图片或照片，用来测试备选管理者在追求成就、情谊和权力三方面动机(需要)的强度。测试时，给被测试者逐一观看那些图片，每张图片只允许观看 8～10 秒钟，并要求被测试者在短期内当场根据这张图片编写出一个短故事。被测试者的描述应该包括：在这张图片中发生了什么事情；什么内容导致图中的景象；将要发生什么事情等。对所编的故事进行评分时要考虑几个方面：图画中被测试者认为的主角人物；故事如何反映被测试者的某些需求与关切的事物；什么因素有助于或有碍于被测试者满足这些个人需求。

另一种测试管理者的投射式方法是句子完成式量表，如美国学者迈纳(J. B. Miner)设计的这类工具，每套量表包含40条句根，被测者需在规定的较短时间内将这些句根逐一续写成一个完整的句子，据此以评测他们在管理、创业等方面动机的强弱。

(3)笔迹测试

近年来有心理学家用笔迹来测试人的心理。据说在欧洲有70%的企业都采用了此法。笔迹学测试法是以书写字迹分析为基础，来判断应试者个性，预测其未来业绩的一种方法，笔迹学家一般需要应试者提供至少一整页一气呵成的字迹，最好是用钢笔或圆珠笔在未画线的纸上写。字迹的内容并不重要，但一般不希望应试者照抄一段落文字，因为这样会影响书写速度。接下来要遵循一套严格的规定测定字迹的大小、斜度、页面安排、字体宽度及书写力度。这些测量的结果即可转译为对书写者个性的说明。如书写力度反映了书写者的精力是否旺盛。再如，字体大小也可反映人的个性。字体巨大表明此人自信心很强，喜欢冒险，个性强，为人公正无私，光明磊落，做事积极，且大刀阔斧。字体细小则表明此人缺乏信心，做事谨慎，思考细致，警觉性亦强，忍耐力强，观察力强，但气量狭小，有时贪图小利。字体不大不小，说明此人适应能力强，遇事能随机应变，待人接物举止大方，但有时做事容易反悔。字体大小不一，则说明此人喜怒易形于色，甚至喜怒无常，头脑灵活，但缺乏自制力，情感的变化好像一根绳子，中间常会打结，有时候还会自寻烦恼。

3. 心理健康测试

组织通过让内部员工和应聘者完成心理健康测试来了解和认识其心理健康状态，为心理保健和心理治疗提出基础。能有效用于心理测试的工具有罗夏墨迹测试、默里的主题统觉测试、明尼苏达多相人格量表(即MMPI)等。

(1)罗夏墨迹测试

罗夏墨迹测试是一种最典型的投射测试。该测试是用一套(10～40张)墨迹图，状如一滴墨水滴落白纸上，向四方渗扩，干燥后形成的，墨迹的轮廓无确定意义(如图4—5所示)。这些图片在被测试者面前出现的次序是有规定的。测试人员每出示一张图片，就要向被测试者问"这看上去像什么?""这可能是什么?""人们在这张图片中能看到许多事物，现在请你告诉我，你看出了什么？你以为这可能是什么？这使你想到什么?"测试人员必须记录被测试者的每条反应语句；每张图片从出现到开始第一个反应的时间；各反应之间的时间间隔；对每张图片反应所共需时间；其他行为与动作。反应时间之所以重要，是因为它可以判断情绪受某种刺激而发生的抵触或阻滞。对10张图片反应测试完毕后，可再对被测试者询问墨迹中哪些部分使他产生反应，并让被测试者澄清或增补其原始反应。

(2)默里的主题统觉测试

主题统觉测试(简称TAT)是一种常用于人员选拔中素质及心理特征测评的投射测试。"统觉"是一个心理学术语，指当前事物引起的心理活动与已有的知识经验相联系、融合，从而更明显地理解事物意义的现象。主题统觉测试就是向被测试者提供一个意义含混的投射物，以引导被测试者的心理活动，通过这些心理活动的分析来发现和确定被测试者的个性。

著名的心理学家亨利·默里(H. A. Murray)运用过一张图片(如图4—6所示)，在测试

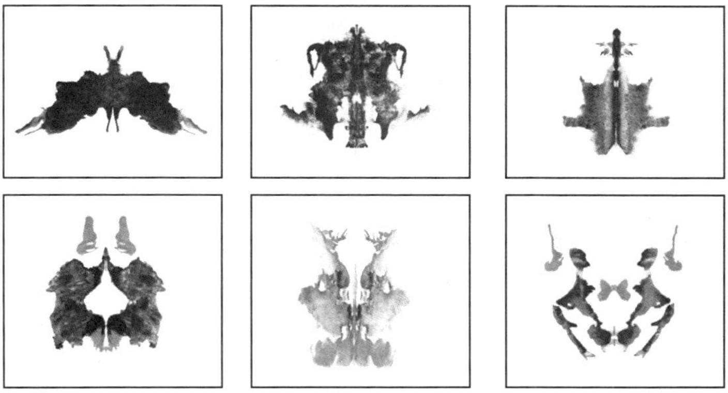

图 4－5 罗夏墨迹测试图例

中，他要求被测试者回答三个问题：(1)图片上的情境是怎么造成的；(2)图片中的情境表示在发生什么事件，并描述其中角色的情绪表现；(3)结果会怎样？

图 4－6 默里的主题统觉测验(TAT)

以上这几类心理测试主要是通过测试人员与被测试者双方的理解进行，无定量的精确标准，因而易受主观因素的影响，测试者应经专门培训，并富有经验，结果才能有效。

4. 职业能力测试

这是用于测定从事某项特殊工作所具备的某种潜在能力的一种心理测试。由于这种测试可以有效地测量人的某种潜能，从而预测他在某职业领域中成功和适应的可能性，或判断哪项工作适合他。这种预测作用体现在，什么样的职业适合某人；为胜任某职位，什么样的人最合适。因此，它对人员选拔配置有重要意义。在运用这种测试时，只需将测试结果显示的应聘人员潜能与空缺职位所期望能力相比较，就可判别他能否胜任该职位，或找出最适合他的职位。

能力倾向测试的内容一般可分为：

第一，普通能力倾向测试。其主要内容有思维能力、想象能力、记忆能力、推理能力、分析能力、数学能力、空间关系判断能力、语言能力等。

第二，特殊职业能力测试。它是指那些特殊的职业或职业群的能力。测试职业能力的目的在于：测量已具备工作经验或受过有关培训的人员在某些职业领域中现有的熟练水平；选拔那些具有从事某项职业的特殊潜能，并且能在很少或不经特殊培训就能从事某种职业的人才。

第三，心理运动机能测试。其主要包括两大类：一是心理运动能力，如选择反应时间、肢体运动速度、四肢协调、手指灵巧、手臂稳定、速度控制等。二是身体能力，包括动态强度、爆发力、灵活性、身体协调性与平衡性等。在人员选拔中，对这部分能力的测试一方面可通过体检进行，另一方面可借助于各种测试仪器或工具进行。

美国劳工部曾花数十年的时间，编制了《一般能力倾向成套测试》。该测试主要测定九种职业能力倾向：一般智力、语言能力、数理能力、书写知觉、空间判断力、形状知觉、运动协调、手指灵巧度、手腕灵巧度。该测试同时分析了 13 个职业领域 40 种职业的能力倾向模式，它既可作为职业指导的依据，也可帮助做出人员选拔的决策。目前，该测试有中文版，并已得到应用，效果良好。

由于不同的职业对能力的要求不同，人们设计了针对不同职业领域的能力倾向测试，用于人员的选择、配置与职业设计。以我国公务员考试所采用的行政职业能力测试为例，它是专门用来测量与行政职业有关的一系列心理潜能的考试，包括知觉速度与准确性、判断推理能力、语言理解能力、数量关系与资料分析能力五方面，可以预测考生在行政职业领域多种职位上成功的可能性。深圳市政府公开招聘公务员时，就采用了能力倾向测试的方法。又如我们使用《一般能力倾向成套测试》可测出人的手指灵巧度这一能力倾向，对于缺乏用手指准确操作细小东西的能力的人来说，是不宜从事涉及手指活动的一系列职业的，如打字员、银行出纳员、会计等。

5. 职业兴趣测试

职业兴趣提示了人们想做什么和他们喜欢做什么。如果当前所从事的工作或欲从事的工作与其兴趣不相符合，就无法保证他会尽职尽责、全力以赴地去完成本职工作。在这种情况下，不是工作本身，而更可能是高薪或社会地位促使他们从事自己并不热衷的职业。然而，一个有强烈兴趣并积极投身本职工作的人与一个对其职业毫无兴趣的人相比，二者的工作态度与工作绩效是截然不同的。如果能根据应聘者的职业兴趣进行人职合理匹配，则可最大限度地发挥人的潜力，保证工作的圆满完成。例如，把一个喜欢计算机操作与维护的人员安排到营销部门显然就不合适。进行有效的职业兴趣测试可以保证组织招聘到“志同道合”的人员，并为他们的岗位安排提供重要的参考依据。

6. 情商测试

情绪智商即情商(Emotional Quotient，EQ)，是 20 世纪 90 年代由美国心理学家提出的概念。在日常生活中，人们对智商(Intelligence Quotient，IQ)非常熟悉，但人们发现许多 IQ 很高的人不一定能够获得成功，而 IQ 不高的人却有很多获得了成功。美国心理学家经研究发现，人的 EQ 对成功起到了关键性的作用。EQ 包含了五个方面的内容：(1)自我意识——认识自身的情绪，这是 EQ 的基石，要求人们在一种情绪刚露头时就能辨识出来。在工作中，会有各种各样的因素影响人们的情绪，显然，有自知之明的人能更好地把握自己，做好本职工作。(2)控制情绪——妥善管理情绪。人在工作与生活中好情绪与坏情绪交替出现，关键是如何控制使它们保持平衡。情绪管理必须在自我认知的基础上，学会如何自我安慰，摆脱焦虑、灰暗或不安。这方面能力较匮乏的人常处于情绪低落之中，工作毫无积极性，当然也不可能有高绩效。(3)自我激励。要激励自己在工作上取得成就，首先要为自己树立明确的目标，要有良好的工作动机，要有乐观、自信的工作态度与饱满的工作热情；其次，要善于在困境中激励自己努力拼搏，要善于将情绪专注于目标，将注意力集中在目标上；最后，无论出现何种局面，要能克制冲动，切忌凭一时冲动而做出不理智的决策。(4)认知他人的情绪。管理是通过他人把事情办好，要借助他人的力量就必须注意他人的情绪，关注他人的需要；否则，只凭管理者自身的愿望与努力不可能实现预期的目标。(5)人际交往技巧。人在工作中离不开与他人交际，在交际过程中要特别注意他人的情绪变化。人际交往技巧是管理他人情绪的艺术。一个人的领导能力与之有密切的关系。

一个高 IQ 者可能是一个专家，而高 EQ 者却具备综合与平衡的才能，可能成为杰出管理者。

目前，西方各大企业的人员选拔与配置过程中非常重视选拔与配置对象的 EQ，但遗憾的是，至今仍无人开发出精确而有效的 EQ 测量工具。许多组织只是借助于一些心理测试的方法来测定测试对象的 EQ。

（二）纸笔测试

1. 知识考试

知识考试是指主要通过纸笔测试的形式，了解被试者的知识广度、知识深度和知识结构的一种方法。这也是对特定职位所要求的特定知识的测试。其内容也因岗位的不同而不同。如对国家公务员要实行行政管理知识、国家方针政策、法律法规知识的考核，对管理人员要测试管理的基本知识等。各种能力证书既是对能力的证明，也是对其所掌握的专业知识的承认。

2. 技能测试

技能测试是对特定职位所要求的特定技能进行的测试。其内容因岗位的不同而不同。如对会计人员需考核珠算、记账、核算等能力，对秘书则需测试其打字、记录速度和公文起草能力，“三资”企业还对应聘者的外语能力进行测试。技能测试有多种形式，可进行现场测试，也可验证应聘者已获得的各种能力证书，如会计上岗证，计算机能力培训合格证，外语四级、六级证书等都是对应聘者能力的证明。

（三）情景模拟

情景模拟测试是根据被试者可能担任的职位，编制一套与该职位实际情况相似的测试项目，将被试者安排在模拟的、逼真的工作环境中，要求被试者处理可能出现的各种问题，用多种方法来测试其心理素质、实际工作能力、潜在能力的一系列方法。

情景模拟测试主要是针对被试者明显的行为、实际的操作以及工作效率，应用多种方法进行测试，重点测试那些书面测试(智力测试与心理测试)中无法准确测试的被试者的领导能力、交际能力、沟通能力、合作能力、观察能力、集中能力、理解能力、解决问题能力、创造能力、语言表达能力、决策能力等实际能力。由于这种测试方法设计复杂，且费时耗资，准确度高，因此只有在招聘高层管理人员时才使用。

工作情景模拟测试至少有两个优点：一是可从多角度全面观察、分析、判断、评价应聘者，这样组织就可能得到最佳人选；二是由于被测者是被置于其未来可能任职的模拟工作情景中而测试的，重点又在于实际工作能力，因此通过这种测试而选择出来的人员往往可直接上岗，或只需有针对性地培训即可上岗，这为组织节省了大量的培训费用。工作情景模拟测试主要有六种方法。

1. 公文处理模拟法

这是已被多年实践充实完善并被证明是很有效的管理干部测评方法。向每一被测评者发放一套文件，其中第一页是引导语，介绍被测评者现在被委派扮演的角色——某企业某职位上的干部、姓名，并介绍此人的个人背景与企业的情况。然后告诉他，现在因某种特殊的紧急情况，他忽然被匆匆地提升到某个上一级的、本由他上司占据的职位上了。又由于某种条件的限制（例如，他必须马上出差去赴某一早已约定的会晤等），他必须在给定的时间内（通常是半小时或一小时），处理好本应由他前任（即他的原上级）处理但未做而留下来的文件。这情景虽是虚构的，却需详细而逼真，使人不会有“这是在演戏”的感觉。文件约有 15～25 份，包括下级呈上来的报告、请示、计划、预算，同级部门的备忘录，上级的指示、批复、规定、政策，外界用户、供应商、银行、政府有关部门乃至所在社区的函电、传真、电话记录，甚至还有群众检举或投诉信等。总之，包括该岗位上的干部在真实工作环境下可能会碰到和处理的各种文件。要求每位被测试者要“进入角色”，站在所指派角色立场，完全投入地、真刀真枪地，按照自己原有的知识、经验、信念及个性特征，以圈阅、批示、草拟函电要点、提纲、起草备忘录、指示安排会议及接见的日程、内容、参加者等形式，去处理这些文件。文件中应有足够信息才能做出合理决策。往往还附有该企业组织结构图、有关人员名单及当月的日历等作为参考。

处理结果将交由测评组，按既定的考评维度与标准进行考评。通常不是定性式地给予评语，而是就那些维度逐一定量式地评分（常用五分制）。最常见的考评维度有七个，即个人自信心、组织领导能力、计划安排能力、书面表达能力、分析决策能力、敢担风险倾向与信息敏感性，但也可按具体情况增删，如加上创造性思维能力、工作方法的合理性等。总的来说，是评估被测者在拟予提升岗位上独立工作的胜任能力与将来进一步发展的潜力与素质。

为了保证文件编写的逼真与准确，应以企业的存档文件、记录、函电、报告及现场调查和访问收集的信息作素材来提炼加工。这些素材有些是已经被事实证实过成败的经验和教训，有些则是条件与信息已完整具备或仅有部分而不完善，有待决策与执行的。依此编写的文件的处理难度与重要性也各不相同。

有时，测评者不是待被测者处理完毕后对结果进行评分，而是不断直接考察其处理情况并在中间插入口头提问，以评测其工作方法（例如，是马上取来文件逐份阅评，还是先浏览一遍，分出轻重缓急，先处理重要而紧急者等）及了解其对总体情况的感知（例如，前任对此职是否胜任，此企业有何主要问题，准备采取什么纠正或挽救措施等），并可追问其决策依据。测评者可以扮演来检查工作的上级角色，从而在情景中引入一种权力关系及心理压力，扩大了考测范围。

这种方法是较科学的，因为情景十分接近真实的现场工作环境；对每个被测者都是公平的，因为所有被测者都面对同样的标准化情景。但在设计文件时，除真实具体外，还应注意与待评测的各维度相联系，并考虑评分的可操作性。此法若与无领导小组讨论法和企业决策模拟竞争法结合，则更能收到取长补短、相得益彰之效。

2. 无领导小组讨论法

所谓“无领导”，是指不指定由谁充任主持讨论的组长，也不布置议题与议程，更不提要求；但却要发给一个简短案例，即介绍一种管理情景，其中隐含着一个或数个待决策和处理的问题，以引导小组展开讨论。根据每人在讨论中的表现及所起作用，测评者（实际上也是教练员）按既定测评维度予以评分。这些维度通常是主动性、宣传鼓励与说服力、组织能力、人际协调团结能力、精力、自信、出点子与创新力、心理压力耐受力等。应注意的是，这些素质和能力是通过被评者在讨论中所扮演的角色（主动发起者、组织指挥者、鼓动者、协调者等）的行为来表现的。

小组通常由 4～6 人组成，引入一间只有一桌数椅的小房间中。即使冷场、僵局、争吵发生，测评者也不出面、不干预，令其自发进行。测评是依据闭路电视或录像进行的。测评者随时记录下所观察到的应注意的事项，以便评分时有事实依据。最后测评组开会，彼此交流记录与看法，经过讨论协商后得出集体评分与鉴定结论。

3. 企业决策模拟竞争法

竞赛也称游戏，是一种情景模拟测评技术。被测者每4～7人组成一个小组，就算是一个“微型企业”。组员自愿组合或指派均可，但每人在本“企业”中分工承担的责任或职务，则由每人自报或推举，小组协商确定，不予指派。组内是否要有分工或分工到什么程度，由各组自定，不予强求。各组按照竞赛组织者所提供的统一的“原料”(可以是纸板与糨糊或积木玩具或电子元件与线路板，甚至可以是一些单个字或词)，在规定的工作周期内，通过组合拼接，装配“生产”出某种产品(纸板糊成的小提篮、电子部件或完整的有意义的句子等)，再“推销”给竞赛组织者。测评者然后根据每人在此过程中的表现，遵循既定考评维度进行评分。这些维度与以上两种方法类似，无非是进取心、主动性、组织计划能力、沟通能力、群体内人际协调团结能力、出点子与创造性思维能力等。但此法还可对小组作为一个集体的某些方面，如“产品”的数量与质量、团结协作状况等进行评定。这还可由各组派代表组成“评委会”来评判，优胜者还给予象征性的奖励，从而使活动具有竞赛或游戏性质。

4. 角色扮演法

角色扮演法就是要求被试者扮演一个特定的管理角色来处理日常的管理事务，以此来观察被试者的多种表现，了解其心理素质和潜在能力的一种测试方法。例如，要求被试者扮演一个高级管理人员，由他来向下级做指示；或者扮演一名销售人员，向零售商推销产品；或者要求被试者扮演一名车间主任，请他在车间里直接指挥生产。在测试中要强调了解被试者的心理素质，而不要根据他临时的工作意见做出评价。有时可以由主考官主动给被试者施加压力，如工作时不合作，或故意破坏，以了解该被试者的各种心理活动以及反映出来的个性特点。

5. 即席发言

即席发言是指主考官给被试者出一个题目，让被试者稍做准备后按题目要求进行发言，以便了解被试者快速思维反映能力、理解能力、思维的创意性和发散性、语言的表达能力、言谈举止、风度气质等方面的心理素质。即席发言的题目往往是做一次动员报告、开一次新闻发布会、在职工联欢会上的祝辞等。在即席发言前应向被试者提供有关的背景材料。

6. 案例分析法

从被测者所给一个或数个管理案例的分析中，可以判断他们的分析、决策、书面或口头表达等方面的能力。

小　结

关键术语

1. 员工招聘就是依据科学的方法，按照一定的程序，根据企业当前和未来的需要，选拔人才和调整人才。招聘是企业人力资源投资的重要形式，成功的招聘是企业成功管理的基础，失败的招聘也会引发巨大的经济损失，造成企业财力的浪费。员工招聘内容主要包括招募、筛选、录用、评估等活动。

2. 员工招聘工作是一项系统工程，员工招聘工作过程具体包括招募活动、选拔测试、考察录用与招聘评估四大体系。员工招聘的两个前提是人力资源净需求预测和工作分析。招聘决策应遵循少而精、宁缺毋滥、公平竞争原则。企业在发布招聘信息时,应遵循面广原则、及时原则、层次原则。

3. 员工招聘渠道主要分为外部招聘与内部招聘。内部招聘主要通过员工晋升、工作调换、工作轮换、内部人员的重新聘用,外部招聘可供选择的渠道有员工推荐、广告、猎头公司、职业协会、职业介绍机构、校园招聘等。外部招聘与内部招聘对企业来说各有利弊,每一种招聘方法并非完美,要求组织权衡利弊进行选择。

4. 面试是供需双方通过正式交谈,达到组织能够客观了解应聘者的业务知识水平、外貌风度、工作经验、求职动机等信息;应聘者能够了解到更全面的组织信息。面试按照不同的角度有多种形式。影响面试质量的因素有很多,组织在面试时应注意提高面试效果。

5. 企业员工招聘测试种类很多,主要有心理测试、知识考试、技能测试和情景模拟等。各种方法都应注意测试的信度和效度。

知识结构图

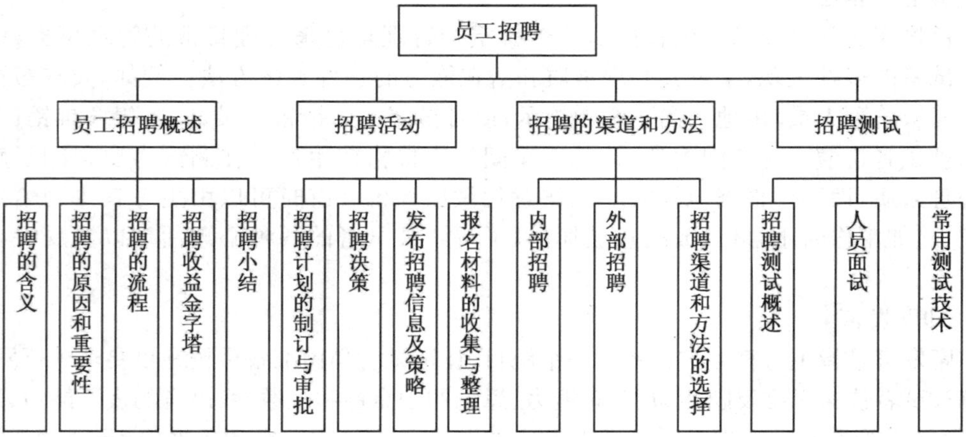

应 用

案例研究

耐顿公司的一次招聘历程

耐顿化学有限公司是一家台资企业,主要以研制、生产、销售医药、农药为主。随着生产业务的扩大,为了对生产部门的人力资源进行更为有效的管理开发,2019 年初,公司总经理把生产部门的经理于欣和人力资源部门经理徐建华叫到办公室,商量在生产部门设立一个处理人事事务的职位,主要负责生产部与人力资源部的协调工作。最后,总经理说希望通过外部招聘的方式寻找人才。

在走出总经理办公室后,人力资源部经理徐建华开始一系列工作,在招聘渠道的选择上,徐建华设计了两套方案:方案一是在本行业专业媒介中进行专业人员招聘,费用为 3 500 元,好处是对口的人才比例会高些,招聘成本低;缺点是企业宣传力度小。方案二是在大众媒体上做招聘,费用为 8 500 元,优点是扩大企业知名度,但不利条件是非专业人才的比例很高,前期筛选工作量大，招聘成本高。徐建华经过思考，决定初步选用第一种方案。但总经理看过招聘计划后，认为公司在大陆地区处于初期发展阶段不应放过任何一个宣传企业的机会，于是选择了第二种方案。

招聘广告刊登后，人力资源部在一周内收到了 800 多份简历。徐建华和部门员工在众多简历中筛选出 70 份有效简历，经再次筛选后，留下 5 人。于是他来到生产部门经理于欣的办公室，将此 5 人的简历交给了于欣，并让于欣直接约见面试。于欣经过筛选后认为可从 2 人中做选择——李楚和王智勇。他们将所了解的该二人资料对比如下：

姓名	性别	专业与学历	年龄	工作时间	以前工作表现	结果
李　楚	男	企业管理学士学位	32	有 8 年一般人事管理及生产经验	在此之前的两份工作的主管对其评价很好	可录用
王智勇	男	企业管理学士学位	32	有 7 年人事管理及生产经验	以前在两个单位工作过，第一位主管评价很好，没有第二位主管的评价资料	可录用

从以上的资料可以看出，李楚和王智勇的基本资料相当。但值得注意的是：王智勇在招聘过程中，没有上一个公司主管的评价。公司通知两人，一周后等待通知，在此期间，李楚在静待佳音；而王智勇打过几次电话给人力资源部经理徐建华，第一次表示感谢，第二次表示非常想得到这份工作。

生产部门经理于欣在反复考虑后，来到人力资源部经理室，与徐建华商谈何人可录用。

徐建华："两位候选人看来似乎都不错，你认为哪一位更合适呢?"

于欣："两位候选人的资格审查都合格了，唯一存在的问题是王智勇的第二家公司主管没有评价，但是虽然如此，我也看不出他有何不好的背景，你的意见呢?"

徐建华："很好，于经理，显然你我对王智勇的面谈表现有很好的印象，人嘛，有点圆滑，但我想会很容易与他共事，相信在以后的工作中不会出现大的问题。"

于欣："既然他将与你共事，当然由你做出最后的决定。"

于是，最后决定录用王智勇。

王智勇来到公司工作了六个月，在工作期间，经观察发现：王智勇的工作不如期望的好，指定的工作他经常不能按时完成，有时甚至表现出不胜任其工作的行为，所以引起了管理层的抱怨，显然他对此职位不适合，必须加以处理。

然而，王智勇也很委屈：来公司工作了一段时间，招聘中所描述的公司环境和各方面情况与实际情况并不一样。原来谈好的薪酬待遇在进入公司后又有所减少。工作的性质和面试时所描述的也有所不同，也没有正规的工作说明书作为岗位工作的基础依据。

问题：

1. 你认为耐顿公司在此次招聘实施过程中存在哪些问题。
2. 假如你是人力资源部经理，请你设计本次招聘过程。

实验实训

对下则招聘广告进行分析，指出该招聘广告存在的问题，并对该广告重新进行撰写。

上海万芳广告有限公司成立于 2002 年，位于上海市徐汇区繁华地段，经济势力雄厚，是一家集广告策划、媒介经营、会展布展、标志和宣传品设计、印刷、广告制作的专业性、综合性为一体的大型广告装饰有限公司。在短短几年中,公司先后与国内外知名企业长期合作,经过不断努力奋斗,公司购置了多台大型设备。此外,公司人才资源丰富,资历深厚,在国内设计比赛中多次获奖,是一家极具现代化企业特征的广告公司。随着业务的发展和扩大,公司亟须一批优秀的平面设计师加盟,人力资源部刊登了招聘广告。

上海万芳广告有限公司的招聘

招聘职位:平面设计师

招聘人数:5 人

学历要求:本科

工作年限:3～5 年

职位要求:35 岁以下,男性,上海户籍,3 年以上广告公司平面设计工作经验,精通装饰 CAD 设计。

待遇从优。

请把简历寄到:上海万芳公司人力资源部

复习思考题

1. 什么是招聘?它有什么样的意义?
2. 招聘工作受到哪些因素的影响?
3. 招聘工作应当怎样进行?
4. 选拔录用系统的标准是什么?
5. 应当怎样进行选拔和录用?

第五章　教育培训与职业生涯管理

学习目标

通过本章学习，你应能够：

了解组织教育培训的作用；

了解职业生涯管理的含义与目的；

理解社会组织职业生涯管理的操作流程；

掌握教育培训的操作过程；

掌握制定职业生涯规划的程序。

导入案例

令人头疼的员工培训

中海公司是一家高科技生产企业，由于公司规模的持续扩张和经济效益的稳步提升，公司高层逐渐感觉到现有在岗员工的综合素质和技能已无法满足公司快速发展的需要，并将成为制约公司可持续发展的一大"瓶颈"。于是，决定将全面提升员工素质和技能作为人力资源部长期关注的重点。

人力资源部根据公司发展需求，重新修订了现有岗位的任职要求，同时向所有部门和员工下发了培训需求调查表（调查结果显示，很少有员工提出明确的培训需求且大部分员工反应较为冷漠）。在分析调查反馈结果和近期业绩考核结果的基础上，人力资源部提出了培训计划，并迅速开展了一系列培训活动。

由于各部门业务非常繁忙，为保证培训的全面、到位，中海公司做出硬性规定：除特殊原因外，所有相关员工必须全部参加培训。同时，配以严格的考勤和培训效果评估手段，并将员工的培训态度和培训成绩与员工的月度业绩考核直接挂钩。

经过一段时间的培训，从现场培训效果看，员工素质和技能均有一定程度的提高，但人力资源部总感觉到没有达到预期效果，而且越往后问题越多，主要表现为：

1. 课堂气氛呆板，员工不主动参与互动，请假、中途退场现象较为严重。

2. 进行现场培训效果评估时，受训员工的成绩基本令人满意，但在培训以后的工作中，其行为却变化不大，对所学知识不能融会贯通，或者根本不按新学到的知识（技能）去做，参加培训仅仅是为了应付培训后的考试，考试完了，所学的知识又全扔到了一边。

经人力资源部了解，产生以上现象的主要原因为：员工对自己在素质和技能方面所存在的“短板”认识不清晰，对公司确定的培训内容不甚认同，加之工作很忙，员工对公司“硬性规定必须参加”有一定的抵触情绪。因此，部分员工学习热情不高，基本以“应付”的态度对待培训。

第一节　教育培训概述

员工教育培训是指以企业为主体，有计划地对员工进行培训与教育，提高员工知识和技能，帮助员工更有效地推进在企业的工作业绩，最终使企业的发展目标与员工个人的发展目标得到共同实现。对员工的教育培训是任何企业不可忽视的现实问题，是企业生存与发展的必然要求。

对企业员工的教育培训：一方面是组织对在职或在岗人员增加或更新知识，提高岗位工作技能以及改变价值观，形成组织所希望的工作态度和行为的活动，这是教育的一种形式；另一方面是提高技能和工作能力，这属于训练的范畴。

一、教育培训的作用

随着科学技术的不断进步和市场竞争的日益加剧，企业的生存和发展越来越依赖于高素质的人才，同时，在知识经济时代的条件下，员工个人的发展也越来越依赖于通过培训来不断提升自己，以适应知识经济的飞跃发展。因此，员工教育培训工作不仅是提高企业竞争力的重要组成部分，同时也是激励员工的重要手段。

（一）提高企业社会竞争力的重要途径

在知识经济的时代背景下，企业的生存与发展取决于其技术创新能力和管理团队的领导能力，而这两项又需要具有更高知识含量的人力资本。企业的人力资本既形成于社会的普通教育，又是企业技能培训的结果。企业培训对象不仅包括专业技术人员和技术工人，还包括管理者，特别是高层管理者。企业通过对员工的教育培训，能够使企业的管理队伍和技术队伍紧随时代的步伐，与时俱进，不断更新知识、更新技术和方法，从而提升企业的竞争力。

（二）增强员工职业能力的重要渠道

员工通过教育培训能够掌握并适应未来工作所需要的新知识和技能，接受新的观念和理念，拓展自己的知识面，从而提高自己的工作能力，为获得更高收入、得到更快晋升创造更多机会。

（三）激励员工的重要措施

现代企业中的员工无论学历、背景、个性如何，每个员工都渴求不断地充实自己、完善自己，使自己的潜能充分发挥出来。实现自我价值也是员工工作的主要目的之一。企业对员工的教育培训恰好能满足员工的这种自我实现的需要，能激发出员工深刻而又持久的动力。

（四）有利于企业积极应对高新技术革命挑战的需要

在高新技术竞争中，特别是一些高新技术占有很大比重的企业，如微软、苹果等，某项技术支撑着整个企业的发展，技术的更新就成为企业具有竞争力的最有力度的一个环节。通过技术培训，使科技人员不断更新知识、更新技术、更新观念，才能走在新技术革命的前列，才能赢得更广阔的市场前景。

二、员工教育培训的原则

(一)统筹安排,合理规划的原则

培训是组织长期发展进程中必须考虑的问题,企业应根据组织和人员的实际情况,制订短期、中期和长期的培训计划,有计划、有步骤地对各级员工进行培训,使组织的培训规范化。另外,对组织的中上层管理人员、对年轻的后备力量的培训,更需要统筹兼顾、合理安排。

(二)将培训与企业发展目标相结合的原则

对员工的教育培训并不是一个简单的过程,良好的教育培训能够促进企业的发展,而且对员工的教育培训需要大量的人力、物力、财力的投入,所以如果不将培训与企业的发展目标及前景相联系,那么对员工的教育培训便失去了意义。

(三)严格考核与及时奖励相结合原则

严格考核是保证培训质量的必要措施,也是达到培训效果的重要手段。对员工的教育培训也是员工激励的一种方式,所以为了更好地获得员工培训的效果,就需要对成绩突出者予以奖励,这也是调动员工积极性的有力措施。可以依据考核成绩,设不同的奖励等级,记入个人业务档案。

(四)因材施教的原则

对员工的教育培训要因人而异、因材施教,这也是尊重员工个体差异的一种表现,同时也是为组织发展负责。对员工的教育培训要在尊重和承认个体差异的基础上,根据每个人的特点和学习规律,制订相应的学习计划,以达到促进员工全面发展的目的。

实用范例

通用电气的"七级培训"与"五项法则"

世界500强公司中排名前列的美国通用电气公司之所以持久而强大,很重要的原因在于人才培训,尤其是在培训管理人员上的一贯投入。美国通用电气公司每年在培训方面的费用超过6亿美元,约为它研究与开发费用的一半。美国通用电气公司的培训体系可概括为"七级人才,五大法则"。

一、人才七级培训系统

美国通用电气管理发展学院是公司最重要的"领导者培训基地",公司每年向该学院拨款约5亿美元,每年在此接受培训的人数超过1万人,包括新任经理和高级管理人员。其培训课程大致可以分为两大类:一类是以尚未走上管理岗位但具有领导潜能者为对象的初级课程;另一类则是以经理以上现任企业管理人为对象的高级课程。前者又分为三个等级,后者又分为四个等级。韦尔奇先生说过:"美国通用电气公司是由人才经营的公司。我最大的成就在于发现了一批人才。他们远比总裁更优秀、更聪明。这些一流的领导人才在美国通用电气公司中如鱼得水。"

第一级:新员工的入职培训。包括三个方面:公司领导对公司总体情况的介绍(价值观、企业文化等);人力资源部门对相关情况的介绍(薪酬福利、纪律制度等);业务部门主管对他们有关业务方面的教育。

第二级:领导基础课程培训。参加学习的是在美国通用电气公司工作了6个月到3年、有培养前途的20多岁的年轻职员。为培养代表本公司文化的管理人员,领导基础课程培训每年要举办16次,约800人参加。基本内容有:答辩技巧、与不同国籍的学员组成小组讨论管理方法、财务分析方法等。

第三级:以未来经理为培养对象的"新经理成长课程"。参加这个培训的员工都是具有较高的潜在能力、在公司达到"A"级的30岁左右的员工。主要学习经营决策方法、成功案例分析、评价下属的方法、财务知识等。曾经一位接受过培训的分公司CEO说"公司绝不是为了培养普通的管理人员,而是培养实战性人才,能够预料今后可能出现的问题并制定出决策和战略"。

第四级:总裁亲自执教的现任经理培训队伍。这个课程每年举办7次,由六七十人组成一个班,进修期为3个星期。主要是工作了8～10年、持有公司股份的员工。参加者30%来自美国以外的分公司。学习内容包括:经营战略的制定方法、如何管理国际集团、为解决通用电气公司面临的问题提供思路等。

第五级:是以来自世界各地的美国通用电气公司下属企业负责人为对象名为"全球经营管理"的课程。每年举办3次,每次3个星期,一个班级40人,学员要求在公司有8年工龄。主要学习通用的价值观。

第六级:通用电气公司在领导者培训中最重视的是"实践中学习"课程,此课程的学习对企业发展战略的影响是巨大的。这种学习差不多就是一种共同探究通用电气公司面临的问题及解决方法的智囊团活动。具体课程有:通用所处的竞争环境、企业领导方法、组织变革、企业伦理学、财务分析以及企业战略运作方式等。最后一个内容是向以总裁为首的公司30位最高领导人汇报成果和回答提问。

第七级:以高级企业领导负责人为对象的"经营者发展"课程。每年举办一次,一个班40人,历时3周。学员是在通用电气公司有10年以上工龄的高级经营管理者。这项活动的不同之处是它的独立性,由下属集团提供赞助资金,将自己发展的某个设想提交这个班级进行研讨,提出实施方案,就像出钱请咨询公司一样。除此之外,还要学习一个跨国企业领导人必须掌握的有关政治、经济、社会的发展趋势的知识以及参加通用面临的各种经营课题的探讨。

二、培训管理人员的五大法则

1. 忘掉资历,忘掉经验。
2. 有培养下属的义务。它的360度绩效考核中就有规定。
3. 掌握普遍的真理。比如六西格玛全面质量管理等。
4. "能者"必须"多劳"。
5. 屡败屡战,必有所成。

从通用"走出来"担任世界500强CEO就有160多位。

三、教育培训的类型

教育培训按照不同的划分依据,可以分为不同的种类。

(一)以教育培训的对象为标准划分

1. 一般员工的教育培训。培训工作所需的基本知识和技能。
2. 基层主管的教育培训。培训基层主管应具备的能力与技巧,包括对新进员工的面谈与选拔、领导能力、口头与书面表达沟通能力等。

3. 中层主管的教育培训。除了要具备基层主管的能力与技巧之外，还需有主持会议、沟通协调、授权等能力。

4. 高层主管的教育培训。除了要具备基层及中层主管所具备的能力和技巧外，还要有财务管理、劳资关系、前景规划、策略分析等方面的能力。

（二）按照培训的时间安排方式来划分

1. 职前教育培训。它是对新进员工在正式工作前所进行的教育培训。主要内容有：企业的规章制度、企业经营的特色、企业的文化及历史概况、员工的权利及义务、各部门的职责及权限、处理业务的方法和程序等。

2. 在职教育培训。它是对员工进行提升的教育培训。包括对员工在执行工作时所需要的工作技能、知识欠缺部分的教育培训；对员工中工作业绩突出，具有发展潜力的，给予下一阶段职业生涯的教育培训；对企业主管所进行的管理方面的教育培训。

（三）以培训的内容为标准划分

1. 一般性培训。主要包括企业文化、产品知识、规章制度、行为规范、劳动安全与劳动关系等的培训。

2. 一般技能培训。主要是与本职工作有关的基本技能、判断力、语言表达能力、沟通能力、人际关系，以及工作需要的肢体灵活性、敏感度、负荷能力等的培训。

3. 专业性培训。从事本职工作的专业技能培训，包括生产技术、设备控制、营销、会计等的培训。

4. 管理素质的培训。主要包括管理的基础知识和基本技能的培训。管理的基础知识培训包括管理学、组织行为学、沟通与协调等；管理基本技能培训包括知觉能力、判断能力、组织决策能力等。

5. 专业管理培训。主要包括生产管理、营销管理、行政管理、财务管理等知识与技能的培训。

提醒您

员工培训教育的八大误区

1. 当企业效益好时，不需要对员工进行教育培训。
2. 当企业效益差时，没有钱投资在员工的教育培训上。
3. 社会上流行什么就对员工进行什么培训。
4. 以为培训不是投资，而是一种成本。
5. 聘用的高层管理人员不需培训便能胜任岗位。
6. 培训是医治百病的灵丹妙药。
7. 对员工的教育培训工作只是走形式，无需实质内容。
8. 对员工进行教育培训后会造成人才的流失，为他人作嫁衣。

微型案例

华为:培训,给员工染上公司颜色

给你涂抹上公司颜色的经理人也是有"血统"的,无论你的血液是什么颜色,可以肯定的是在组织中被同化、被融合是一种必然。

"知名公司陶冶出来的经理人都有鲜明的特点,这是不同公司文化熏染的结果,经理人的颜色就是公司文化的颜色。"上海某管理顾问公司猎头顾问庄华如是说。当经理人走入你视野的时候,尝试去感受他们不同"颜色"的性格,这就是公司的文化标签。

华为:染红狼群的眼睛。"华为人的眼睛都是红色的,或许这就是华为公司文化熏陶的结果,这让我们感觉有点恐怖。"华为的竞争对手朗讯公司的一名管理人员这样评价"狼性培训"。

与其他跨国公司一样,华为招聘时更青睐大学应届毕业生。在正式加入华为前,新入职的员工需要参加 20 天的公司文化培训。

新员工入职,就有了自己的工号。如果你的号码为"17450",代表你是第 17 450 个进入华为的员工,你的邮箱和培训编号都是这个号码。同时,你拥有了自己的培训档案,因为华为员工在不同阶段会接受不同的培训。档案是培训内容、考试结果、教官评语和培训状态的完整记录,正式入职后你的主管首先看到的就是你的入职培训成绩。

宣扬民族主义情怀,"打败跨国公司,进入世界 500 强,为民族工业争光"是华为入职培训的主旋律;在培训方法上,华为从生产、市场和管理一线抽派员工与新人进行近距离交流,而且采用案例教学,这样不但保证了课程的生动性,而且让培训永远不与现实脱节;华为还在新员工培训中穿插进行热情洋溢的高层演讲。据华为员工回忆,总裁任正非的每次演讲都会让大家热血沸腾。

入职培训时,经常唱的歌曲有《真心英雄》和《华为之歌》,另外还有专门针对销售人员的激励歌曲。

华为人对培训中"大合唱"记忆犹新,"合唱听起来很傻,可是在那样的氛围,我确实被感染和沉浸其中了,合唱结束听到掌声的时候似乎给人一种重生的感觉,我知道自己成了华为的一分子。"华为市场部王经理如是说。

华为对员工进行的独特培训方式为企业赢得了更广阔的发展前景。

资料来源:人力资源网,http://www.hr.com.cn。

四、教育培训的方法

企业培训的效果在很大程度上取决于培训方法的选择。当前,企业培训的方法有很多种,不同的培训方法具有不同的特点,其自身也是各有优劣。要选择合适有效的培训方法,需要考虑培训的目的、培训的内容、培训对象的自身特点及企业具备的培训资源等因素。

(一)讲授法

属于传统模式的培训方式,指培训师通过语言表达,系统地向受训者传授知识,期望这些受训者能记住其中的重要观念与特定知识。

1. 要求。培训师应具有丰富的知识和经验;讲授要有系统性,条理清晰,重点、难点突出;

讲授时语言清晰，生动准确；必要时运用板书；应尽量配备必要的多媒体设备，以加强培训的效果；讲授完应留出适当的时间让培训师与学员进行沟通，用问答方式获取学员对讲授内容的反馈。

2. 优点。运用方便，可以同时培训许多人，经济高效；有利于学员系统地接受新知识；容易掌握和控制学习的进度；有利于加深理解难度大的内容。

3. 缺点。学习效果易受培训师讲授的水平影响；由于主要是单向性的信息传递，缺乏教师和学员间必要的交流和反馈，学过的知识不易被巩固，故常被运用于一些理念性知识的培训。

（二）工作轮换法

这是一种在职培训的方法，指让受训者在预定的时期内变换工作岗位，使其获得不同岗位的工作经验，一般主要用于新进员工。很多企业采用工作轮换，则是为培养新进入企业的年轻管理人员或有管理潜力的未来的管理人员。

1. 要求。在为员工安排工作轮换时，要考虑培训对象的个人能力以及他的需要、兴趣、态度和职业偏爱，从而选择对其适合的工作；工作轮换时间长短取决于培训对象的学习能力和学习效果，而不是机械地规定某一时间。

2. 优点。工作轮换能丰富培训对象的工作经历；工作轮换能识别培训对象的长处和短处，企业能通过工作轮换了解培训对象的专长和兴趣爱好，从而更好地开发员工的所长；工作轮换能增进培训对象对各部门管理工作的了解，扩展员工的知识面，为受训对象以后完成跨部门、合作性的任务打下基础。

3. 缺点。如果员工在每个轮换的工作岗位上停留时间太短，所学的知识不精；由于此方法鼓励"通才化"，适合于一般直线管理人员的培训，不适用于职能管理人员。

（三）实习法

这种方法是由一位有经验的技术能手或直接主管人员在工作岗位上对受训者培训，如果是单个的一对一的现场个别培训，则称为我们企业常用的师傅带徒弟的培训。负责指导的教练的任务是教受训者如何做，提出如何做好的建议，鼓励受训者。这种方法一定要有详细、完整的教学计划，但应注意培训的要点：第一，关键工作环节的要求；第二，做好工作的原则和技巧；第三，须避免、防止的问题和错误。这种方法应用广泛，可用于基层生产工人。

1. 要求。培训前要准备好所有的用具，搁置整齐；让每个受训者都能看清示范物；教练一边示范操作一边讲解动作或操作要领。示范完毕，让每个受训者反复模仿实习；对每个受训者的试做给予立即的反馈。

2. 优点。通常能在培训者与培训对象之间形成良好的关系，有助于工作的开展；一旦师傅调动、提升或退休、辞职时，企业能有训练有素的员工顶上。

3. 缺点。不容易挑选到合格的教练或师傅，有些师傅担心"带会徒弟饿死师傅"而不愿意倾尽全力。所以应挑选具有较强沟通能力、监督和指导能力以及宽广胸怀的教练。

（四）研讨法

按照费用与操作的复杂程序又可分成一般研讨会与小组讨论两种方式。研讨会多以专题演讲为主，中途或会后允许学员与演讲者进行交流与沟通，一般费用较高。而小组讨论法则费用较低。研讨法培训的目的是为了提高能力，培养意识，交流信息，产生新知。比较适宜于管理人员的训练或用于解决某些有一定难度的管理问题。

1. 要求。每次讨论要确立明确的目标，并让每一位参与者了解这些目标；要使受训人员对讨论的问题发生内在的兴趣，并启发他们积极思考。

2. 优点。强调学员的积极参与，鼓励学员积极思考，主动提出问题，表达个人的感受，有助于激发学习兴趣；讨论过程中，教师与学员间、学员与学员间的信息可以多向传递，知识和经验可以相互交流、启发，取长补短，有利于学员发现自己的不足，开阔思路，加深对知识的理解，促进能力的提高。据研究，这种方法对提高受训者的责任感或改变工作态度特别有效。

3. 缺点。运用时对培训指导教师的要求较高；讨论课题选择得好坏将直接影响培训的效果；受训人员自身的水平也会影响培训的效果；不利于受训人员系统地掌握知识和技能。

（五）案例研究法

案例研究法是指为参加培训的学员提供员工或组织如何处理棘手问题的书面描述，让学员分析和评价案例，提出解决问题的建议和方案的培训方法。案例研究法为美国哈佛管理学院所推出，广泛应用于企业管理人员（特别是中层管理人员）的培训。目的是训练他们具有良好的决策能力，帮助他们学习如何在紧急状况下处理各类事件。

1. 要求。案例研究法通常是向培训对象提供一则描述完整的经营问题或组织问题的案例，案例应具有真实性，不能随意捏造；案例要和培训内容相一致，培训对象则分成小组来完成对案例的分析，做出判断，提出解决问题的方法。随后，在集体讨论中发表自己小组的看法，同时听取别人的意见。讨论结束后，公布讨论结果，并由教员再对培训对象进行引导和分析，直至达成共识。

2. 优点。学员参与性强，变学员被动接受为主动参与；将学员解决问题能力的提高融入知识传授中，有利于使学员参与企业实际问题的解决；教学方式生动具体，直观易学；容易使学员养成积极参与和向他人学习的习惯。

3. 缺点。案例的准备需时较长，且对培训师和学员的要求都比较高；案例的来源往往不能满足培训的需要。

（六）角色扮演法

角色扮演法是指在一个模拟的工作环境中，指定参加者扮演某种角色，借助角色的演练来理解角色的内容，模拟性地处理工作事务，从而提高处理各种问题的能力。这种方法比较适用于训练态度仪容和言谈举止等人际关系技能，比如询问、电话应对、销售技术、业务会谈等基本技能的学习和提高。适用于新员工、岗位轮换和职位晋升的员工，主要目的是为了尽快适应新岗位和新环境。

1. 要求。教师要为角色扮演准备好材料以及一些必要的场景工具，确保每一事项均能代表培训计划中所教导的行为。为了鼓舞演练者的士气，在演出开始之前及结束之后，全体学员应鼓掌表示感谢。演出结束，教员针对各演示者存在的问题进行分析和评论。角色扮演法应和授课法、讨论法结合使用，才能产生更好的效果。

2. 优点。学员参与性强，学员与教员之间的互动交流充分，可以提高学员培训的积极性；特定的模拟环境和主题有利于增强培训的效果；通过扮演和观察其他学员的扮演行为，可以学习各种交流技能；通过模拟后的指导，可以及时认识自身存在的问题并进行改正。

3. 缺点。角色扮演法效果的好坏主要取决于培训教师的水平；扮演中的问题分析限于个人，不具有普遍性；容易影响学员的态度，而不易影响其行为。

（七）演示法

1. 示范

示范（Demonstrations）是指在学员面前展示某种动作、解释某种程序或技巧，以使学员能重复相同的动作或程序。示范的方法主要适用于教授某种特殊技能或介绍某一新的程序或技巧。

示范的优点是:示范的程序比较具体,可重复进行,能"从做中学",掌握快,见效快;所谓的"百闻不如一见",其效果比单纯地听或读要好得多。

示范的局限性在于:学员人数不宜太多;常常需要特殊的环境加以配合,如场地、设备、材料、温度、灯光等;需要耗费较多的时间和金钱。

2. 练习

练习(Exercise)是指给学员提供一定的机会尝试或熟悉所学的或业已生疏的知识或技能。练习主要适用于学员在学习完某种知识或技能之后,用此法来测试和增强学员的学习成效,并能给学员提供熟悉有关知识和提高技能的机会。

练习的优点是:可提高学员的自我学习能力;有助于激发学员的学习兴趣和学习动力;能够很好地将理论与实际相结合。

练习的局限性是:事先需要良好的策划与试验;如果练习过程中需要辅导或协助,学员人数就不宜太多。

3. 演练

演练(Skits)就是指两个以上的人经过简短的排练之后,通过固定的对话,进行具有幽默感或讽刺意味的表演,以此来唤起学员对某种特殊议题的重视和兴趣。

演练主要适用于管理中凸现的某种特殊情况。通过演练,从不同的角度对某一特殊问题进行描述,以此来塑造学员的语言或行为模式。

演练的优点是:能吸引学员积极参与;能制造学习高潮,激发学员的学习兴趣;能使学员具有置身于其中的感觉,容易吸引学员投入。

演练的局限性有:需要找到好的演员;需要耗费相当的时间和精力进行筹划与排练;所传达的信息面较窄。

(八)企业内部电脑网络培训法

这种计算机网络信息培训方式,主要是指企业通过内部网,将文字、图片及影音文件等培训资料放在网上,形成一个网上资料馆,网上课堂供员工学习。这种方式由于信息量大,新知识、新观念传递优势明显,更适合成人学习。因此,特别为实力雄厚的企业所青睐,也是培训发展的一个必然趋势。

小知识

影响培训方法选择的因素

究竟选用何种培训方式与方法,需要考虑的因素主要有:

1. 学习的目标。学习目标对培训方法的选择有着直接的影响。一般来说,学习目标若为认识或了解一般的知识,那么,程序化的教学、多媒体教学、演讲、讨论、个案研读等多种方法均能采用;若学习目标为掌握某种应用技能或特殊技能,则示范、实习、模拟等方法应列为首选。

2. 所需的时间。由于各种培训方法所需要的时间的长短不一样,因此,培训方式的选择还受时间因素的影响。有的训练方式需要较长的准备时间,如多媒体教学;有的培训实施起来时间较长,如自我学习,这就需要根据企业组织、学习者以及培训教员个人所能投入的时间来选择适当的培训方式。

3. 所需的经费。有的培训方式需要的经费较少，而有的则花费较大。如演讲、脑力激荡、小组讨论等方法，所需的经费一般不会太高，差旅费和食宿费是主要的花费；而影音互动学习和多媒体教学则花费惊人，如各种配套设备购买等需要投入相当的资金。因此需考虑到企业组织与学员的消费能力和承受能力。

4. 学员的数量。学员人数的多少还影响着培训方式的选择。当学员人数不多时，小组讨论或角色扮演将是不错的培训方法；但当学员人数众多时，演讲、多媒体教学、举行大型的研讨会可能比较适当。因为学员人数的多少不仅仅影响着培训方式，而且影响着培训的效果。

5. 学员的特点。学习者所具备的基本知识和技能的多少，也影响着培训方式的选择。例如，当学员毫无电脑知识时，电脑化训练或多媒体教学就不太适用；当学员的教育水准较低时，自我学习的效果就不会很好；当学员大多数分析能力欠佳并不善于表达时，辩论或小组讨论的方式将难以取得预期的效果。因此，培训方式的选择还应考虑到学员本身的知识状况和应对能力。

6. 相关科技的支持。有的培训方式是需要相关的科技知识或技术工具予以支持。例如，电脑化训练自然需要电脑的配合；影音互动学习至少需要会用电脑和影碟机；多媒体教学则需要更多的声光器材的支持。所以，培训单位或组织能否提供相关的技术和器材，将直接影响着高科技训练方式的采用。

培训不管采用什么样的方法和艺术，首先需要公司有尊重人才、重视培训的真诚。以人为本，不是说出来的，而是实实在在做出来的！一切培训都是为了让人更好地生存和发展，更好地服务企业，创造最大的价值！

实用范例

世界名企培训员工的方法

许多世界顶级企业都非常注重员工培训。借鉴这些世界顶级企业培训员工的方法和艺术，对于我们培训员工，打造人才队伍，不无益处。那么，世界顶级企业是怎样培训员工的呢？

一、IBM："魔鬼"训练，为员工描绘学习蓝图，将素质教育日常化

有人称 IBM 的新员工培训是"魔鬼训练营"，因为培训过程非常艰辛。除行政管理类人员只有为期两周的培训外，IBM 所有销售、市场和服务部门的员工全部要经过三个月的"魔鬼"训练，内容包括：了解 IBM 内部工作方式，了解自己的部门职能；了解 IBM 的产品和服务；专注于销售和市场，以模拟实践的形式学习 IBM 怎样做生意，以及团队工作和沟通技能、表达技巧等。其间，十多种考试像跨栏一样需要新员工跨越，包括：做讲演，笔试产品性能，练习扮演客户和销售人员等。全部考试合格，才可成为 IBM 的一名新员工，有自己正式的职务和责任。之后，负责市场和服务部门的人员还要接受 6 至 9 个月的业务学习。

事实上，在 IBM 培训从来都不会停止。在 IBM，不学习的人不可能待下去。从进入 IBM 的第一天起，IBM 就给员工描绘了一个学习的蓝图。课堂上，工作中，经理和师傅的言传身教，员工自己通过公司内部的局域网络自学，总部的培训以及到别的国家工作和学习

等，庞大而全面的培训系统一直是IBM的骄傲。鼓励员工学习和提高，是IBM培训文化的精髓。如果哪个员工要求涨薪，IBM可能会犹豫；如果哪个员工要求学习，IBM肯定会非常欢迎。

IBM非常重视素质教育，基于此，IBM设置了“师傅”和培训经理这两个角色，将素质教育日常化。每个新员工到IBM，都会有一个专门带他的“师傅”。而培训经理是IBM专门为照顾新员工、提高培训效率而设置的一个职位。

二、西门子：新人培训，帮你“导入”；老员工培训，心中有数

西门子公司针对新员工设计了一个“导入计划”，以帮助他们尽快适应工作。该培训计划不脱产，时间为六个月。新进入公司的员工必须根据每一阶段的培训，不断地调整自己的心态和工作状态，以最快的速度适应工作环境。培训期同时也是试用期，公司可以随时解雇不称职员工。

除了对新员工的必要培训，西门子为每一个员工都提供了一流的培训和个人发展机会。西门子深信员工的知识、技能和对工作的胜任能力是公司最宝贵的资源，也是公司成功的基础。为了配合公司在中国的业务发展，使本地员工获得现代化、高质量的培训与教育，西门子公司于1997年10月在北京成立了西门子管理学院。该学院的培训涵盖了高级管理培训教程、业务和管理研讨会、职业和商务等几大领域，旨在提高公司中层管理人员的管理能力，加速管理人员本地化并在不同的领域培养员工的各种能力。西门子管理学院不断地改进和拓展培训项目，为员工未来的发展做准备。在公司内部的网站上，每个阶段都明确公布下一步的人才需求倾向和培训方向。有志于在新岗位上锻炼的员工，可以根据自己的情况决定参加哪种培训，真正做到了心中有数。

三、英特尔：给新员工人情味的帮助和支持

英特尔有专门的新员工培训计划，比如上班第一天会有公司常识的培训，了解各部门规章制度，在什么地方可以找到所需要的东西，等等。然后由经理分给新员工一个“伙伴”，新员工有不方便问经理的问题，随时都可以问他，这是很有人情味的一种帮助。英特尔会给每位新员工一个详细的培训计划，第一周，第二周，第一个月，第二个月，新员工分别需要做到什么程度，可能需要什么样的支持，都可以照着这个去做，公司也会随时追踪。新员工在3～9个月之间会有一周关于英特尔文化和在英特尔怎样成功的培训。另外，公司会有意安排许多一对一的会议，让新员工与自己的老板、同事、客户有机会进行面对面的交流，尤其是和高层经理的面谈，给了新员工直接表现自己的机会。

四、微软：打磨具有“微软风格”的人，重视技术培训

进入微软公司的第一步是接受为期一个月的封闭式培训，培训的目的是把新人转化为真正的微软职业人。光是关于如何接电话，微软就有一套手册，技术支持人员拿起电话，第一句话肯定是：“你好，微软公司！”一次，微软全球技术中心举行庆祝会，员工们集中住在一家宾馆，深夜，某项活动日程临时变动，前台小姐只得一个一个房间打电话通知，第二天她面露惊奇地说：“你知道吗？我给145个房间打电话，起码有50个电话的第一句是‘你好，微软公司’。”在深夜里迷迷糊糊地接起电话，第一句话依然是“你好，微软公司”。事情虽小，但微软风格可见一斑。

微软也很重视对员工进行技术培训。新员工进入公司之后，除了进行语言、礼仪等方面的培训之外，技术培训也是必不可少的。微软内部实行“终身师傅制”，新员工一进门就会有

一个师傅来带，此外，新员工还可以享受三个月的集中培训。平时，微软也会给每位员工提供许多充电的机会，例如，表现优异的员工可以去美国参加一年一度的技术大会，每月都有高级专家讲课等。公司每星期都会安排内部技术交流会。除了技术培训，微软还提供诸如如何做演讲、如何管理时间、沟通技巧等各种职业培训。

五、宝洁：全方位、全过程的培训

首先是入职培训。新员工加入公司后，会接受短期的入职培训。其目的是让新员工了解公司的宗旨、企业文化、政策及公司各部门的职能和运作方式。

其次是技能和商业知识培训。公司内部有许多关于管理技能和商业知识的培训课程，如提高管理水平和沟通技巧、领导技能的培训等，它们结合员工个人发展的需要，帮助员工成为合格的人才。公司独创了“P&G 学院”，通过公司高层经理讲授课程，确保公司在全球范围的管理人员参加学习，并了解他们所需要的管理策略和技术。

第三是语言培训。英语是宝洁公司的工作语言。公司在员工的不同发展阶段，根据员工的实际情况及工作的需要，聘请国际知名的英语培训机构设计并教授英语课程。新员工还会参加集中的短期英语岗前培训。

第四是专业技术的在职培训。从新员工进入公司开始，公司便派一名经验丰富的经理悉心对其日常工作加以指导和培训。公司为每一位新员工制定个人培训和工作发展计划，由其上级经理定期与员工回顾，这一做法将在职培训与日常工作实践结合在一起，最终使新员工成为本部门和本领域的专家能手。

第五是海外培训及委任。公司根据工作需要，选派各部门工作表现优秀的年轻管理人员到美国、英国、日本、新加坡、菲律宾和中国香港等地的分支机构进行培训和工作，使他们具有在不同国家和地区工作的经验，从而得到更全面的发展。

六、宜家：培训每时每刻，随时随地

宜家(IKEA)在五大洲的 30 多个国家拥有 170 多家分店。宜家不喜欢把人放在一间屋子里，整齐地坐好听老师讲课，“服务行业本身不适合这种方式的培训，因为涉及产品和顾客，你总不能把产品拆了，把各式各样的顾客拉到这里来做示范吧?”因此，宜家的培训是在员工之间，尤其是在新老员工之间，进行每时每刻、随时随地的经验分享与言传身教。宜家的培训规划有很多种，就英语来说，宜家一方面会聘请外教，另一方面也会送员工去语言培训中心学习。宜家认为，更实用也更便利的是公司内部的环境，宜家是一家跨国公司，工作语言是英语，而在和客户打交道的时候，也会经常碰到客户讲英语的情况，在这种现实场景中学习语言可谓得天独厚。

宜家还有一个特别之处，就是它的“外援”——来自瑞典总部的员工，分布在宜家的各个方面，并不都是管理人员。这样做的目的是希望把宜家的企业文化渗透到每一个细胞里，而不只局限于“头脑”部分。

七、索尼：培训“走在前面”

索尼一再强调的是“走在前面”的培训模式。每位新上任的中方职员都会接受“角色转化”课程的专项培训，使新员工从一名“超级销售员”向“职业经理人”过渡。人事、财务、传媒公关、物流、法务甚至总务部门都会派出专业人员集中为他们做相关业务指导，使其全面提高作为一名“指挥员”所应具备的各项素质。

为了便于各地交流业务与经验，以及提高职员的综合业务水平，索尼建立了有效的流动机制，通过不同城市间员工的调动和不同业务间的轮换，好的工作经验被推广到其他城市，一批批精通多项业务的员工也随之成长起来。

与许多新业务的开展一样，在新的分公司或办事处成立半年之前，公司的业务部门领导与人事部门已经开始了对外派人员的培训工作。通过岗位的调动或是临时性派往相关地区工作，使候选人得以有机会全面接触未来所要担负的业务以及责任。同时，人事部门制定出相应的培训计划，使其能从理论上达到一定的业务水平和管理水平。这种“走在前面”的培训不仅对企业来说是必要的，对中方职员的个人发展也提供了很好的基础。

八、UPS：常规性培训与个性化培训相结合

美国联合包裹速递服务公司(United Package Service，UPS)是当今全球速递行业的“四大巨头”之一。新人进入公司伊始，要进行一些常规性的培训，如走一步要迈多大，如何娴熟地左手系安全带、右手插钥匙开启车门，与客户交流时怎样增强语气中的亲切感等等。这样的培训自有其妙处。例如，培训中要求外务员递货时钥匙要挂在左手的小指上，因为这样开关车门可以节省两秒钟的时间。一个人一件货物节省两秒钟时间，每天 37 万 UPS 人能节省多少时间？这是一笔多么巨大的财富。面对特殊货物的时候，UPS 员工还会接受个性化培训。一个比较经典的故事是这样的：UPS 受托递送一批吉他，但客户要求，吉他送到收件方手中时，音色不能发生任何变化。长途飞行中货物的颠簸是难免的，为了圆满地完成客户所托，UPS 专门送一些递送人员去学习调音。这样，等到收件人收到吉他、拨弄琴弦时，他会惊喜地发现，吉他的音色美妙如初。这种常规性和个性化相结合的培训，使新员工很快成为 UPS 的合格员工。

第二节　教育培训的操作过程

对员工的培训教育是为了使企业与员工共同发展，企业培养的优秀员工可以为企业带来更大的收益。员工教育培训是一项系统的工程，一般包括培训需求分析、制订培训计划、实施培训计划、评估培训效果四个环节(如图 5—1 所示)。

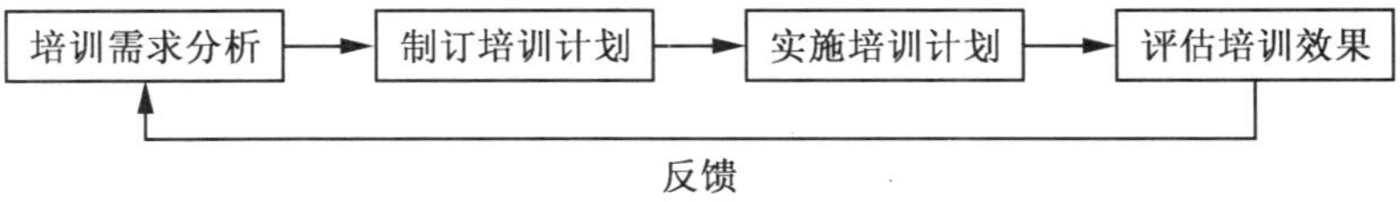

图 5—1　教育培训操作流程

一、培训需求分析

培训需求分析是在制订与实施每一项培训活动之前，由培训部门、主管人员、工作人员等采用各种方法与技术，对各种组织及其成员的目标、知识、技能等方面进行系统的鉴别与分析，以确定是否需要培训及培训内容的一种活动或过程。它既是制订培训计划、实施培训计划的前提，也是进行评估培训效果的基础，因而成为培训活动的首要环节。培训需求分析包括组织分析、任务分析和个人分析三个方面。

微型案例

培训为什么没有成效?

A公司是一家专门提供移动通信网络整体解决方案的高科技公司,多年来,其凭借领先的科技实力,取得了良好的效益,目前已是通信产业的领航人。公司高层管理者充分认识到,作为新兴高科技产业,只有迅速提高员工的素质才能在未来的通信产业立于不败之地。因此,近年来该公司与颇具知名度的P培训公司合作,组织了几次大型培训。钱投了不少,可效果却都不理想,原因何在?

事例1:

小李在参加技能培训前,向培训负责人反映:“新机器比我原来操作的那台复杂多了,并且在操作时总是出错。”负责人说:“也许你尚未完全掌握要领,而我们提供的这次培训就是帮助你胜任这项工作的。”

然而,培训后的小李却满是疑问:“可是在培训中,演练的那台机器与我的这台‘新家伙’完全不同呀!”另有技术骨干小张反映:“直属上司似乎并不支持我来参加培训,在培训期间不断布置新任务,我根本没有精力、也无法静下心来上课。”

事例2:

除了技术类的培训,公司还为中高层管理人员安排了MBA课程。可培训还没开始,大批老员工就声明不参加培训,他们觉得自己就这样了,没什么好培训的。于是要么推说工作忙,要么干脆请病假。另一些员工也只是本着完成任务的态度,有的甚至认为:“无非是走个过场,就当放几天假,休息一下好了。”

[案例分析]

(1)技能培训应该有针对性,使用的机器设备应该一致;(2)领导应该带头重视支持培训,不能用新任务影响培训时间;(3)对于中高层领导进行培训,要让他们认识到培训的重要性,认识到提高管理水平的重要性和持续学习的必要性。

资料来源:改编自http://wenwen.soso.com/z/q138618538.htm,2018年7月23日。

(一)组织分析

组织分析就是将组织视为一个系统,确定在组织发展和组织变更过程中所需要的知识、技术和能力。在作组织分析时必须同时分析影响培训的内部因素和外部因素。内部因素包括企业对培训的费用、培训时间及与培训相关的知识等培训资源的分析,还有企业管理者和员工对培训活动的支持态度,确定受训者将在培训中学到的知识、技术等应用于实际工作中的概率;外部因素包括从企业发展的长远目标来预测企业未来在技术、销售市场及组织结构上可能发生的变化,以及对外部市场发展趋向的预测。

(二)任务分析

任务分析是分析与绩效问题相关工作的详细内容、标准和达成工作所应具备的知识和技能。要做这些分析就必须知道组织的工作要求,了解员工完成工作所需的技能和组织对他们的工作期望。如通过列出一个技术指导者所需完成的任务,管理人员就可以制订一项计划来教授需要的指导技能。

(三)个人分析

个人分析就是分析员工个体所具有的绩效水平与应达到的绩效水平之间的差距,确定谁需要和应该接受培训及培训的内容。个人分析主要通过问卷、工作知识与工具、技能测试、态度调查、紧急事件的记录、来自评估中心的数据、角色扮演结果等方面来进行个人分析。进行个人分析需要解决的主要问题有:(1)分析员工是否具有完成工作所应具备的知识、技术和能力等;(2)分析员工是否了解工作目标;(3)分析员工是否得到必要的指导;(4)分析员工的工作结果及其激励措施。

组织分析、任务分析、个人分析是企业进行培训需求分析的三个方面。这三个方面并无特定的顺序,往往培训之前需要知道培训是否适合企业战略目标及高层管理者是否愿意进行培训,所以一般先进行组织分析,然后再将任务分析与个人分析相结合。

另外,培训需求分析需要结合多种方法进行综合分析。

1. 问卷调查法。其形式可能是对随机样本、分层样本或所有的"总体"进行调查或民意测验。可采用各种问卷形式:开放式的、投射性的、单项或多项选择、等级排列等。

2. 观察法。通过较长时间的反复观察或通过多种角度、多个侧面或有典型意义的具体事件进行细致观察,进而得出结论。

3. 关键人物访谈法。通过对关键人物的访谈,应当保证了解到所属工作人员的培训需要,如培训主管、行政主管、专家主管等。

4. 采访法。可以是正式的或非正式的,结构性的或非结构性的;可以用于一个特定的群体(行政机构、公司、董事会等或者每个相关人员)。

5. 文献调查法。企业在经营过程中常常需要了解市场行情、国民经济发展情况等信息,这些信息很难从消费者那里得到,文献调查法能很好地帮助企业获取这方面的信息。所谓文献调查法,就是指通过寻找文献搜集有关市场信息的调查方法,它是一种间接的非介入式的市场调查方法。

6. 小组讨论。像面对面的采访一样,小组成员可以集中起来对工作(角色)分析、群体问题分析、目标确定等进行讨论。

7. 测验法。测试一个群体成员的技术知识熟练程度。

8. 记录、报告法。可以包括组织的图表、计划性文件、政策手册、审计和预算报告。对麻烦问题提供极好的分析线索。

9. 工作样本法。采用书面形式,由顾问对假设(但是有关)的案例提供书面分析报告。可以是组织工作过程中的产物(如项目建议、市场分析、培训设计等)。

二、制订培训计划

制订培训计划,即根据既定目标,具体确定培训项目的形式、培训时间、课程设置、教学大纲、教材、任课教师、教学办法、考核方式等内容的计划。简言之,就是培训计划应明确什么人参加培训、谁负责实施培训、怎样进行培训、培训的内容如何等几个方面。这是实施培训的计划保障。

微型案例

这个培训计划该怎么做?

秦颉是工商管理专业的硕士研究生,毕业以后,就进入了大地汽车制造公司。这是一家大型国有企业,除了总公司以外,下属8个分厂,分别从事各种汽车零部件的制造业务。秦颉进入公司后,就在总公司人力资源部担任培训师。几年以后,秦颉又被调往公司总部,担任总公司人力资源部的员工培训经理。总公司的人力资源部副总经理即将退休,秦颉希望能够接替他的位置。他在寻找着表现自己工作能力的机会。

恰在此时,总公司计划在16个月内开设一家与外资合营的新企业。外方负责提供生产设备和技术人员,中方负责配备管理人员和操作工人。新企业大约需要800名工人,各类管理人员50名。总公司对于这次合资办厂寄予厚望,人力资源总经理承诺一定会全力以赴做好新企业的人员招聘和培训工作。这次新企业所需操作工人全部从外部招聘,所有的管理人员从总公司及其他8个分厂选聘。总公司人力资源部副总经理要求秦颉在4个月内制订一份详细的员工培训计划。秦颉深知这一工作的分量。虽然他从事了多年的员工培训工作,但是,如此大规模的员工培训工作,他以前还没有负责过。而且,这次培训有很高的要求:一是操作工人要能熟练应用先进的生产设备;二是管理人员要掌握现代化的管理理念和管理方法,其中管理技能、创新决策能力方面是培训的重点。

资料来源:张岩松、李健等:《人力资源管理案例精选精析》,中国社会科学出版社2010年版。

[案例分析]

秦颉首先要进行培训需求分析,可以运用观察法、问卷调查法、访问法等多种方法确定是否需要培训及建立培训目标的过程。在分析了培训需求之后,就可以制订培训计划了。

(一)明确培训目标

从培训目的来看,培训目标一般分为三大类:

1. 技能培训。通过技能培训使员工掌握完成本职工作所必备的技能,如产品销售技能、文秘技能、分析与决策技能、书面与口头沟通技能、人际关系技能等。

2. 传授知识培训。通过对知识的培训,使员工具备完成本职工作的基本知识和能力,让员工了解企业的基本概况,如相关知识的概念、企业的经营状况、企业的规章制度等。

3. 转变态度培训。通过培训建立企业和员工之间的相互信任,培养员工的忠诚度和归属感,培养员工应具备的精神和态度。

(二)培训计划的内容

1. 具体、多样的培训主题。如项目管理培训、销售培训、技术培训等,每一个培训项目都有自己的要求,这就决定了培训选择哪一种方式。

2. 适当的培训形式。选择能够涵盖各个部门、各个层次的员工,针对不同培训对象,采用适当的培训形式。

3. 将组织的短期利益与长期利益相结合。短期利益培训是为了让组织在短期内获得效益,使企业在市场上获得优势或利益的培训。长期利益的培训包括更深层次的技术或管理专业知识培训。

4. 培训对象要涵盖领导与基层。企业运转中出现的问题往往与管理有关，所以如果管理上的问题不解决，单纯培训员工的技能是无济于事的。例如，要培训销售人员的销售技能，最好先培训销售经理，使之最先掌握技能，然后再培训销售人员，这样销售经理可以在实际工作中指导销售人员。

5. 优秀的培训师资。应选择那些表达能力强，有广博的理论知识、丰富的实践经验、扎实的培训技能及有工作热情的教师。

6. 安排合理的培训时间。在时间的安排上，社会组织要考虑到员工的工作特点，将培训的时间与工作时间、休息时间相协调。

7. 适当的培训教材及培训场所。培训所用的教材应与企业培训员工的目标相符合，培训场所的选择应考虑交通便利、舒适、安静、不受干扰等因素。

8. 制订完备的培训计划。良好的培训计划，能够使组织在培训过程中，做到张弛有度、有条不紊。培训计划也是保证培训正常实施的一个前提。

9. 选择培训项目的负责人。在实施培训前，一定要选择恰当的项目负责人来统筹整个项目的实施过程，保证培训的效果，另外也要组建一个精干的团队。

10. 组建有效的合作团队。一个人的力量是有限的，但是一个团队的力量是无限的。社会组织要完成一个培训项目，必须事先组建一个能有效合作的团队。

11. 建立一种持续的、经常性的培训机制，进而保障企业的可持续发展。

12. 建立完善的评估制度。评估制度既包括对教师的教学评估，也包括对学员的学习成果评估，这样有助于提高培训的效率，保证培训的质量。

三、实施培训计划

实施培训计划是员工教育培训中最关键的一个环节。

1. 依据培训计划，具体落实培训的形式与方法，培训对象、教师、教材、场所以及培训的时间，培训所需的设施、交通等。

2. 针对员工的个人需求，帮助员工确立合适的学习目标。

3. 在培训过程中，要保持员工和教师之间的良好沟通，并随时反馈员工的学习情况。

4. 保证激励措施的实施，可以采取灵活多样的教学方法，将学习与实际工作紧密结合，在培训过程中进行考核评比和奖励，提高员工学习的兴趣，保证员工培训的质量。

5. 保证培训设施的便利使用，安排适当的娱乐活动等。

6. 采用适当的形式和方法对参加培训的员工进行考核与评估。

四、评估培训效果

评估培训效果是员工教育培训的最后一个环节，是指收集培训成果用以衡量企业和受训者从培训中所取得的效果。它既是对一次培训开发活动取得的效果与利弊进行估量，为培训开发成果的有效运用提供标准和依据，又是改进和完善下一次教育培训工作的重要基础。

微型案例

精心准备的培训为什么没有成效?

五月花制造公司是美国印第安纳一家生产厨具和壁炉设备的小型企业,大约有150名员工,博比是这家公司的人事经理。这个行业的竞争性很强,五月花公司努力使成本保持在最低的水平上。

在过去的几个月里,公司因为产品不合格问题已经失去了三个主要的客户。经过深入的调查发现次品率达到12%,而行业平均水平为6%。副总裁提米和总经理考森在一起讨论后认为问题不是出在工程技术上,而是因为操作员工缺乏适当的质量控制培训。考森的提议使提米相信实施一个质量控制的培训项目将使次品率降低到可以接受的水平上,然后接受提米的授权负责设计和实施操作这一项目。提米很担心培训课程可能会影响生产进度,考森强调说培训花费时间不会超过8个工时,并且分解为4个单元,每个单元2小时,每周实施1个单元。

然后,考森向所有一线主管发出通知,要求他们查看工作记录,确定哪些员工存在生产质量方面问题,并安排他们参加培训项目。通知还附有一份讲授课程的大纲。在培训设计方案时,考森为培训项目设定了下述的培训目标:将次品率水平在6个月内降低到标准水平的6%。

培训计划包括讲课、讨论、案例研讨和一部分电影。在准备课程时,教员把他讲义中的很多内容印发给学员,以便于学员准备每一章的内容。在培训过程中,学员花费了相当多的时间来讨论教材后的案例。

由于缺少场所,培训被安排在公司的餐厅中,时间安排在早餐与午餐之间,这也是餐厅的工作人员准备午餐和清洗早餐餐具的时间。

本来应该有大约50名员工参加每个培训单元,但是平均只有30名出席。在培训检查过程中,很多主管人员向考森强调生产的重要性。有些学员对考森抱怨说,那些真正需要在这里参加培训的人回车间去了。

考森认为评价这次培训最好的方法是看到培训项目结束后培训目标是否已经达到。结果,产品的次品率在培训前后没有明显的变化。考森对培训没有能够实现预定的目标感到非常失望。培训结束6个月之后,次品率与培训项目实施以前一样。考森感到自己的压力很大,他很不愿意与提米一起检查培训评估的结果。

(一)培训效果评估的作用

1. 通过评估可以帮助培训管理者从评估结果中吸取经验教训,为企业的决策者提供有关培训的系统信息,帮助决策者进一步完善培训方案,使培训工作不断完善。

2. 通过评估可以使受训者看到自己取得的成绩或存在的问题,从而激励并指导受训者在以后的工作中不断改进与提高。

3. 通过评估,可以实现对培训全过程的控制,从而使培训需求更加准确,培训活动更加有效,培训计划更加符合实际工作要求。

(二)对培训效果进行评估的内容

1. 反应评估

反应评估是指了解受训者的反应,在课程结束时,由培训部门的人员了解受训者对培训项目的主观感觉或满意程度。评估目标往往是针对培训项目的满意度和培训计划的完成情况。

反应评估是最基本、最普遍的评估方式。

2. 学习效果评估

学习效果评估是对学习预期效果的评估。它是在课程进行时或课程结束后，由教师实施，评估受训者在知识、技能、态度等方面的学习效果。评估的方法可采用提问、笔试、口试、写心得报告等方式。

3. 行为评估

行为评估是指依据受训者在工作岗位上的表现来进行的评估。行为评估一般是在培训结束后的 3 个月或半年之后，由受训者的主管、同事或合作伙伴等对受训者的表现或观察受训者的工作业绩来进行。评估的方法有行为观察、问卷调查、访谈法、绩效评估等。行为评估是最好的反映培训效果的一种评估方式，而且能够直接反映课程的效果，但是这种评估方式比较耗费精力。

4. 结果评估

结果评估是通过衡量培训对于实现组织目标的作用而进行的评估。一般在培训结束后半年或一年后，由受训者的主管结合绩效评估来进行。结果评估主要依据员工工作的质量、数量、效率、创造的价值、利润、投入的回报率、离职率等方面来进行。这种评估的结果能反映出培训的实际效果，能够为下一次培训提供参考数据。

（三）培训效果评估的方法

1. 事后评估法

事后评估法就是在受训者培训之后进行评估，看受训者是否达到主管所希望的程度。

2. 培训前后对比评估法

这是强调在培训前和培训后都对受训者各进行一次评估，前后两次培训效果的差距便是培训的效果。

3. 对照组与培训组对比评估法

在评估的时候选择两个小组：一组是参加培训的，看他们的效果如何；另一组是没有参加培训的，两组对照一下，便可知受训者的培训效果是否存在问题或主要成果体现在哪里。这种评估方案比较复杂，但可信度较高。

提醒您

对培训效果的评估注意事项

首先，了解受训者对培训方案的反应；

其次，检测受训者是否已经掌握了他们预定要学习的技能、知识等；

再次，观察受训者工作效率是否有提高，或工作方式是否有变化；

最后，了解培训最终取得了怎样的效果。

第三节　职业生涯管理

对于企业来说，出色的职业生涯规划是满足人才发展的需求，最大限度地调动员工的工作积极性，充分发挥其才华与潜能，是企业留住人才的重要手段。

实用范例

麦当劳经理的职业成长之路

人才的多样化是麦当劳普通员工的一大特点，这也是刚晋升为法国分公司人事部主任的年轻的艾蒂安·雷蒙的招聘工作中的指导思想之一。正因为如此，麦当劳不同于其他公司。真正毕业于饮食服务学校的只占员工的30%，而40%的员工来自商业学校，其余的则由大学生、工程师、农学家和中学毕业后进修了2～5年的人组成。

同时，麦当劳公司拥有一支庞大的年轻人才后备军。由3 500名大学生组成，他们在校上课的同时定期利用业余时间到餐馆打工。这些后备人才将有50%的机会成为公司明天的高级管理人员。他们将可以根据麦当劳公司安排的培训计划担任各种职务，并有可能同已开始在公司工作的有文凭的年轻人一起担任餐馆经理。

多样化的人才组合与庞大的后备力量使人才的培养和提升有极大的选择性，他们一起成为麦当劳管理阶层的稳固基石，不断将新鲜血液注入公司中去。

在麦当劳取得成功的人，都有一个共同的特点，即从零开始，脚踏实地。炸土豆条，做汉堡包，是公司走向成功的必经之路。当然，这对于那些年轻的、取得了各种文凭、踌躇满志想要大展宏图的人来说，往往是不能接受的。

但是，他们必须懂得，脚踏实地从头做起才是在这一行业中成功的必要条件。如果没有经历过各个阶段的尝试，没有在各个工作岗位上亲自实践过，那么如何以管理者的身份对他们进行监督和指导呢？在这里，从收款到炸土豆条直至制作各式冰淇淋，每个岗位上都会造就出未来的餐馆经理。

艾蒂安·雷蒙强调："人们要求我们的合作者做许多事情，但人们也可开开玩笑，气氛是和谐友好的。那些在公司干了6个月以上的人后来都成了麦当劳公司的忠诚雇员。"

最艰难的时期是初入公司时期。餐饮业是艰苦的，在最初的6个月中，人员流动率最高，离去的人中，有80%的人根本不了解这一行业。应该知道：要听从吩咐，不要计较工作时间。

能坚持下来的关键在于协调好家庭生活与餐馆工作的时间。那些更善于分配和利用时间的人，那些对工作投入最多的人是胜利者。

而且，他们的牺牲是有价值的，他们中那些有责任感的、有文凭的、独立自主的年轻人，在25岁以前，就可能得到许多企业不可能得到的好机会：真正成为一个中小型企业的管理者。

"不想当将军的士兵不是好士兵。"同样，艾蒂安·雷蒙以这样的一种态度对待公开应聘的每个人，他说："法国麦当劳公司董事长的位子等着人们去争取……。"实际上，公司高级管理职务大部分由在法国的美国人担任，不过，在他们的背后，一些法国人已崭露头角。

麦当劳公司力求向每位合伙者反复灌输的基本技能是对餐馆的管理。艾蒂安·雷蒙说："平均在25岁左右，一名青年就可以成为一家真正的中小型企业的领导人，管理100来人。我们在教会他们当老板……"

这对中国企业来说简直是不可能的。他们又是如何做到的呢？

原来，法国麦当劳公司实行一种快速晋升的制度：一个刚参加工作的出色的年轻人，可以在18个月内当上餐馆经理，可以在24个月内当上监督管理员。

而且，晋升对每个人是公平合理的，既不做特殊规定，也不设典型的职业模式。每个人主宰自己的命运，适应快、能力强的人能迅速掌握各个阶段的技术，从而更快地得到晋升。

这个制度可以避免有人滥竽充数。每个级别的经常性培训，只有有关人员获得一定数量的必要知识，才能顺利通过阶段考试。公平的竞争和优越的机会吸引着大量有文凭、有进取心的年轻人到此实现自己的理想。

首先，一个有文凭的年轻人要当4～6个月的实习助理。在此期间，他们以一个普通班组成员的身份投入到公司各个基层工作岗位，如炸土豆条、收款、烤牛排等。在这些一线工作岗位上，实习助理应当学会保持清洁和最佳服务的方法。并依靠他们最直接的实践来积累实现良好管理的经验，为日后的管理实践做准备。

第二个工作岗位则更带有实际负责的性质：二级助理。这时，他们在每天规定的一段时间内负责餐馆工作，与实习助理不同的是，他们要承担一部分管理工作，如订货、计划、排班、统计……他们要在一个小范围内展示其管理才能，并在日常实践中摸索经验，协调好他们的小天地。

在进入麦当劳8～14个月后，有文凭的年轻人将成为一级助理，即经理的左膀右臂。与此同时，他们肩负了更多更重的责任，每个人都要在餐馆中独当一面。他们的管理才能日趋完善。这样，离他们的梦想——晋升为经理——已经不远了。有些人在首次炸土豆条之后不到18个月就能到达最后阶段。

但是，在达到这梦寐以求的阶段前，他们还需要跨越一个为期15天的小阶段。与前面各阶段不同的是，这个阶段本身也是他们盼望已久的：他们可以去芝加哥汉堡包大学进修15天。

这是一所名副其实的大学，也是国际培训中心，他们接待来自全世界的企业和餐馆经理，既教授管理一家餐馆所必需的各方面的理论知识，又传授有关的实践经验。麦当劳公司的所有工作人员每年至少可以去一次美国。

应该承认的是，这个制度不仅有助于工作人员管理水平的提高，而且成为麦当劳集团在法国乃至全世界范围极富魅力的主要因素之一，吸引了大量有才华的年轻人的加盟。

当然，一个有才华的年轻人升至餐馆经理后，麦当劳公司依然为其提供了广阔的发展空间。经过一段时间的努力，他们将晋升为监督管理员，负责三四家餐馆的工作。

3年后，监督管理员将升为地区顾问。届时，他将成为总公司派驻其下属的代表，用艾蒂安·雷蒙的话说，成为“麦当劳公司的外交官”。

作为公司下属十余家餐馆的顾问，他们责任重大。他将是公司标准的捍卫者，而一个从炸土豆条做起、经历了各个岗位和阶段的地区顾问，对各方面的管理标准游刃有余。他将是公司哲学的保证人，一个由麦当劳特有的公司哲学创造的高级管理人员，其本人正是麦当劳哲学的保证。

作为“麦当劳公司的外交官”，他的主要职责是往返于麦当劳公司与各下属企业，沟通传递信息。同时，地区顾问还肩负着诸如组织培训、提供建议之类的重要使命，成为总公司在这一地区的全权代表。

当然，成绩优异的地区顾问依然会得到晋升，终有一天会实现艾蒂安·雷蒙所说的——法国麦当劳公司董事长的位子上坐着的是一个法国的年轻人。

"君子爱财,取之有道。"法国麦当劳公司雇员的取财之道是别具特色的。他们的个人收入水平变动频繁,正如他们实行的快速晋升的制度,每次工作岗位的调整必然导致工资收入的变化。准确估计一个雇员的年薪是很困难的,因为一个雇员的工资级别只在几个月内是有效的,以后将会很快提高。

一个刚取得文凭的年轻人,在选择工作时往往将不同企业的招聘工资加以比较,而麦当劳公司的工资调整制度则有着令人怦然心动的魅力,因为在参加工作仅仅4个月之后,他们的工资就会提高。

工资收入变动的程序是这样的。人们一进入法国麦当劳公司就开始每年领取11万～13万法郎的工资,根据每个人的文凭不同略有差别(这就是根据头4个月的工资标准计算的数额)。尔后,人们从第5个月开始就每年领取13万～15万欧元的工资(仍根据原有的文凭不同而定)。

两年后,要是一名麦当劳公司的工作人员顺利地当上了经理,那么每年就可以挣到18万欧元。如果后来他又顺利地升任监督管理员,那么他的年薪将达到25万欧元。

当然,除了年薪的增长外,他还能得到各方面的实物好处。比如,根据职务不同提供的专用车。而且,对于麦当劳公司基层至高层的每位雇员来说,还可以白天在公司免费就餐。

最后,麦当劳公司与众不同的重要特点是,如果管理人员没有预先培养自己的接替者。那么他们在公司里的升迁将不被考虑。麦当劳公司的一项重要规则强调,如果事先未培养出自己的接班人,那么无论谁都不能提级晋升。

这就犹如齿轮的转动,每个人都得保证培养他的继承人并为之尽力,因为这关系到他的声誉和前途。这是一项真正实用的原则,可以想象,麦当劳公司因此而成为一个发现人才、培养人才的大课堂。在这里,缺少的绝不会是人才。

[评点]

研究表明:成功和有效的员工培训和培养计划,不仅提高了企业员工素质,而且满足了员工自我实现的需要,增加了企业凝聚力。不论是多么优秀的员工,企业都负有进行培训和培养的任务。培训和培养不仅仅局限在新员工的岗前培训,主要的重点应当是企业员工的岗位再培训。这不仅能提高员工完成本职工作的技能,通过对员工其他技能的培训,还能进一步开拓员工的潜能,实现员工的职业生涯规划。

综上所述,麦当劳公司在法国的成功,同样也是其人事制度的成功、企业文化的成功。它们不仅仅为麦当劳公司带来了巨大的经济效益,带来了公司规模的飞速发展,更重要的是,它们为全世界的企业创造了一种新的模式,为全社会培养了一批批真正的管理者。

麦当劳公司较好地完成了这一点,从而取得了巨大的经济效益,无疑值得国内企业借鉴。

一、职业生涯管理的定义与目标

(一)职业生涯管理的定义

职业生涯管理是指社会组织本着以人为本的理念,通过为员工的工作及职业发展的设计,来协调员工个人需求与社会组织发展需求之间的平衡关系,从而实现员工个人与社会组织的共同成长和发展。

职业生涯管理包括社会组织的职业生涯管理和个人职业生涯管理。

第一，社会组织的职业生涯管理。它是指社会组织为了使其有更好的发展前景，增强组织内部员工的满意度，并使组织内部员工与其发展目标统一起来，而制定的协调员工个人成长、发展与社会组织需求、发展目标相一致的规划。

第二，个人职业生涯管理。也称自我职业生涯管理，是以实现个人发展的成就最大化为目的，通过对个人兴趣、能力和个人发展目标的有效管理实现个人的职业发展愿望。即在组织环境下，由员工自己主动实施的，用于提升个人竞争力的一系列方法和措施。职业生涯管理是特定的人力资源活动，包括绩效考核、教育训练与发展、招聘与选拔等。职业生涯管理是今后人力资源领域内比较有发展潜力的一个方向。

（二）职业生涯管理的目标

职业生涯规划的目标就是帮助社会组织或个人达成其每一阶段生涯发展任务，并为下一个阶段发展做好预先的规划和准备。适当地完成各个阶段的生涯发展任务，即是“生涯成熟”的表现。社会组织与个人对职业生涯的管理有各自的目标。

第一，社会组织进行职业生涯管理的目的是为了创造一个高效率的工作环境和引人、育人、留人的企业氛围，提高社会组织的生产力，改善员工对工作的态度，提高员工工作的积极性与主动性，降低员工的离职率。

第二，个人进行职业生涯管理的目的是为了提高个人的工作满足感，获得个人潜能充分发展的机会。

二、社会组织对员工职业生涯的管理

组织为员工制订职业生涯规划，首先应该明确组织的战略，使员工的职业生涯规划与企业总的战略相一致。设计职业通道，界定任职资格，并制订相应的规章制度，保障推进员工的职业发展，实现员工的职业生涯规划。

社会组织对员工职业生涯的管理如图 5－2 所示。

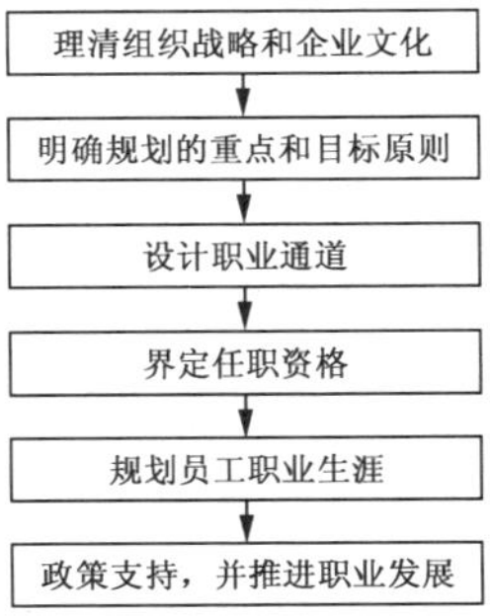

图 5－2　社会组织对员工职业生涯管理的流程

1. 理清组织战略和企业文化

社会组织进行职业生涯规划的前提是社会组织本身有规划，即有明确的发展目标和能凝聚人心的企业文化。社会组织的发展目标决定了其业务发展方向、组织架构、人才需求的数量、结构和质量等方面。企业文化则反映了社会组织的价值观、管理哲学、激励措施、员工的行为规范等方面。社会组织在进行职业生涯规划时，这些都是影响员工进行自我定位和确定目标的重要因素。

2. 明确规划的重点和目标原则

这一环节是确定组织对职业生涯规划的定位。根据企业性质、发展阶段、发展战略、企业文化等，确定规划的目标是通过规划达到员工自我职业生涯管理的目的，提高各级主管的人力资源管理水平，通过多通道的设计来培养和留住人才。可以将规划的重点确定为核心员工，也可以为全体员工。确定职业生涯规划的原则，比如利益结合原则、机会均等原则、共同制定共同实施原则、全面评价原则、长期性原则、动态原则、发展创新原则等。

3. 设计职业通道

根据社会组织的行业特点、业务运营、组织架构和专业、职能等要素，确定社会组织应设置几类通道，通常情况可设的职业通道有管理序列、研发序列、技术序列、生产序列、营销序列等。社会组织对职业通道设计的原则就是要发挥每个员工的专业优势，使员工即使不通过管理职位的晋升，同样能达到相应的专业水准，享受与管理职位相当的待遇，从而实现职业发展。

4. 界定任职资格

每个职位的任职资格主要包括五个方面，这五个方面决定了员工能否胜任该职位的工作要求，也是员工在职业通道中晋升的标准。

(1)知识。知识主要包括基本知识和专业知识两个方面。基本知识是指把握基本的政策法规，掌握常用的设备、技术、流程、方法等，同时把握与管理相关的各类知识，把握行业的特点及其发展趋势。专业知识是指精通本岗位专业知识，具有较高的理论水平和实践操作经验，能熟练地将专业知识和经验转化为高绩效并能指导他人。

(2)经验。经验主要包括工作经验、专业经验和管理经验。

(3)技能。技能主要指各个职位的员工必须把握的专业技能，只有具备该项技能的人才能从事此项工作，比如操作技能、创新能力等。

(4)能力。能力是指人与人在交往、做事及处理信息时表现出来的本事，主要包括人际交往能力、沟通能力、领导能力、判定和决策能力、计划和执行能力、影响力等方面。

(5)素质。素质是指人的爱好、个性、价值观等，是一个人职业生涯发展尤其是高层职位上的发展非常重要的方面。它主要包括主动性、成就动机、压力承受、自信心、价值观、思考方式、职业爱好等方面。

社会组织在界定任职资格等级时，知识和技能可以通过考试来衡量，而经验、能力和素质通常需要通过档案、履历、面谈、人事测评等手段来评价。对于不同层面的员工，任职资格的关注点也有所差异。一般而言，基层岗位更关注知识和技能，中层岗位更关注技能和沟通，而高层职位则对经验、能力和素质有较高的要求。

5. 规划员工职业生涯

这一阶段是社会组织按自我定位、确定目标、选择路径、规划行动、评估调整五个环节来规划员工的职业生涯路线。社会组织在职业生涯规划的早期，应将重点放在加强员工的自我职业生涯管理，强调其通过自我评估，了解自己的特点和优劣势，通过主管指导和自我调整，强化其敬业精神、主动性、自信心、工作热情，提高其专业化和职业化素质。在开始启动职业生涯规划时，制作员工职业生涯规划信息表，为职业生涯管理的下一步工作做好铺垫。

6. 政策支持，并推进职业发展

在员工职业生涯规划完成后，就需要各项人力资源政策去支持，没有各项人力资源政策的支持，员工的职业生涯规划只能成为员工个人的自我学习与提升的方法，其效果与社会组织的职业生涯管理的目标相差较大。社会组织的人力资源政策主要体现在招聘、培训、绩效、薪酬、晋升等方面的相互协调配合。

三、个人职业生涯的管理

（一）员工制定职业生涯规划的原则

1. 切实可行的原则

在制定员工个人职业生涯规划时，要将个人的职业目标与自身能力、个人特质及工作适应性相符合，并要结合客观环境的条件。

2. 目标一致的原则

目标一致是指个人职业生涯规划的目标与组织目标协调一致，员工的个人职业发展只有依赖于组织的目标才能实现，员工职业生涯规划也必然要在为组织目标奋斗的过程中实现。因此，员工在制定职业生涯规划时应积极主动地与组织进行沟通和联系，以获得组织的指导和帮助。

3. 实事求是的原则

员工职业生涯规划的制定要以准确的自我评价和自我定位为前提，实事求是是保证职业生涯规划合理的必然要求。

4. 适时调整的原则

员工制定职业生涯规划要与时俱进，当本人情况、外部的组织环境以及社会大环境发生变化时要及时地调整职业生涯规划，使职业生涯规划日臻完善并能起到指导和规划的作用。

（二）员工职业生涯规划的程序

员工职业生涯规划要根据个人情况和所处的环境，确定职业目标，选择职业通道，并采取措施实现职业生涯目标。员工职业计划的程序有四个步骤。

1. 自我分析。对自己的工作能力、职业兴趣及职业发展的价值观等方面进行自我评价与定位。这是一个自我剖析的过程，要全面、深入、客观地分析和了解自己，着重对自己的工作能力、职业兴趣及职业发展的价值观进行分析，同时还要客观地分析对自己职业发展有影响的内外环境因素和可供自己选择的职业资源等多方面的情况，对自己形成一个客观、全面的认识和定位。

2. 确定职业发展目标，初步设计职业道路。目标的设定是在自我剖析和定位的基础之上，设立明确的职业目标。目标的设定应以自己的最佳优势作为切入点，可多层次、多阶段地实现，每个阶段的目标也要明确化。

3. 明确自己的职业倾向，制定目标实现的策略。目标实现的策略是指通过采取各种积极的具体措施去实现目标。制定目标实现的策略包括制定和完成工作目标、参加企业培训、开发自己的能力，调适自己的态度、注重效率和实绩、把握权力关系，赢得领导的信任。

4. 职业生涯规划调整。根据自我的发展和组织的变化对职业生涯规划进行反馈与修正。在实行职业生涯规划的时候要自觉地对计划进行反馈和修正，缩短最终的职业目标与分段目标的偏差，保证职业生涯规划的有效进行。

（三）实现职业生涯规划的基本方法

1. 明确职业目标

员工在选择职业时，应该根据职业倾向明确职业目标。向自己制定的职业生涯规划的目标努力，争取少走或不走弯路。

2. 采取“累积”的措施

在暂时不能实现职业目标的情况下，可以采取“累积”策略，接受那些待遇不高，但有学习和锻炼机会的岗位，从而为实现自己的职业生涯规划打好坚实的基础。

3. 掌握自学本领

除了有机会参加组织提供的培训之外，员工还应结合自己的职业倾向和能力，通过自学来继续提高自己的能力和个人素质，为实现自己的职业计划奠定基础。

4. 发现并争取职业机会

员工应了解企业内外的职业机会，并努力争取机会，通过努力创造工作业绩而争取发展的机会。

5. 加强与上级、同事的沟通

员工在任职期间要密切关注可能的发展机会，特别是有利于自己职业发展的各种机会。这就要求必须加强与上级、同事的沟通，为自己营造一个和谐的环境，虚心听取他们的意见和建议并不断完善自己。

小技巧

员工职业生涯规划的技巧

1. 职业生涯的每一次质的飞跃都是以学习新知识、建立新观念为前提条件的。在职业生涯早期，对自己锻炼最大的工作是最好的工作；在职业生涯中期，挣钱最多的工作是最好的工作；在职业生涯后期，实现人生价值最大的工作是最好的工作。

2. 在职业生涯发展的进程中，什么时候你的工作热情、努力程度不为工资待遇不高、不为上级评价不公而减少，从那时起你就开始为自己打工了。

3. 不要把主要精力放在帮助上级改正缺点错误上，用同样的时间和精力，能从他身上学到的优点，一定多于能帮他改正的缺点。

4. 在职业生涯发展的道路上没有空白点；每一种环境、每一项工作都是一种锻炼，每一个困难、每一次失败都是一次机会。在职业生涯发展的道路上，只要不放弃目标，每一次挫折、每一次失败都是有价值的。

5. 在职业生涯初期，我们可能做的是自己不喜欢而且不想从事一生的工作。要分清：喜欢不喜欢这份工作是一件事，应该不应该做好这份工作、是否有能力做好这份工作是另一件事。切记：职业生涯发展是从做好本职工作开始的。当还没有能力做好一件工作时，就没有资格说不喜欢。正确的角色定位需要理智，及时的角色转换需要智慧。

6. 成功的人和不成功的人就差一点点：成功的人可以无数次修改方法，但绝不轻易放弃目标；不成功的人总改目标，就是不改方法。职业生涯没有目标不行，目标太多不行，总变动也不行。对目标的处理方法是：选择、明确、分解、组合，加上时间坐标。企业不仅是挣钱谋生的场所，更是学习进步、实现人生价值的舞台。

小　结

关键术语

员工教育培训　员工教育培训的操作过程　职业生涯规划　职业生涯管理的操作流程　员工职业生涯规划

本章小结

1. 员工的培训教育是指以企业为主体，有计划地对员工进行培训与教育，提高员工知识和技能，帮助员工更有效地提高在企业的工作业绩，最终达到企业的发展目标与员工个人的发展目标得到共同实现的目的。

2. 员工教育培训的原则包括：(1)统筹安排，合理规划的原则；(2)将培训与企业发展目标相结合的原则；(3)严格考核与及时奖励相结合原则；(4)因材施教的原则。

3. 员工教育培训的类型：按照教育培训的对象来划分，可分为：(1)一般员工的教育培训；(2)基层主管的教育培训；(3)中层主管的教育培训；(4)高层主管的教育培训。按照培训的目的来划分，可分为：(1)职前教育培训；(2)在职教育培训。

4. 员工教育培训包括培训需求分析、制订培训计划、实施培训计划、评估培训效果四个环节。

5. 职业生涯管理是指社会组织本着以人为本的理念，通过为员工的工作及职业发展的设计，来协调员工个人需求与社会组织发展需求之间的平衡关系，从而实现员工个人与社会组织的共同成长和发展。

6. 社会组织职业生涯管理的操作流程包括：(1)理清组织战略和企业文化；(2)明确规划的目标、重点、原则；(3)设计职业通道；(4)界定任职资格；(5)规划员工职业生涯；(6)政策支持，并推进职业发展。

7. 制定员工职业生涯规划的原则包括：(1)切实可行的原则；(2)目标一致的原则；(3)实事求是的原则；(4)适时调整的原则。

8. 员工职业生涯规划的程序包括：第一，对自己的工作能力、职业兴趣及职业发展的价值观等方面进行自我评价与定位。第二，确定职业发展目标，初步设计职业道路。目标的设定是在自我剖析和定位的基础之上，设立明确的职业目标。第三，明确自己的职业倾向，制定目标实现的策略。目标实现的策略是指通过采取各种积极的具体措施去实现目标。第四，根据自我发展和组织的变化对职业生涯规划进行反馈与修正。

知识结构图

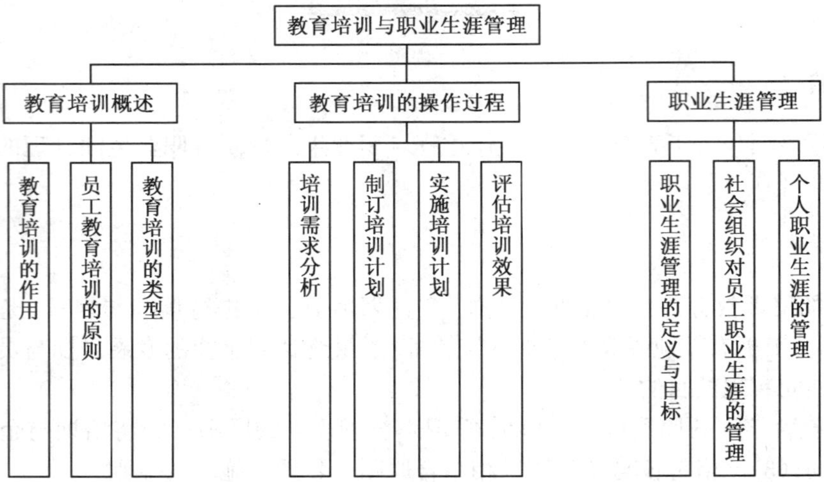

应　用

案例研究

案例一：

惠普中国公司的销售培训

在惠普中国公司，对销售人员的培训有两方面含义：一方面是长期性质的解决方案，它就像是一个路线图，告诉销售人员在什么时间应该具备哪些能力、掌握哪些知识，这是一个较长时间的积累过程，可能需要2～3年或3～5年，最终水到渠成地完成量变到质变的飞跃；另一方面指近期解决方案，在时间紧、任务重的压力下，通过上一门培训课或者组织集训班，进行针对性较强的培训。

（一）集训班运用的三种手段

1. 拿来。当发现合适的专业培训机构时，惠普会把专家请进来。

2. 调整。培训公司能提供的培训内容并不都符合要求时，惠普会按照业务部门的要求对内容进行改编。如果讲课教师不令人满意，惠普就派自己的销售经理去听课，获得此课的讲授资格，然后回来自主授课。

3. 自编。销售人员培训最大的挑战就是找不到合适的解决方案，此时惠普采取自己执笔主编教材的方法。

（二）集训班之魂——角色扮演

有些培训班之所以没有带来预期的效果，原因之一就是培训中理论太多、实践太少。为了增强培训效果，惠普专门为集训班编写了一个系列角色扮演脚本。以惠普业务部门优秀的销售人员的成功案例为蓝本，针对IT行业和惠普的产品编写充满实战性的练习教案。要求销售人员在每天晚上下课后，进行分组，用当天所学的技巧，真实地演练客户拜访，现学现卖，从而加速行为的改变。由于集训班是把3～5门销售课程放在一起，而每天的角色扮演，犹如一条线索把这些根本不相关的培训课串在一起，起到了画龙点睛的作用。因此，角色扮演被称为集训班之魂。

根据脚本，集训班需要若干人扮演客户或合作伙伴的角色，公司里众多优秀的销售经理就是现成的宝库，他们有非常丰富的客户经验，能把各种场合下、各种性格、各种态度的客户扮演得活灵活现，让销售人员用所学的知识、技巧和态度来应对、处理和引导客户。

（三）集训班之镜——多面点评

每次角色扮演之后，还要花很多时间来做点评。惠普认为，这是一个非常重要的、获取全面反馈信息的难得机会。点评一般围绕专业销售人员在一般销售场合下应做到的动作、应具有的素质和心态展开。

点评会是多角度、多方面的。培训讲师的点评会强调课堂理论在角色扮演中的得与失，销售经理则专门点评在销售过程中需要经验积累的常识。成人学习最有效的方式之一是从同事身上学习，所以，惠普的集训班很重视来自学员之间的点评。点评在集训班中的作用是为学员提供一个多面镜，让他们清楚地看到自己在销售中的优势与劣势，因此称之为集训班之镜。

资料来源：张岩松、李健等：《人力资源管理案例精选精析》，中国社会科学出版社 2010 年版。

问题：

1. 惠普对销售人员的培训有哪些特色？

2. 谈谈你对惠普销售人员培训的看法。

案例二：

可口可乐员工培训三阶梯：经常性、全员性及广泛性

员工能不能发挥其能力，有没有忠诚度，关键在于培训。据了解，可口可乐系统的培训是经常性、全员性、广泛性的，其目的是让人人都感觉到这是个大家庭，除了工作奉献外，还能促进个人成长。其作用也是持久而有效的，能让人终身受益。

据介绍，可口可乐公司的培训主要包括基础培训、业务技能培训、管理培训等方面。

基础培训方面，包括入职培训、公司规章制度培训、公司企业文化培训、个人激励培训等。通过这些培训，让员工了解到可口可乐发展的历史、可口可乐（中国）有限公司发展的状况、企业精神、可口可乐管理系统、可口可乐质量系统、可口可乐生产系统和检验系统、可口可乐人文文化、可口可乐营销文化、可口可乐规章制度等。

这些最基本的培训的目的，就是“通过这些培训，辅以个人激励培训，让员工以可口可乐为荣，新员工尽快地投入到工作中，老员工调整心态，重新燃起工作激情。同时更可使员工能够拥有远大的目标和抱负、乐观进取的心态、持久的耐性、强大的自信心、优良的品质、强烈的责任心和坚持学习的态度。他们是一张白纸，在可口可乐公司的工作经历可以让他们在这张纸上描绘出精彩的人生”。

可口可乐公司的业务技能培训，就是根据公司发展所确定的各种岗位工作的需要，对在岗人员进行业务技能培训。培训的方针是“干什么，学什么；缺什么，补什么”。培训的目标是着重提高在岗职工实际工作能力或劳动技能，使之岗位成才，满足岗位要求，适应企业发展需要。

据了解，这一培训做得非常细致、全面，包括金字塔培训、业务拜访培训、谈判技巧培训、开发技能培训、客户心态及市场学培训等。通过这些培训，业务人员能在最短的时间内学会基本销售技巧，来促进公司利润目标的实现；销售业务代表能更清晰地知道如何去把握机会，从而提高工作成效。同时，业务技能培训也由老的业务骨干（主任或经理）定期或不定期进行；老业务骨干则分批到上层管理部门参加培训，不断从实践中总结经验，并在理论的指导下提高业务

技能。正是因为这些培训，公司的市场营销工作才开展得非常出色，在饮料行业中遥遥领先。

在管理技能培训方面，主要是对专业人员进行持续不断的继续教育。根据需要有不同的培训类型：一是知识扩大型培训，用以改变人才智能结构和培养复合型人才。二是知识更新型培训，适时更新知识体系，走在时代的前面，使可口可乐系统永远是时代的领跑者。可口可乐（中国）有限公司在天津有一所培训中心，负责对可口可乐生产过程、技术训练、个别专业的讲授、讲座。另外，公司还与复旦大学合办了一个可口可乐管理学院，专门培训高层管理人员，很多外国信息、管理理念及可口可乐个案均在这里集中进行研究。

有人说"从底层提升到上层后能否胜任其职，关键在于培训"。没错，没有相应的培训来获取该职位应有的知识与技能，是不能取得良好的管理成效的。通过进行团队建设、人事行政管理、市场营销知识、人员管理、销售管理、渠道管理、客户管理、品牌建设等内容的培训，管理人员才能站在一定的管理高度，让下属心悦诚服。可口可乐（中国）有限公司的中层管理干部无一不是边领导边执行、边工作边培训，一步步踏上了可口可乐（中国）有限公司管理的中坚阶层。

资料来源：人力资源网，http://www.hr.com.cn。

问题：

1. 可口可乐员工培训的特色是什么？
2. 员工培训的意义是什么？
3. 通过本案例，你获得了什么启发？

实验实训

1. 自拟一份调查问卷，调查所在城市至少 50 名企业白领，了解他们在工作岗位上所接受的培训情况，写一份不少于 1 000 字的调查报告。

2. 宏达工程机械公司，因业务拓展，今年录用了 60 名大学毕业生。为了使大学毕业生尽快融入企业，该公司决定对新员工举办一次全面的培训活动。请你帮助该公司设计一个新员工培训活动方案。

复习思考题

1. 员工培训有什么重大的意义？培训时应该遵循哪些原则？
2. 如何制订培训计划？
3. 什么是职业生涯管理？
4. 社会组织职业生涯管理的操作流程是什么？
5. 员工在制定个人职业生涯规划时的程序是什么？
6. 如果你已被某企业录用，被安排在办公室工作，你认为自己最缺乏的是什么，最希望企业给你哪方面的培训。为什么？

第六章　绩效评估

学习目标

通过本章学习，你应能够：
了解绩效评估的基本概念；
掌握绩效评估的常规方法；
理解绩效评估的基本程序。

导入案例

陷入考评困境的总经理

在海强公司总部会议室里，王总经理正在听取本年度公司绩效考评执行情况的汇报。其中有两项决策让他左右为难：一个是年度考评结果排在最后的几名员工却是平时干活最多的人，这些人是否按照原有的考评方案降职或降薪？另一个是下一阶段考评方案如何调整才能更加有效？

海强公司成立仅4年，为了更好地激励和评价各级员工，在引入市场化用人机制的同时，建立了一套新的绩效管理制度，它不但明确了考评的程序和方法，还细化了“德、能、勤、绩”等指标，并分别做了定性的描述，考评时只需对照被考评人的实际行为，即可得出考评的最终结果。但考评中却出现了以下问题，工作比较出色和积极的员工，考评成绩却被排在后面，而一些工作业绩平平或者很少出错的员工却被排在前面，特别是一些管理人员对考评结果大排队的方式不理解，存在抵触心理。

为了弄清这套新制度存在的问题，王总经理深入调查，亲自了解到以下情况：

车辆设备部李经理快人快语：“我认为本考评方案需要尽快调整，考评指标虽然有十几个，却不能真实反映我们工作的实际，我部总共有20个人，却负责公司60台大型设备的维护工作，为了确保它们安全无故障地运行，检修工需要按计划分散到基层各个站点上进行设备检查和维护，在工作中，不能有一点违规和失误，任何一次失误，都会带来不可估量的生命或财产损失。”

财务部韩经理更是急不可待：“财务部门的工作基本上都是按照会计准则和业务规范来完成的，凭证、单据、统计、核算、记账、报表等项工作要求万无一失，但这些工作无法与‘创新能力'这一指标及其评定标准对应,如果我们的工作没有某项指标规定的内容,在考评时,是按照最高还是按照最低成绩打分?此外,在考评中沿用了传统的民主评议方式,我对部门内部人员参加考评没有意见,但让部门外的其他人员打分是否恰当?财务工作经常得罪人,让被得罪过的人考评我们,能保证公平公正吗?"

听了大家的各种意见反馈,王总经理陷入了深深的思考之中。

资料来源:http://zhidao.baidu.com/question/155297829.html。

请根据本案例,回答以下问题:

(1)该公司在绩效管理中主要存在哪些亟待改进的问题?

(2)请针对该公司绩效管理存在的诸多问题,提出具体对策。

第一节 绩效评估概述

绩效评估是人力资源管理的重中之重,是提高组织中的员工绩效和开发团队、个体的潜能,使组织不断获得成功的管理思想和具有战略意义的管理方法的过程。通过绩效评估,可给员工提供反馈,使其扬长避短,改善绩效,提高能力与素质;绩效评估结果,又是晋升奖惩、培训等人事决策的重要依据。所以,恰当地运用好对下属的绩效评估,是各级管理者必须掌握的基本技能之一。员工工作绩效的高低直接影响企业的整体效率和效益,因此,掌握和提高员工的工作绩效是人力资源管理的重要职能之一。

一、绩效评估的含义

(一)绩效的含义与特点

绩效是员工在被评估期间全部工作活动的结果,是员工的知识、能力和态度等在一定环境下表现的程度和效果,是员工在完成预定工作的过程中所采取的行为及这些行为的成果。绩效的好坏不仅取决于个体的能力和主观努力程度,还受到企业文化、战略、机会以及工作环境的影响。

现代绩效评估具有多因性、多维性与动态性的特点。

1. 多因性。绩效的优劣不是取决于单一因素,而是受技能(S)、激励(M)、环境(E)、机会(O)等主客观多种因素的影响。公式表示为:绩效 $P=F(S、O、E、M)$,即绩效是技能、机会、环境和激励的函数(如图 6—1 所示)。

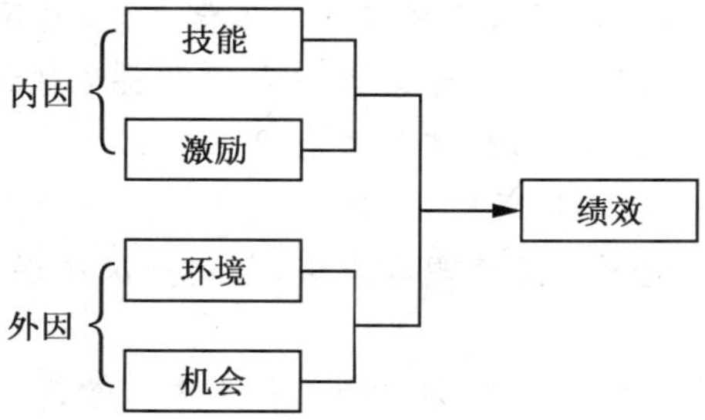

图 6—1 绩效评估的多因性

这一特征相应要求管理者对下属的考察，应该是全面的、发展的、多角度的和权变的，力戒主观、片面和僵化。

2. 多维性。员工的绩效是多方面表现的，即需沿多个维度或方面去分析与考评。员工要实现其绩效需要有一系列的过程，除了有工作结果的表现(如数量、质量、效率、利润等)，还有工作行为的表现(如员工为顾客提供服务的过程)，甚至还有员工的工作态度、工作积极性、自身所具有的素质和能力等。所以，对于员工的绩效，必须在多个方面(维度)进行考评，这样才能做到公正和全面。

3. 动态性。员工的绩效会随着时间的推移而变化，绩效差的可能会改善成好的，好的可能退化成差的，这一特征相应要求考评者不可凭一时印象，以僵化观点看待被考评者的绩效。对员工绩效的考核需要定期进行，各期的绩效评估情况仅说明当期的工作情况，不能影响下一期的绩效评估结果。

因此，管理者对员工绩效的考察应该是全面的、发展的、多维度的，切忌主观、片面和僵化。

(二)绩效评估的含义

绩效评估是指企业按照预先确定的标准和程序，采用科学的方法，检查和评定员工对职位所规定的职责的履行程度，以确定其工作能力和工作成绩的过程。员工的绩效评估本身不是目的，而是一种手段。它的内涵和外延随经营管理的需要而变化。从内涵上来说，员工绩效评估有两层含义：一是评估员工在现任职位上的业绩；二是评估员工的素质和能力，即员工在企业中的相对价值或贡献程度。从外延来说，就是有目的、有组织地对日常工作中的员工进行观察、记录、分析，作为以事实为基础的客观评价的依据。

员工的绩效评估有正式和非正式两种。正式评估有明确的目的和周密的计划，有一套完整的标准和程序；非正式评估则事先无系统计划，只是主管对员工的口头式的赞扬与鼓励。作为人力资源管理重要组成部分的员工绩效评估，是指正式的绩效评估。

二、绩效评估的作用

对员工的绩效进行评估是企业人力资源管理的重要环节。

(一)为制定人力资源规划提供依据

绩效评估的反馈信息能为人力资源规划的重新制定或调整提供参考和依据，如通过对员工业绩和技能的评估，能及时发现企业中人力资源供需的不平衡状况，从而制定正确的人力资源政策和采取有效的对策措施，使企业的人力资源保持平衡。总之，绩效评估的结果能显示企业人力资源管理系统中的薄弱环节和新增长点，从而为人力资源规划做出相应调整，弥补薄弱环节，为谋求新的发展提供信息支持。

(二)为薪酬调整提供依据

薪酬是衡量员工价值的货币尺度，薪酬的高低往往显示员工在企业中的位置及其重要程度。通过绩效评估能准确地了解每个员工绩效的高低、企业的薪酬制度是否合理、薪酬分配是否与员工的贡献挂钩、薪酬总体水平是否适度等，从而为企业建立合理的薪酬制度和实施科学的薪酬管理，以及为实现内部公平提供客观依据。

(三)为激励和奖惩提供依据

绩效评估是对员工业绩和能力的评价与认可，是对员工绩效的优势进行鉴别。通过绩效评估，能掌握员工的成绩、能力、贡献、不足和差距，在此基础上，制定和调整激励、奖励和惩罚员工的力度、方式和手段，能使先进者体验到成就感和自豪感，从而增强工作满意度；能使落后者明确努力的方向和目标，在以后的工作中克服缺点，改进工作绩效。

（四）为员工培训和职业管理提供依据

通过绩效评估可以反馈员工素质的不足之处，员工本人的培训需求，胜任本职工作还需要哪些方面的技能，距离职业发展目标还有多远等信息，据此确定员工培训的对象、目标、内容和方法，有针对性地对员工职业生涯发展进行指导和提供条件等，能使员工培训和职业管理工作有的放矢、事半功倍。同时，还能为评估和检验培训与职业管理的效果提供依据。

（五）为员工调整提供依据

通过绩效评估，企业可以充分了解员工对各职位的胜任程度和发展潜力，而且可以把这些信息输入人力资源信息库，进行保存和积累，从而为员工晋升、降职、轮换和调动等人力资源的调整工作提供客观依据。

（六）为企业和员工的沟通提供渠道

在绩效评估中，要求企业和员工之间对评估标准、评估程序和评估结果等进行充分的沟通，听取员工的反映、说明和申诉。这样有助于信息的传递和情感的融合，能促进企业和员工相互之间的了解与合作，有助于使员工的个人目标同企业目标达成一致。

绩效管理实践与产出的关系如图 6－2 所示。

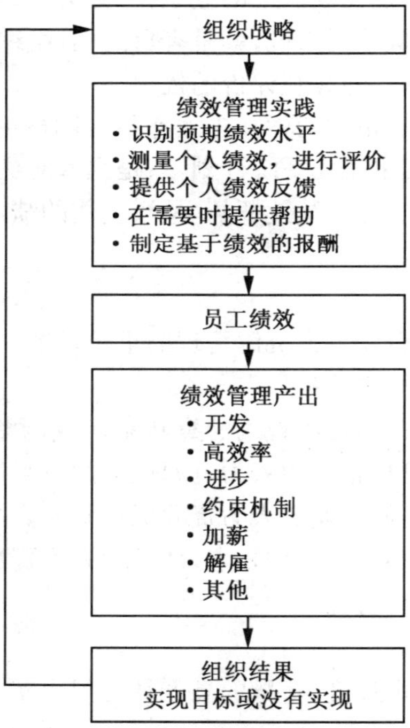

图 6－2　绩效管理实践与产出的关系

三、绩效评估的原则

（一）公开透明

绩效评估应该遵循公开透明的原则。该原则的主要要求是：(1)公开评估目标、标准和方法。人力资源部门在绩效评估之前就要把这些信息公开地毫无保留地传递给每一个评估对象。(2)公开绩效评估的过程。绩效评估不是人力资源部门的人员或少数几个人进行秘密活动、暗箱操作,而是应该公开透明地进行,由多方代表共同参与和监督,评估者和评估对象直接对话。(3)公开评估结果。绩效评估结束之后,要把评估的结果反馈给每一个评估对象。

遵循公开透明原则能够消除评估对象对于绩效评估工作的疑虑,提高绩效评估结果的可信度,使大家心服口服;有利于评估对象看清问题和差距,找到努力的目标和方向,激发出进一步改进工作、提高素质的积极性;也能增强人力资源部门的责任感,促使他们不断改进和提高工作质量。

(二)客观公正

客观公正原则是绩效评估具有权威性的重要保证。坚持客观公正原则要做到:(1)建立科学适用的评估指标体系和评估标准,用事实说话,防止以个人感情或偏见代替标准,以主观想象代替客观事实,尽量采用客观尺度进行考察。(2)评估量表要科学严密,量表的设计既要借鉴专家和国内外企业的经验,又要适合本企业的特点。(3)评估过程要体现出民主性。

这样,能使每个评估对象都以统一的、较为客观的评估标准和方法来衡量,可以较为真实地反映其实际状况,评估结果客观公正、具有可比性和有较强的说服力;可以减少评估者和评估对象之间,以及员工相互之间的矛盾,不伤害大家的感情和积极性,有利于提高企业的士气和增强企业的凝聚力。

(三)多层次、多渠道、全方位

要做到科学评价员工绩效是很困难的,因为员工在不同时间、不同场合往往有不同的行为表现。为此,进行绩效评估时,应多方收集信息,建立起多层次、多渠道、全方位的评估体系。这一评估体系应包括上级考核、同级评定、下级评议、专家鉴定、员工自评和客户评价等方面。只有这样,才能最大限度地防止主观片面性,使评估结果尽可能做到全面和系统。

(四)经常化、制度化

由于企业的生产经营活动是连续的过程,员工的工作也是持续不断的行为,同时员工的绩效也具有动态性的特点,在不同时期、不同地点,员工绩效往往有很大差别。因此,只有遵循经常化和制度化的原则,才能全面反映员工绩效,发现企业中的问题,最大限度地发挥出绩效评估的功能。评估的经常化和制度化不但要定期定量地做好评估工作,而且要在此过程中定期反馈、修改和完善评估的标准及系统。此外,绩效评估过程本身具有激励作用,每次绩效评估的结果对员工都有导向作用,因此,经常化和制度化的评估工作有利于调动和保持员工的积极性和进取心,有利于激发员工改善绩效、实现目标的强烈愿望。

(五)责、权、利相结合

绩效评估的目的之一是帮助员工个人及企业改进绩效,因此,要将评估结果与员工的奖惩、晋升等紧密结合起来,并为下一个阶段的绩效目标和绩效改进目标提供依据;同时,检验管理者在员工绩效评估中是否履行了其应尽的责任和义务,不仅以此作为决定其奖惩、调整薪酬、留任、调迁的依据,而且促进其不断改进管理工作。

四、绩效评估的标准

(一)标准的适当性

当测量绩效时,使用适当的标准非常重要。一般而言,当用标准考察员工的工作时,标准必须适当。例如，在一家保险投诉中心测量顾客服务代表的业绩，测量他们的"出勤率"不如测量妥善处理投诉电话数量适当。这个例子强调了大多数工作标准应当被正确识别，要与员工工作描述相联系。

(二)潜在的工作标准问题

因为工作常常包括多种责任和任务，如果绩效测量忽略了一些重要工作责任，这种测量是有缺陷的。例如，测量面试雇员的考官的绩效仅仅考察雇用申请的数量，而不测量雇用申请的质量，测量是有缺陷的。如果一些不适当的因素被包括进去，这些标准就可能不适当。

绩效测量也可以分为客观的和主观的。客观的测量能够直接计量。例如，汽车的销售数量或故障率。主观的测量需要更多判断，更难直接测量。一个主观的测量例子是上司判断一名员工的顾客服务绩效。与主观的测量不同，客观测量倾向于更狭窄的要点，这将导致客观的测量难以被充分定义。然而，主观的测量可能倾向于不适当或其他随机性错误。主观和客观测量两者都不是万能的，都应当谨慎使用。

(三)绩效标准

绩效标准定义了绩效的水平，是"标杆""目标""任务"。实际的、可测量的、容易理解的绩效标准有利于组织，也有利于员工。从某种意义上来说，绩效标准界定了什么是令人满意的工作绩效。在工作实施之前判定标准是十分重要的，它使参与工作的员工了解所期望完成的目标。

一种标准曾被实行的程度常常体现在数字或口头的评估中，例如，"优秀"或"不令人满意"。可能有时两人或多人对什么绩效水平与这个标准有确切的联系很难达成一致，表 6－1 表示出了一家公司评估员工绩效的标准所用的术语，注意每一种水平都用绩效标准，而不是数字来定义，以尽量减小对标准的解释的差异。

表 6－1　　某公司销售部门绩效标准评价

<table>
<tr><td colspan="2">工作标准：保持供应商技术跟上潮流。
绩效标准：1. 每 6 个月，邀请供应商做最新技术演示。
2. 每年参观一次供应商的机器设备。
3. 参加每季度的贸易发布会。
工作标准：使价格或成本统计合理化。
绩效标准：当员工遵从"价格和成本统计"程序的所有必要工作时，绩效就是可以接受的。</td></tr>
<tr><td colspan="2">评价等级</td></tr>
<tr><td>优秀</td><td>该员工在工作中的表现非常出色。因此需特别引起重视。与通常的标准和其他部门比较，该绩效在最优 10％以内。</td></tr>
<tr><td>良好</td><td>考虑普通的标准和单位结果，这个水平的绩效比平均水平好。</td></tr>
<tr><td>满意</td><td>绩效等于或高于最小标准。这个水平的绩效是预期大多数有经验和能力的员工都能够达到的。</td></tr>
<tr><td>一般</td><td>绩效有点低于这类工作较低水平标准。然而，在一定时间内还有潜力改进。</td></tr>
<tr><td>不满意</td><td>在这类工作中，绩效远远低于标准，能否改进以达到较低水平标准还是个问题。</td></tr>
</table>

绩效标准常常由工作以外的人设定，比如一位上司或一个质量控制监督员，但是也可以由员工来确定。正如他们的上司一样，有经验的员工常常知道在其工作描述中什么构成了任务的满意绩效。因此，这些人经常通力合作来设定绩效标准。

提醒您

在编制评估标准时应注意以下几点：

1. 标准的编制要科学、合理、先进。

2. 编制的标准应当满足局部与全局的标准一致，各个要素之间要协调配套。

3. 标准要具有适用性和通用性。适用性是指要针对各个环节的特点进行编制。而通用性则是指对人力资源管理的各个环节都要有所考虑。

五、绩效评估的类型

按照绩效评估的侧重点划分，绩效评估可分为四种类型。

1. 综合型

综合型又称总体型，这是对员工所作所为的整体评价与鉴定；不以职务分析为基础，也可以不再划分为若干维度（方面），而只做粗线条的、轮廓性的、定性的描述，往往涉及该员工的道德品质、作风、基本能力和智力等，但可能完全与工作中的具体表现和成绩关联。

2. 品质主导型

看被评估的员工品质怎么样，如忠诚度如何、责任心强不强、是不是勤勤恳恳任劳任怨、不说谎话等。评估以这个员工的品质为主导。这种考评比上一种要细致些，通常要做维度分解，从各个不同维度分别评价。但所选的内容仍是那些较抽象的、虚而软的人的基本品质，用的是如忠诚、可靠、主动、有创造性、较有自信、愿与别人合作之类的定性的形容词，难以具体掌握，操作性与效度差，含混而主观，不具体，不精确，不易公正，且往往也与具体工作行为和效果无直接联系。

微型案例

您可能认错人了

一家公司的人力资源主管经过筛选，只有四个人进入最后的面试。在面试中，同每一个应聘者只见了20分钟，就让应聘者出去了。当应聘者出门的时候，主管会突然说：“哎，你站住，我刚才跟你说话时，觉得你怎么这么眼熟啊？你等等啊，我终于想起来了，半年前的那个学术讨论会，我坐在台下，你不是也参加了吗？我还读了你的论文，非常好，我想起来了，我有印象。”每次都说这句话，结果四个人里有三个人回答说：“我也想起来了，我做得很不好，挺不成熟的，没想到您在台下，请您多指教。”而只有一个人说：“真对不起，我从来没有参加过学术研讨会，我也不会写论文，您可能认错人了。”最后谁入选了？是这位说老实话的人。

这就是采用了品质主导法，也是招聘常用的一个方法，叫声东击西，里面是有陷阱的，看的是他的品质。而一旦招聘进入了企业，考核目标往往是侧重于最后的结果，而不是看他忠诚的品质。一般而言，这些兢兢业业、勤勤恳恳的品质在考评中只占很小的比重。

3. 行为主导型

行为主导，是说具体都干了些什么。强调的是过程，干了什么跟目标最终的实现可能没有关系。这种考评就更细微了，不但是多维的，而且每个维度都设计了标准的尺度以供定量性的测定。但尺度（也称量表）中的标尺刻度，若仅用1、2、3、4、5等数字标示，在测评中仍无从下手。若各刻度用一定的形容词来标定，如优、良、常、可、劣或优异、优良、一般、合格及不合格，虽然较单纯数字标定，在可操作性上有一定改进，但仍欠具体，主观判定成分很多，信度不高。较可取的办法，是对一定的、具体的、可测度的行为进行标定，即将对一定行为的描述语和某一刻度联系起来，使考评操作性大有改善。这种类型较适合于其绩效难于量化考评，以脑力劳动为主的管理干部和工程技术等专业工作者的绩效评估。

微型案例

猫和老鼠的"君子协定"

有一个主人逼迫他家的大花猫必须每天抓一只老鼠来向他报告，以此判断它的能力怎么样，抓到一只老鼠就给一条鱼吃。这个猫想：我怎么能天天完成任务呢？老鼠也不能天天捉到呀？结果它去找老鼠商量，说咱俩达成一个协议，你每天8点的时候在洞口出现，我就跑过来咬住你的脖子，但是我不吃你，我咬着你到主人那儿转一圈后，我还把你放回去，然后，第二天你还给我出来，我再咬着你到主人那转一圈，你让我完成指标，让我得到鱼，我保证以后不吃你，好不好。最终猫和老鼠达成协议。

这只猫就是行为主导型，它一直是在工作，但是，跟最终的结果几乎是不挂钩的。

4. 效果主导型

效果主导，是强调结果，干出了什么成绩。这类考评着眼于"干出了什么"而不是"干什么"；虽然也是多维度分解，但考核的重点在产出和贡献，而不在行为与活动。这样，所测评对象是硬而实、具体可测、直接而且直观的，可操作性好，适于量化的指标。但既然是只测效果，便不问手段，只看结果，所测结果常具短期性、表面性。一线员工，尤其是从事具体生产操作体力劳动的蓝领工人，多取此类考评方式。

微型案例

劳而无功的小张

小张是公司的财务人员，工作一直非常辛苦，经常连夜加班、报账、算账，等到年终考评结束后，经理在5分里给他打了个4分。

那么这4分是怎么得来的？为什么没有评5分？经过反馈，部门经理说："每次交财务报表，小张总会拖后几个小时或半天，总是错过最后期限，我真拿他没办法。做的表不是这儿连不上，就是那儿出现小错误，问题虽不大，但老犯同样的错误，他每天加班，就是不出活。"

这就是结果让人不满意，没有达标。采取效果主导的办法，以最终目标为准，进行评估，列出理由，员工都会心服口服的。

第二节　绩效评估的程序

微型案例

长江公司的绩效考评难题

长江公司是一家生产家用电器的企业，为了改进企业绩效，决定成立由副总经理、人力资源部长、工会负责人等成员组成的员工绩效考评委员会，并制定了一套自认为比较完善的考核方案。每月5日由考评委员会评审各单位的考评结果，然后把结论传递给相关的部门，张榜公布后与薪酬挂钩。可是，试行两个月后，员工们意见纷纷，主要反映是：一是考核指标有的高不可攀，有的随手可得，显失公平；二是考核员工对下不对上，更没有听取用户对服务质量的意见，资料有水分；三是结论一出来就兑现奖罚，考核工作也就完成了，致使员工与管理层出现了对立。因此，当布置第三个月的绩效考核时，考核委员会成员都顾虑重重，员工也有抱怨情绪。那么，绩效评估工作到底应该如何展开呢？

绩效评估是一项十分复杂而且需要连贯统一流程的系统过程，因此，必须按照科学的工作程序进行。一般而言，员工绩效评估要有制订考核计划、考核内容和标准的制定、考核的实施、考核结果的反馈、考核结果的运用五个阶段（如图6—3所示）。

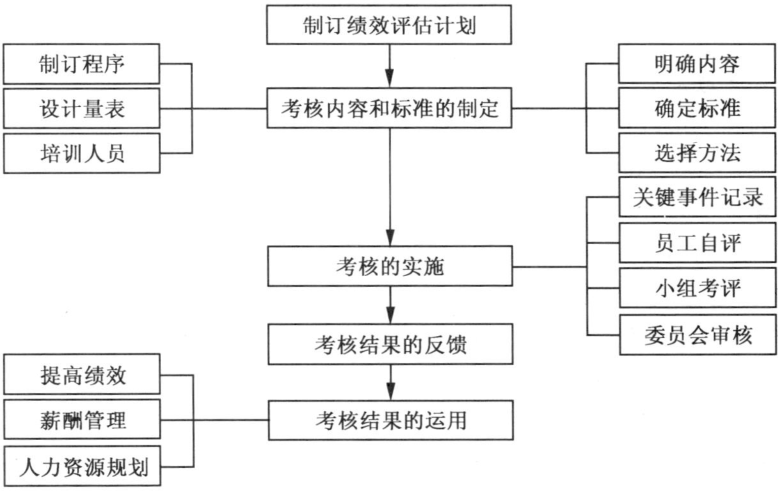

图6—3　绩效评估的程序

一、制订绩效评估计划

为了保证绩效评估的顺利进行，必须事先制订计划，在明确评估目的的前提下，根据目的的要求选择评估的对象、内容和时间等。

绩效评估的目的不同，其对象和范围也不一样。如评选先进员工或调整薪酬，其评估对象应该是全体员工;而晋升职务的评估对象,只需包括具有晋升资格的员工。

绩效评估的目的、对象不同,其评估重点也不一样。如职务晋升,应对德、能、勤、绩进行综合评估;发放奖金,应以工作业绩作为主要评估对象;而评定专业技术职称,则应以专业技术水平为评估重点。

绩效评估的目的、对象和内容不同,其评估时间也应不同。如员工的工作态度和价值观在一定时间内是相对稳定的,对其评估的时间可以长一些,一般可按年评估;直接从事生产、销售工作的员工,其工作业绩的变化比较频繁,因此,对其评估的时间可以短一些,一般可按月或季度评估。

二、考核内容和标准的制定

这是绩效评估的准备阶段,绩效评估的内容和标准是根据工作说明书和工作规范所要求的工作内容、责任、任职资格而制定的。

(一)明确考核内容

员工的绩效是多方面的表现。既有以个人特征为内容的,又有以工作行为为内容的,还有以工作结果为内容的。要根据不同的目的和对象,确定重点考核的内容,明确考核内容就是要确定以哪一方面为考核的重点。

(二)确定考核标准

在考核内容确定后,对考核的内容进行细化,确定出各项目的标准、权重和分值。考核标准包括绩效标准、行为标准及任职资格标准,其中任职资格标准也称职务规范或岗位规范。

(三)选择考核方法

考核的方法有很多种,各种方法又各有其特点,应根据不同的考核内容确定有效的考核方法。

(四)制定考核程序

考核程序的确定可以让考核者和被考核者清楚考核的操作流程,能够按照考核的具体要求和步骤进行配合,使绩效评估工作有条不紊地进行。

(五)设计考核量表

人力资源管理部门在完成选取考评内容、制定考评标准、选择考评方法及其他一些相关工作之后,就可以将这些成果汇总在一起,制成考核量表。考核量表要包含考核的内容和细分的项目,各项目评价标准及其简要说明,各项目的权重、分值,还要留下足够的空间以便填写员工考核的实际分值和评语。

(六)培训考核人员

考核人员一般由部门主管、员工代表、人力资源管理部门人员组成。由于不同的人员对同一个问题的看法有所不同,在对待同一考核项目时,不同的人员也会产生对标准衡量的差异,所以要对考核人员进行培训。通过培训,使他们掌握考核原则,熟悉考核标准,掌握考核方法,克服常见偏差,使绩效评估有一个比较公正的结果。

三、考核的实施阶段

考核的实施阶段一般有四个步骤,即关键事件记录、员工自评、考核小组考评、考核委员会审核。

（一）关键事件记录

关键事件记录就是根据考核的项目和标准，对员工平时工作的重要表现（突出的成绩或出现的问题）及时地进行记录，作为最终考核依据的一部分。这是有关员工平时情况的信息收集过程。这一过程的开始时间是上一次考核结束时间，目的是为了避免考核成为历史事件的回忆，或者凭印象给员工下结论而产生不公平的结果。需要说明的是，所记载的事件既有好事，也有不好的事；所记载的必须是较突出的、与工作绩效直接相关的事，而不是一般的、琐碎的生活细节方面的事；所记载的应是具体的事件与行为，而不是对某种品质的评判。

（二）员工自评

员工自评就是让员工根据绩效评估的项目和标准对自己进行评价。员工自评是让员工参与到绩效评估的工作中来，使他们能够更好地理解绩效项目和标准的含义与实际的要求。员工自评可以促使员工对自己的工作进行反思、总结，使员工端正工作态度，提高工作能力，更了解自己的绩效与期望的差距，以希望他们在今后能够调整自己的行为和目标。不过一般来说，员工的自我评估总是有夸大其优点，宽容其缺点和不足的倾向，所以员工自评的结果大多只作为员工绩效评估结果的参考。其实，要使考核工作更有效，最好是将员工自评的结果按一定的比例计入最终考核成绩。

（三）考核小组考评

考核小组一般由部门主管和部门选派的员工代表组成，负责对本部门员工的绩效进行考核。由考核小组来进行绩效评估要比由主管本人操作更为全面和公正，员工一般更容易接受考核小组做出的工作绩效评价。这是因为：第一，考核小组由员工的直接上级和他们推选的代表组成，有一定的权威性；第二，考核小组中主管对员工的情况有比较全面的掌握，员工代表则对员工有比较细致的了解，具有相当的公正性；第三，考核小组成员通过培训，对考核的项目和标准有一个统一的认识，对员工的评价有较好的一致性。

（四）考核委员会审核

考核委员会一般由人力资源管理部门人员、企业高层管理人员和员工代表组成，它负责对考核结果进行审查和把关。员工自评和考核小组评价完成后，必须将考核结果提交给考核委员会进行审核。一般情况下，考核委员会不改变考核小组的考核结果（员工自评结果仅作为参考），只是对考核中的主要问题进行审核，接受员工对考核过程和结果的投诉。委员会最后将考核结果整理后交由人力资源管理部门，人力资源管理部门再将考核结果从企业整体角度进行分析，并最终将分析结果上报给企业最高层管理者。

四、考核结果的反馈阶段

考核流程中的反馈，对于搞好绩效评估工作以及整个绩效管理都是非常重要的。绩效评估的最终目的是为了能够找出员工在工作中的不足之处，保证员工的工作不偏离既定的绩效目标，所以要及时将考核结果反馈给员工本人，并听取员工的意见。绩效评估结果的反馈有两部分的工作：一是要将考核结果反馈给每个员工；二是要与一些有突出问题的员工进行面谈。

将考核结果反馈给员工，可以使员工清楚自己得到的评价，大多数员工都希望能够得到关于对自身工作绩效好坏的评价的反馈，并希望能够说明为什么好或不好。考核结果的反馈最终不仅可以让员工了解自己所存在的问题，以便今后加以改正，同时，也让员工知道所取得的成绩已经被认可，因而得到激励。

与员工进行面谈是部门主管的责任，面谈工作要有针对性。由于时间和精力的有限性，部门主管不太可能对员工存在的所有问题进行面谈。因此要选择比较突出的问题与员工沟通，对业绩优秀的员工给予鼓励和职业发展的指导，对业绩比较差的员工要和他们一起找出问题的根源和提供解决问题的帮助。对一些绩效有问题的员工的面谈，一般具有批评性，又与随后的奖惩措施有联系，所以很敏感，但又必不可少，需要掌握一定的谈话技巧。

小技巧

考核结果面谈技巧

1. 对事不对人。要把谈话的焦点集中在以数据为基础的绩效结果上。先不要责怪和追究评估对象个人的责任和过错，不要带威胁性。

2. 找出差距。要援引数据、列举实例，用具体结果来支持结论，引导评估对象看到差距在哪里。

3. 找出原因。要引导和鼓励评估对象自己分析造成问题的原因。

4. 落实行动计划。绩效面谈只有导致改进的实效，才算成功。

五、考核结果的运用阶段

绩效评估并不是最终目的，因此要特别注意评估结果的运用。在绩效评估过程中获得的大量有用信息可以运用到企业人力资源管理的各项活动中去。首先可以用于向员工反馈评估结果，帮助员工找出问题、明确方向，这对员工改进工作、提高绩效会有促进作用。其次，可以为人力资源规划的调整，工作说明书的修订，员工招聘，员工培训与开发，员工激励、奖励和惩罚，员工薪酬调整，员工晋升、降职、轮换和调动等提供依据。最后，还可以用来加强企业与员工之间的沟通，可以发现企业还存在哪些问题等。

例如，经过绩效评估后，会发现员工的绩效情况是参差不齐的，这时可以先对员工进行分类（如图 6－4 所示），然后再采取相应的管理对策，制订相应的人力资源规划方案。

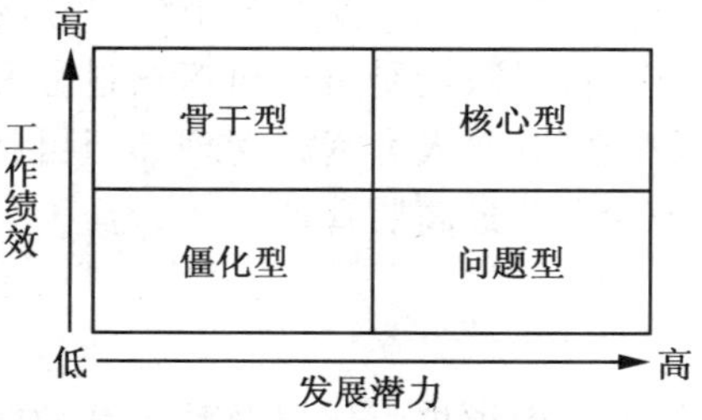

图 6－4　四种绩效类型的员工

第三节　绩效评估的方法

绩效评估的方法有很多，下面仅对一些常用的绩效评估方法加以介绍。

一、分级排序法

分级排序法，即按被考评员工每人绩效相对的优劣程度，通过比较，确定每人的相对等级或名次，或者排出全体被考评员工的绩效优劣顺序。排序比较可以按某个单一的特定绩效维度（如产品质量、服务态度等）进行，但更常见的是对每人的整体工作状况进行比较。

按照分级程序的不同，分级法又有五种类型。

1. 简单分级法。就是在全体考评员工中挑选出绩效最出色的一个列于序首，再找出次优的列作第二名，依此类推，直到最差的一个列于序尾。

2. 交替分级法。与上述分级程序不同，此法先拣软处突破，即首先找出最优者，然后跳回去找出对比鲜明的最劣者；下一步则找出次优者，接着则找出了次劣者；循此程序，由易渐难，绩效中等者较为接近，必须仔细辨别，直至全部排完为止。

3. 范例对比法。此法通常从四个维度进行考评，即品德、能力、勤奋、业绩，每一维度又分为优、良、中、次、劣五个等级（如表 6—2 所示）。然后就每一维度的每一等级，先选出一名适当的员工作为范例。实施绩效评估时，将每个被考评的员工和这个范例逐一对照，按他们与各相应范例的近似程度来给他们评出等级分。最后各维度分数的总和，便作为此被考评员工的绩效等级分类。

表 6—2　　某企业范例比较法评估表格

被评估者等级 姓名	评估项目：业务能力			基准员工×××	
	优秀 （5 分）	良好 （4 分）	中等 （3 分）	及格 （2 分）	不及格 （1 分）
张强				2	
李伟		4			
王丽	5				
赵红					1

4. 对偶比较法。此法要将全体员工逐一配对比较，按照逐对比较中被评为较优的总名次数来确定等级名次。这是一种系统比较程序，科学合理，但此法通常只考评总体状况，不分解维度，也不测评具体行为。其结果是仅有相对等级顺序。当被考评者达 10 人以上时，对偶比较次数太多，实际就不可行了。

这种方法将每个考评对象在每一项特性指标方面，如工作数量、质量等，与其他考评对象一一进行比较。例如，现对五名考评对象 A、B、C、D、E 进行工作质量和创造性的考评，只要把每人对比所得的分数相加就可得到排序的结果（如表 6—3 所示）。

表 6—3　　对偶比较法示例（较优为＋，较差为－）

对比人姓名	A	B	C	D	E	“＋”的个数	排名
A		－	－	＋	＋	2	3
B	＋		＋	＋	＋	4	1
C	＋	－		＋	＋	3	2
D	－	－	－		－	0	5
E	－	－	－	＋		1	4

5. 强制分配法。此法是按事物“两头小，中间大”的正态分布规律，先确定好各级在总数中所占的比例。例如，若划分成优、中、劣三等，则分别占总数的30%、40%和30%；若分成优、良、中、差、劣五个等级，则每等级可分别占10%、20%、40%、20%和10%。然后按照每人绩效的相对优劣程度，强制列入其中的一定等级。

二、量表考评法

量表是指抽象指标的量化。这种方法广泛应用于机关、企事业单位等人事考评管理。

量表评价法是一种比较客观的评价方法，此法使用最为普遍，它通常将评价指标进行维度分解，并沿各维度划分等级。它将所考核的绩效分解为多个方面，或指标，或项目，对每个项目或指标的评价程度都有一个详细说明，并赋予一定的分值和权重。

量表评价法首先要确定考核员工工作的哪些方面(维度)。然后对各个方面(维度)再分解为各个考核内容，并对各个考核内容提出考核指标和考核标准，赋予分值和权数。例如，营销人员的考核可以从营销能力、工作态度、销售结果三个方面(维度)进行，其中每个方面又可细分各项评价内容。如工作态度可再分为责任心、对客户态度、协作性、仪表等内容，每项都规定了绩效要求、分值和权重(如表6—4所示)。

表6—4 营销人员工作态度的量表评价法

维度	内容	考核指标	分值	评价等级	得分
工作态度	责任心	按照规定时间完成业绩 按照规定时间回款率90%，年回款率98% 及时供货 及时汇报客户情况或信息 及时反馈客户意见	10	A B C D E	
	对客户态度	及时为客户的新需求提供服务 为客户提供咨询 没有投诉	8	A B C D E	
	协作性	与同事有良好的合作 积极配合上级安排的工作 主动帮助同事解决困难 与同事和睦相处	6	A B C D E	
	仪表	按照公司要求着装 行为举止符合公司的《营销人员规范》	6	A B C D E	

量表通常有一项“评价等级”。评价等级设置的选项可用“A、B、C、D、E”表示，也可以用“优、良、中、合格、不合格”，或者用“1、2、3、4、5、6”表示。无论用什么形式，都对应一定的得分比例，如表6—4中的“A、B、C、D、E”可对应得分比例分别为“100%、85%、70%、50%、30%”。假如某员工在“对客户态度”项被评得C，则其得分是8×70%=5.6分。有的企业为使绩效考核更加细化，还可以将各项指标再量化，如“责任心”的考核内容中的各项指标再分配分值(见表6—5)。

表 6—5　营销人员考核指标细化举例

维度	内容	考核指标	分值	评价等级	得分
工作态度	责任心 10分	按照规定时间完成业绩	3.0	A B C D E	
		按照规定时间回款率90%,年回款率98%	2.5	A B C D E	
		及时供货	1.5	A B C D E	
		及时汇报客户情况或信息	2.0	A B C D E	
		及时反馈客户意见	1.0	A B C D E	

量表考评法的优点是考核的项目比较全面,结果可量化,有较客观的比较标准,考核结果让员工感觉比较公平。尽管每项因素或标准的判断存在主观因素,但是,比较细化和量化会使主观成分降到最低限度。

三、关键事件法

关键事件是与被考评者的关键绩效指标有关的事件,是主管对下属在关键事件上的优秀事迹和不良行为进行记录,并在预定的时期内进行回顾考评的一种方法。关键事件法可以为解释考评结果提供确凿的事实根据;可帮助考评者全面考虑被考评者一年来的工作表现,而不是近期的工作情况,从而提高考评的客观性和公正性。这种方法一般与其他考评方法联合使用,是其他方法的补充。

此法需对每一待考评员工每人保持一本"绩效评估日记"或"绩效记录",由考察与知情的人(通常为被考评者直属上级)随时记载。需要说明的是,所记载的事件既有好事(如某日提前完成了所分派给他的某项重要任务),也有不好的事(如某日因违反操作规程而造成一次重大的质量事故);所记载的必须是较突出的、与工作绩效直接相关的事,而不是一般的、琐碎的生活细节方面的事;所记载的应是具体的事件与行为,不是对某种品质的评判(如"此人是认真负责的")。最后还应指出,事件的记录本身不是评语,只是素材的积累;但有了这些具体事实作根据,经归纳、整理,便可得出可信的考评结论;从这些素材中不难得出有关被考评者的长处与不足,在对此人进行反馈时,不但因有具体事实做支持而易于被接受,而且可充实那些抽象的评语,并加深被考评者对它们的理解,有利于以后的改进。此外,在设计和开发其他绩效评估工具时,可有助于从这些记录中找出合理的绩效评估维度和行为性实例,用作标尺刻度说明词。

四、评语法

这就是最常见的以一篇简短的书面鉴定来进行考评的方法。考评的内容、格式、篇幅、重点等均不拘,完全由考评者自由掌握,不存在标准规范。通常将谈及被考评者的优点与缺点、成绩与不足、潜在能力、改进的建议及培养方法等。此法每篇评语各具特色,又只涉及总体,不分维度或任取粗略划分的维度;既无定义,又无行为对照标准,所以难以相互对比;加之几乎全部使用定性式描述,无量化数据,据此做出准确的人事决策,相当不易。但因为它明确而灵活,反馈简捷,所以至今仍颇受欢迎。在我国,此法更是一种传统的考核方式。

五、因素评定法

因素评定法通过调查分析与实测数据统计分析,提出人员绩效评估的有关因素,形成评价标准量表体系，然后把被测者纳入该体系中进行评价的方法。因素测定法的评定角度主要有四个：

1. 自我评定。即由评定者依据参照式标准量表，自己对自己的绩效进行评价。其特点是参与性、自我发展性、督促性。

2. 同级评定。即由同一职务层次的人员依据参照标准量表互相进行评价。它必须满足三个条件：一是同事之间必须是相互高度信任的，彼此之间能够互通信息；二是报酬制度不是彼此竞争的；三是被评价人的绩效应该是评定人能够了解和掌握的。

3. 下级评定。即由管理者的直接下属依照参照标准量表对其上级领导的绩效进行评价。它有利于表达民意，但往往受人际关系影响大。

4. 直接领导评定。即由管理者依据参照标准量表对其直接下属的绩效进行评价。

六、关键绩效指标评定法

关键绩效指标（Key Performance Indicators，KPI）是指用于考评和管理被考评者绩效的定量化或行为化的标准体系，它包括数量、质量、成本和时间等方面的内容。通过设定关键绩效指标，保证真正对组织有贡献的行为受到鼓励，促进员工与管理人员在工作期望、工作表现和未来发展等方面进行沟通。

提醒您

确定关键绩效指标的SMART原则

原　则	正确做法	错误做法
Specific 具体的	切中目标	抽象的
	适度细化	未经细化
	随情境变化	复制其他情境的指标
Measurable 可度量的	数量化的	主观判断
	行为化的描述	非行为化的描述
	数据或信息具有可靠性	数据或信息无从获得
Attainable 可实现的	在付出努力的情况下可以实现	过高或过低的目标
	在适度的时限内实现	期限过长
Realistic 现实的	可证明的	假设的
	可观察的	不可观察或证明的
Time-bounded 有时限的	使用时间单位	不考虑时效性
	关注效率	模糊的时间概念

七、行为锚定等级评定法

行为锚定等级评定法是基于关键事件法的一种量化的评定方法，它建立起一个行为性的评定量表，对每一个等级运用关键事件进行行为描述。因而，这种方法结合了关键事件和等级评定法的优点。

此法实质上是把量表评定法与关键事件法结合起来，兼具两者之长。它为每一职务的各考评维度都设计出一个评分量表，并有一些典型的行为描述性说明词与量表上的一定刻度（评分标准）相对应和联系（即所谓锚定），以作为被考评者实际表现评分时的参考依据。这些典型说明词数量毕竟有限（一般不会多于10条），不可能涵盖千变万化的员工实际表现，一般很难做到被考评者的实际表现恰好与说明词所描述的完全吻合，但有了量表上的这些典型行为锚定点，考评者给分时便有了分寸感。这些代表从最劣到最佳典型绩效的、有具体行为描述的锚定说明词，不但使被考评者能较深刻而信服地了解自身的现状，还可找到具体的改进目标。

微型案例

以下是关于考评教师课堂教学技巧的行为锚定量表。

考评要素：课堂教学技巧

定义：课堂教学技巧主要是指教师在课堂上有效地向学生传授教学内容的技巧

等级	描 述
9	使用多样化教学方法，提高学生的自我学习能力
8	鼓励学生提出不同的见解，引导学生进行创造性思考
7	能将具有关联性的问题前后联系起来讲解，使学生形成完整的知识体系
6	讲解某些问题时，使用恰当的例子
5	讲解问题时重点突出
4	使用清楚、容易理解的语言讲课
3	对稍有难度的问题讲不清楚，并且对学生的意见不接纳
2	讲课乏味、枯燥，照本宣科
1	经常讲错一些基本概念

建立行为锚定量表的步骤主要有六个：

1. 选定绩效评估要素。选取需要考评的要素，并对其内容进行界定。

2. 获取关键事件。通过对工作比较熟悉的一组人（任职者或任职者的主管人员）提供一些关键事件和工作做得不好的关键事件。

3. 将关键事件分配到评定要素中去。

4. 由另外一组对工作同样了解的人对关键事件重新进行审定、分配和排序。

5. 将前后两组人对关键事件的分配结果做横向比较，将其中80%一致的关键事件保留下来，并作为最后使用的关键事件。

6. 对关键事件进行评定，看看分配到各个要素的各个等级上的关键事件是否可以代表各自的要素和等级。

微型案例

行为锚定等级评价法势在必行

富凯公司是一家超市连锁公司，在当地拥有相当大的客户群。然而随着几家超市在当地开业，富凯公司在当地的销售额和日客户量逐渐下降。该公司经调查发现：其下属超市的硬件设施、配套环境、人员比例、所销售货物的质量与价格都与竞争对手没有本质区别，有的方面甚至还有优势，但一线人员的服务态度、责任心、主动性和积极性却存在严重问题。为改变这一现状，富凯公司制定了一系列措施，其中包括要对员工的考评方式和内容进行全面调整。以前，公司将员工绩效考评的核心和重点放在考察其完成任务上，现在决定将重点放在工作行为上，拟采用行为锚定等级评价法进行员工绩效考评，从而加大对员工工作积极性和主动性的考评力度。请问：如果你是此次考评负责人，将运用行为锚定等级评价法对营业人员进行考评，应采取哪些具体工作步骤？

八、360 度绩效评估法

360 度绩效评估简称全方位考评，我们已知道绩效评估的执行者（也即考评主体）有员工的直接上级、同事、下属、员工自身、客户及外界考评专家或顾问等主体（如图 6—5 所示），而 360 度绩效评估法则进一步扩大考评主体的类型与人数，易于使各类考评者优势互补，结论更加公正而全面。

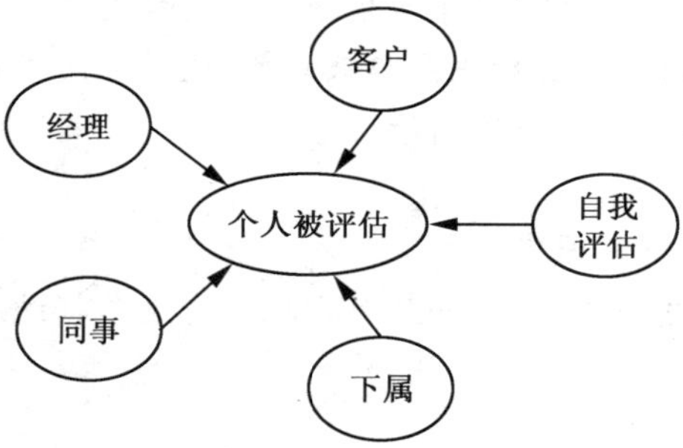

图 6—5 全方位考评法

360 度绩效评估法的主要程序有以下 4 个。

1. 由员工的直接主管负责确定考评指标，并成立考评小组。
2. 每人（包括被考评者本人）按已确定的考评指标，各以五分制给被考评者打分。
3. 统计出均值及其分布范围。
4. 主管对被考评者作反馈面谈。

某企业运用 360 度员工绩效评估法对员工进行考评，如表 6—6 所示。

表 6—6　　360 度员工绩效考评表

项目	评价因素			
	权重	子因素	子权重（%）	评委填写
工作态度20分	出勤50	迟到次数(1)	30	
		事假天数(1)	20	
		旷工天数(1)	20	
		加班天数(1)	30	
	责任心50	违反工作流程次数(1)	20	
		违反公司纪律次数(1)	20	
		提合理化建议次数(1)	10	
		勇挑重担的次数(2)	10	
		不服从领导分配任务的次数(2)	10	
		做事挑三拣四(3)	10	
		私下发牢骚情况(3)	10	
		参加集体活动的次数及积极程度(4)	5	
		语言、着装、待人接物(3)	5	
知识水平10分	专业知识政策法规	掌握程度(3)	100	
		欠缺	0	
技能20分	业务60	从事该项工作年限(1)	5	
		获得优秀员工表彰次数(1)	20	
		办事的计划和条理性(3)	20	
		介绍工作情况和反映问题的表达能力(3)	10	
		观察问题的准确程度(3)	10	
		分析问题的准确程度(3)	15	
		提出解决问题的措施被采纳情况(2)	20	
	人际关系40	主动配合同事工作的积极程度(3)	40	
		能否与同事合作办事(3)	30	
		是否愿意与人沟通(3)	30	
任务完成情况50分	实际成效100	完成岗位任务数量的相对情况(1)	20	
		工作失误造成的损失大小(1)	10	
		给业务部门介绍业务金额(1)	10	
		预算内资源节省率(1)	10	
		合理化建议创造的价值(1)	10	
		逾期完成任务的比例(1)	10	
		未完成任务的比例(1)	10	
		任务完成的质量(2)	20	

资料来源：张保国："360 度绩效评估的实施与思考"，《中国人力资源开发》，2002 年。

说明：符号(1)代表该项仅由公司行政部门和直线主管的日常记录自动填写，无须评委评定。所有非评委评定的因素通过把被考核人与部门内其他员工进行比较后确定其得分。(2)代表该项仅由直线经理和相关部门经理填写。(3)代表该项由全体评委填写，评分分为 5 个档次即 1～5。(4)代表由行政部门提供参加集体活动的次数记录，评委对被考核人的积极程度评分，两项各占 50%的权重。

小 结

关键术语

绩效评估　分级排序法　量表考评法　评语法　因素评定法　关键绩效指标评定法　行为锚定等级评定法　360 度绩效评估法

本章小结

1. 绩效的好坏不仅取决于个体的能力和主观努力，还受到企业文化、战略、机会以及工作环境的影响。现代绩效评估具有多因性、多维性与动态性的特点。

2. 组织进行绩效评估的一般目的是：(1)为制定人力资源规划提供依据；(2)为薪酬调整提供依据；(3)为激励和奖惩提供依据；(4)为员工培训和职业管理提供依据；(5)为员工调整提供依据；(6)为企业和员工的沟通提供渠道。

3. 绩效评估应遵循公开透明、客观公正、多层次、多渠道、全方位、经常化、制度化以及责、权、利相结合的原则。对员工所作考评的基本类型可分为四类：综合型、品质主导型、行为主导型和效果主导型。

4. 员工绩效评估主要包括考核计划、考核内容和标准的制定、考核的实施、考核结果的反馈、考核结果的运用五个阶段。

5. 常用的员工绩效评估的方法主要有：分级排序法、量表考评法、关键事件法、评语法、因素评定法、关键绩效指标评定法、360 度绩效评估法等。

知识结构图

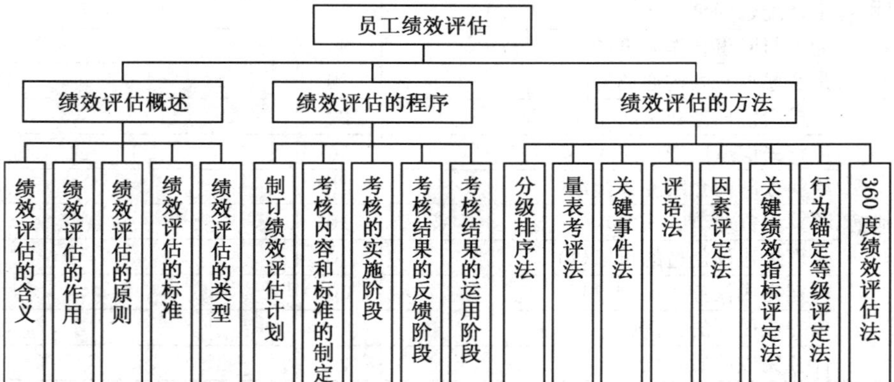

应 用

案例研究

令人头疼的绩效评估

Y公司是一家国内知名的机械制造企业，现有职工1.3万人。由于历史的原因，公司在经营管理上存在着计划经济体制的痕迹，公司自身的管理理念滞后，管理体制不正规，现代企业制度也没有真正建立起来。特别是在人力资源管理问题上，公司并没有一套行之有效的人力资源管理体系，缺少现代的激励、考核措施。

公司的高层领导意识到这些问题，陆续邀请了几家咨询服务机构来为企业把脉，制定公司的中长期发展战略，用现代企业制度对公司进行组织机构重塑。在人力资源管理方面，下大力气转变以往的"人才上不去，庸才下不来"的状况，在公司内部以岗位责任制为基础，采取记分制绩效评估手段，基于以绩效评估为核心的集团内部人员流动机制，建立了一套人力资源考核与管理体系。

然而在具体实践过程中，公司负责人力资源的老总却遇到许多困扰，大致可以归纳为以下几个方面：

1. 年初的绩效评估工作计划做得很好，可是在实施过程中却"雷声大，雨点小"，各部门的评估者乐于充当好好先生，应付了事，有悖于绩效考核的初衷。

2. 在评估过程中，公司员工缺少参与的积极性，抵触情绪很强，不少员工甚至质疑：是否绩效评估就是通过反复地填表、交表来挑员工的毛病。

3. 人力资源部门的负责人反映，考核的过程烦琐，耽误正常的工作时间，推行过程中往往又因为得不到高层领导的足够支持而阻力重重。

4. 评估过程和结果的公正性难以保证，大多数员工对于评估的结果都心怀不满，怨声四起，同事的关系也往往因评估而变得紧张，不利于公司日常工作的开展。

问题：

1. 你认为Y公司的绩效评估可能存在哪些问题。

2. 如果你是公司的总经理，你将如何解决这些问题？

实验实训

1. 根据杰弗逊公司的绩效评估材料，就其绩效评估情况拟写一份不少于800字的绩效考核效果分析报告。

杰弗逊公司的绩效评估

杰弗逊公司是一家大型国有企业，经过多年的积累和发展，在业内已具有较高的知名度，公司现有员工2 000人左右。公司采用职能式组织架构，公司总部只设职能部门，下设若干子公司，分别从事不同的业务。近年来，随着国家对企业管理方式的改革，杰弗逊公司按照现代企业制度的要求对公司进行了改制，建立了新的市场化的管理制度，并加强了公司的绩效评估工作。

绩效评估工作是杰弗逊公司改制后重点开展的一项工作。公司的高层领导非常重视，人事部具体负责绩效评估制度的制定和实施。人事部在原有的评估制度基础上制定出了《中层干部考核办法》。在每年年底正式进行考核之前，人事部又出台当年的具体评估方案，以使考核达到可操作化程度。

杰弗逊公司的做法通常是由公司的高层领导与相关的职能部门人员组成评估小组。评估的方式和程序通常包括被评估者填写述职报告、在自己单位内召开全体职工大会进行述职、民意测评（范围涵盖全体职工）、向科级干部甚至全体职工征求意见（访谈）、评估小组进行汇总写出评价意见并征求主管副总的意见后报公司总经理。

评估内容主要包含三个方面：被评估单位的经营管理情况，包括该单位的财务情况、经营情况、管理目标的实现等方面；被评估者的德、能、勤、绩及管理工作情况；下一步工作打算，重点努力的方向。具体的评估细目侧重于经营指标的完成、思想品德，对于能力的定义则比较抽象。各业务部门（子公司）都在年初与总公司对于自己部门的任务指标进行了讨价还价。

对中层干部的考核完成后，公司领导在年终总结会上进行说明，并将具体情况反馈给个人。尽管评估的方案中明确说明评估与人事的升迁、工资的升降等方面挂钩，但最后的结果总是不了了之，没有任何下文。

对于一般的员工的评估则由各部门的领导掌握。子公司的领导对于下属业务人员的评估通常是从经营指标的完成情况（该公司中所有子公司的业务员均有经营指标的任务）来进行的；对于非业务人员的评估，无论是总公司还是子公司均由各部门的领导自由进行。通常的做法，都是到年度要分奖金了，部门领导才会对自己的下属做一个笼统的排序。

公司在第一年进行操作时，获得了比较大的成功。由于被征求了意见，一般员工觉得受到了重视，感到非常满意。领导则觉得该方案得到了大多数人的支持，也觉得满意。但是，被评估者觉得自己的部门与其他部门相比，由于历史条件和现实条件不同，年初所定的指标不同，觉得相互之间无法平衡，心里还是不服。评估者尽管需访谈 300 人次左右，忙得团团转，但由于大权在握，体会到评估者的权威，还是乐此不疲。

2. 使用本章所学的员工绩效评估的方法分别对你所在学校的教师、员工和管理人员制定考核方案。

复习思考题

1. 为什么要进行绩效评估，绩效评估的原则有哪些？
2. 结合实际，分析四种绩效评估类型的优缺点。
3. 简述员工绩效评估的程序。
4. 什么是关键绩效指标评定法？如何实施该方法？
5. 什么是 360 度绩效评估法？请结合实例对该方法进行评估。

第七章　薪酬与激励管理

学习目标

通过本章学习，你应能够：
理解员工激励的概念、原则、作用及措施；
理解员工工资、福利与保险管理的内容；
了解员工奖惩管理的制度。

导入案例

值得HR思考的奖励方法的两则故事

渔夫、青蛙和蛇的故事

有一天，一个渔夫看到船边有一条蛇，口中衔着一只青蛙，看到垂死挣扎的青蛙，渔夫觉得它很可怜，便把青蛙从蛇的口中救出来放走了。但随后，渔夫又对那条将要挨饿的蛇动了恻隐之心，便想给那条蛇一点东西吃。因为身边只有酒了，渔夫便滴了几滴在蛇的口中。

蛇喝过酒后，高兴地游走了，青蛙也为获救而高兴，渔夫则为自己的善举感到高兴。他认为这真是一个皆大欢喜的结果。

仅仅过了几分钟，渔夫听到有东西在叩击他的船板，他低头一看，几乎不敢相信自己的眼睛，他看见那条蛇又回来了，而且嘴里咬着两只青蛙——正等着渔夫给它酒的奖赏。

在这则寓言中，如果渔夫只救走青蛙，而不给蛇奖赏，那么除非这条蛇的思维有问题，否则它是不会再咬着青蛙回到渔夫身边的。

亿万富翁的遗产方案引发的思考

一名亿万富翁经常这样对他做医生的女婿说："你不用担心钱的问题，只要你尽心照顾我，我会在死后把所有的遗产都给你，那些钱你一辈子也花不完！"

这个富翁身体很健壮，80多岁了还是无病无灾。但是他一直无法理解女婿对他的态度：每次见面握手，女婿都会摸他的脉搏，然后皱起眉头。很明显，他的女婿为他脉搏正常而皱眉，他希望富翁早点去世。

假如这名富翁换一种说法，情况就会完全不同，如果他这样说："只要我活着，每年我都会给你100万美元。但如果我去世，我的财产便会捐给慈善机构。"那他的女婿肯定会使尽浑身解数使他多活些年头。

资料来源:人力资源网,http://www.hr.com.cn。

问题:

1.从这两则故事中,你得到了什么启示?

2.通过这两则故事,你认为领导人应该怎样制定合理的奖惩制度,才能起到激励员工的作用。

第一节 薪酬管理

一、薪酬概述

薪酬有广义和狭义之分,而我们常指的薪酬是广义的薪酬,即员工因被组织聘用并做出相应的贡献而获得各种形式的劳动报酬,通常包括两部分:一部分是直接以货币形式支付的报酬,如工资、奖金、津贴等;另一部分是以其他非货币的形式支付的奖励,如福利、保险等。狭义的薪酬主要指工资。

(一)薪酬的形式

一般而言,在一个组织中,薪酬往往体现为基本薪资、绩效工资、奖金和福利四种形式。

1. 基本薪资。它是雇主为已完成工作而支付的基本现金薪酬。它反映的是工作或技能价值,并不考虑员工之间的个体差异。某些薪酬制度把基本工资看作雇员所受教育、所拥有技能的一个函数。对基本工资的调整可能是基于以下事实:社会生活水平发生变化或通货膨胀;其他组织同类工作的薪酬有所改变;组织经营业绩变化及雇员的经验进一步丰富;员工个人业绩、技能有所提高。

2. 绩效工资。它是对过去工作行为和已取得成就的认可。作为基本工资之外的增加,绩效工资往往随雇员业绩和组织效益的变化而调整。通过绩效工资提高员工工作的积极性与主动性。

3. 奖金。它是对超额劳动所支付的报酬,是企业薪酬体系的重要组成部分。奖金是根据按劳分配原则对员工工资的补充,是员工报酬收入的重要组成部分。

4. 福利。它包括休假(假期)、服务(医药咨询、财务计划、员工餐厅)和保障(医疗保险、人寿保险和养老金),福利越来越成为薪酬的一种重要形式。

按照薪酬体现的形式,薪酬又可以分为货币性薪酬和非货币性薪酬两大类。

货币性薪酬是单位按照一定的标准以货币形式向员工支付的薪酬,包括直接货币薪酬、间接货币薪酬和其他货币薪酬。其中直接货币薪酬包括工资、福利、奖金、津贴等;间接货币薪酬包括养老保险、医疗保险、失业保险、住房公积金、餐饮等;其他货币薪酬包括有薪假期、休假日、病事假等。

非货币性薪酬是指无法用货币等手段来衡量,但会给员工带来心理愉悦效用的一些因素,包括工作、社会和其他方面。其中工作方面包括工作成就、工作有挑战感、责任感等的优越感觉;社会方面包括社会地位、个人成长、实现个人价值等;其他方面包括友谊关怀、舒适的工作环境、弹性工作时间等。

(二)薪酬的作用

薪酬在促进社会、经济发展过程中起着非常重要的作用,薪酬是平衡社会发展、促进社会和谐、实现社会文明的重要元素。薪酬的作用主要体现在三个方面。

1. 维持和保障作用。劳动是价值创造的源泉，员工通过脑力或体力劳动的支出，为组织创造了价值，组织给员工支付报酬作为回报。那么员工为什么会为组织工作呢？因为获得这些回报对员工来说很重要：首先，员工必须购买必要的生活资料以维持生活的需要，比如衣食住行等方面的支出；其次，为了满足技术进步以及生产发展的需要，员工需要不断提高自己的技能以免被组织淘汰，这样在学习、培训、进修等方面的支出是不可缺少的；再次，员工为了满足自身需求，在娱乐、社交等方面也会有大量的支出。从经典理论来讲，以上几个方面都是维持生产所必需的。除此之外，维持再生产所必需的在子女养育等方面的支出也越来越大，给某些年轻员工带来较大的压力。

从以上分析可以看出，薪酬对于员工是很必要的，对员工而言意味着保障；薪酬对于组织而言也是必要的，因为这是维持劳动力生产和再生产的需要。

2. 激励作用。薪酬激励可以留住员工，提高员工工作的士气，为企业创造更大的价值。通过薪酬激励，将短、中、长期经济利益相结合，促进企业的利益和员工的利益，企业的发展目标与员工的发展目标相一致，从而促进员工与企业结成利益共同体关系，最终达到双赢。

3. 优化劳动力资源配置功能。薪酬可以保证企业在劳动力市场上获得薪酬方面的竞争性，能够吸引优秀的、符合企业所需的人才。薪酬对于社会具有劳动力资源的配置功能，不同区域、不同行业、不同职业的薪酬不一样，劳动力供给和需求的矛盾在劳动力价格形成过程中起着非常重要的作用。当某一地区、某一行业或某一职业的劳动力供不应求时，会导致这一地区薪酬水平的增加，薪酬的增加会吸引其他地区劳动力向紧缺的区域流动，这样会增加这一地区劳动力的供给，将薪酬维持在适当的水平。

当然上述流动过程并不是自然而然实现的，会受到很多因素的制约。劳动力跨区域流动会受到地域限制、生活习惯、生存成本的制约，跨行业流动受到行业政策、行业经验的制约，跨职业人才流动受到知识技能、职业经验的制约。

实用案例

南方公司的薪酬改革

刘俊曾经是一家国有企业的技术工程师，由于厌烦了国有企业的沉闷气氛，两年前跳槽到一家新创办的民营企业南方公司，从事销售工作。虽然以前从没有销售经历，但刘俊喜欢接受富有挑战性的工作。他认为从事一项以前从没做过的工作，不仅是对自身能力的考验，而且也能在新的工作中学到很多东西，有利于自身的发展。

南方公司是一家新创办的民营企业，以销售进口自控产品为主业。两年前刚创立时，急需专业人才。刘俊就是这个时候来到公司的。选择放弃国企轻松的工作，来到这家民营小企业从头干起，刘俊是希望能获取更多的薪酬和得到更大的发展。在大学，刘俊学的是自控；在工厂，刘俊做的是自控技术工作。这和南方公司以自控设备为主产品十分吻合。凭着刘俊的努力和悟性，业务做得十分出色，公司老板也十分欣赏他。但最近，刘俊却萌生了离开南方公司的想法。这还要从南方公司年初的薪酬改革说起。

南方公司共有员工15人，其中10名为销售人员。公司刚成立时，对销售人员的薪酬支付是采用按劳分配的原则，基本模式为：基本工资＋业绩工资＋福利计划。业绩工资完全是和销售人员的销售业绩挂钩的，按照销售收入和利润水平进行提成，提成的15%用于行政、后勤、售后服务人员的奖金。刘俊是一个聪明能干的人，他的销售业绩在公司名列前茅，所以他的收入在公司也是最高的。但这种制度也存在问题：销售人员之间为各自的利益，往往相互竞争。有时为了同一个项目，互相压价，损害了公司的正常利益。而且各销售人员之间收入悬殊，大多数人不满意。那些销售业绩一般或较差的人，觉得和刘俊比起来，他们得到的太少了。售后服务人员也不满意，认为如果没有他们的支持，刘俊不可能取得那么好的业绩，他们应该得到更多。

年初，公司针对大多数人不满意薪酬支付的政策进行了一些调整，还是按劳分配的原则，基本模式也没有变化。只是将原来十名销售人员划分成三个业务部，并按地区对公司的业务进行了划分，确保各业务部之间不会产生项目冲突。考核不再是针对个人，而是针对整个业务部。公司是希望通过这样的调整，提高大家团队合作的精神，从而带动全公司业绩的提高。刘俊因为去年的成绩出众，理所当然地成了市场一部的经理，手下有三名业务人员。面对这样的提升，刘俊也曾暗下决心，一定要在全公司保持第一。可一旦真正干起来，刘俊发现并不轻松。自己的手下并没有想象的那么能干，几乎每一个项目都得自己亲自处理。而手下人却又抱怨：刘俊管得太多，他们没有插手的机会。所以落得清闲，让刘俊一人忙前忙后。尽管刘俊尽了很大的努力，可是第一季度下来，市场一部的销售业绩是三个市场部中最差的。虽然刘俊的个人业绩仍是全公司最好的，可因为整体考核，刘俊的收入被带了下来。

不仅是收入的减少使刘俊心理上不平衡，而且做事也不像过去那么顺了。自己总是觉得手下人能力太差，而且太懒。手下人却总是抱怨刘俊不给他们机会，根本不懂团队合作。在经过连续两个季度的低谷后，刘俊开始怀念过去单枪匹马、独来独往的日子了。如果是按去年的分配制度，刘俊今年的收入会更高，而不是下降。何况自己本就不善于团队管理，公司却硬要给自己添几个尾巴。刘俊向公司提出恢复原来的制度，但总经理对他说："一个公司不可能有两种制度，另外两个市场部，总的业绩比过去个人单干提高了不少，为什么你们市场一部就不行呢？"

二、薪酬管理的内容与原则

所谓薪酬管理，是指一个组织针对全体员工所提供的服务来确定他们应当得到的报酬总额以及报酬结构和报酬形式的过程。在这个过程中，企业就薪酬水平、薪酬体系、薪酬结构、薪酬构成以及特殊员工群体的薪酬做出决策。同时，作为一种持续的组织过程，企业还要持续不断地制订薪酬计划，拟订薪酬预算，就薪酬管理问题与员工进行沟通，同时对薪酬系统的有效性做出评价，然后不断予以完善。

薪酬管理几乎对任何组织来说都是一个比较棘手的问题，主要是因为企业的薪酬管理系统一般要同时达到公平性、有效性和合法性三大目标，企业经营对薪酬管理的要求越来越高，但就薪酬管理来讲，受到的限制因素越来越多，除了基本的企业经济承受能力、政府法律法规外，还涉及企业不同时期的战略、内部人才定位、外部人才市场，以及行业竞争者的薪酬策略等因素。

（一）薪酬管理的主要内容

1. 薪酬的目标管理。组织在其不同的发展阶段有不同的战略与经营目标，因此，如何充分利用薪酬管理,支持企业目标的实现,是人力资源部门的一项重要任务。

2.薪酬的水平管理。薪酬要满足内部一致性和外部竞争性的要求,并根据员工绩效、能力特征和行为态度进行动态调整。主要包括确定管理团队、技术团队和营销团队的薪酬水平,确定稀缺人才的薪酬水平,以及确定与竞争对手相比的薪酬水平等。

3.薪酬的体系管理。不仅包括基础工资、绩效工资、奖金与福利、期权期股的管理,还包括如何给员工提供个人成长、工作成就感、良好的职业预期和就业能力的管理。

4.薪酬的结构管理。正确划分合理的薪级,确定合理的级差和等差,还包括如何适应组织结构扁平化和员工岗位大规模轮换的需要,合理地确定宽带薪酬。

所谓"宽带薪酬设计",就是在组织内用少数跨度较大的工资范围来代替原有数量较多的工资级别的跨度范围,将原来十几甚至二十几、三十几个薪酬等级压缩成几个级别,取消原来狭窄的工资级别带来的工作间明显的等级差别。但同时将每一个薪酬级别所对应的薪酬浮动范围拉大,从而形成一种新的薪酬管理系统及操作流程。宽带中的"带"意指工资级别,宽带则指工资浮动范围比较大。与之对应的则是窄带薪酬管理模式,即工资浮动范围小,级别较多。目前国内很多企业实行的都是窄带薪酬管理模式。

5.薪酬的制度管理。即薪酬决策应在多大程度上向所有员工公开和透明化,谁负责设计和管理薪酬制度,薪酬管理的预算、审计和控制体系又该如何建立和设计。

(二)薪酬管理的原则

薪酬管理的原则主要有补偿性原则、公平性原则、透明性原则、激励性原则、竞争性原则、经济性原则、合法性原则和方便性原则。

1. 补偿性原则。要求补偿员工恢复工作精力所必要的衣、食、住、行费用,以及补偿员工为获得工作能力以及身体发育所先行付出的费用。

2. 公平性原则。要求薪酬分配全面考虑员工的绩效、能力及劳动强度、责任等因素,考虑外部竞争性、内部一致性要求,达到薪酬的内部公平、外部公平和个人公平。

3. 透明性原则。要求薪酬方案公开。

4. 激励性原则。要求薪酬与员工的贡献挂钩。

5. 竞争性原则。要求薪酬有利于吸引和留住人才。

6. 经济性原则。要求比较投入与产出效益。

7. 合法性原则。要求薪酬制度不违反国家法律法规。

8. 方便性原则。要求内容结构简明、计算方法简单和管理手续简便。

微型案例

生产部经理的头疼事

东莞某玩具生产公司实行计时工资制度,一线员工根据实际出勤小时数计发工资,结果一方面公司次品率居高不下,另一方面员工磨洋工现象突出。生产部经理为此头疼不已,并与生产线的工人沟通,但没有明显的效果。

经过人力资源部与生产部的共同研究,人力资源部决定对一线员工的工资给付方式进行改革。工人的工资由原来的计时工资改为计件工资,并且计件工资仅计算合格品。不合格品到达一定的数量后,还要倒扣合格品的件数。结果,一线员工积极性大增,同时产品的质量也有了大幅度的提高。

三、薪酬管理的方法

人力资源部门需从薪酬的基础、薪酬的设计和薪酬的提升三个层面着手来安排薪酬体系，使薪酬体系设计体现公平与激励的原则，从而符合公司发展的整体需要。

（一）薪酬基础和标准设定

员工获得薪酬的原因不外乎两点：第一，达到岗位任职要求；第二，按照岗位要求完成了各项工作。但究竟什么是岗位的具体要求，怎样评价完成具体工作的成绩，需要公司人力资源部门完成编订职位说明书、任职说明及绩效考评指标等一系列基础性工作。

人力资源部门首先需要分解公司经营活动，确定相应的工作岗位，并以职位说明书的形式将岗位职责和任职资格明确下来。工作职责的界定、公司对岗位任职资格的要求合在一起，是确定岗位固定薪酬的基础。

同时，为了评价完成具体工作的状况，人力资源部门需要建立员工绩效考评体系，包括绩效考评指标、能力考评指标与态度考评指标等。公司通过考评员工在岗位上的工作业绩表现，确定其为公司业绩做出的贡献，进而确定员工奖金的发放比率。员工可能超出岗位对业绩的基本要求，也可能达不到这个要求，这些都直接影响他们领取奖金的额度。员工业绩考评结果是确定岗位业绩奖金的基础。

（二）薪酬结构和薪酬设计

基于职务说明书和绩效考评体系建立起来的薪酬制度，一般而言包括固定薪酬、业绩薪酬、福利等形式。

固定薪酬设计必须使员工薪酬水平保证相对的内部公平与外部公平。

内部公平指薪酬能够反映出各岗位对公司整体业绩的价值贡献，一般来说，人力资源部需要从三个方面对岗位进行评估：一是岗位对知识技能的要求；二是岗位对解决问题能力的要求；三是岗位承担责任的大小。人力资源部门利用分析的结果确定薪酬差异范围，并设立岗位薪酬级别阶梯。内部公平隐含的意义之一，就是岗位之间的薪酬差距要体现出来。

外部公平即薪酬是否具有市场竞争力。一方面，公司各岗位薪酬级别需要参考同行业薪酬水平进行调整，确保此薪酬水平下公司能招到合适的人才；另一方面，人力资源部门还需定时了解竞争对手薪酬变化情况，以确保公司薪酬水平保持动态竞争力。

但是，由于岗位价值评估不可能完全准确，企业往往引入业绩薪酬制度，目的是使薪酬结构更公平、更加具有竞争力和灵活性，从而激发员工的积极性。业绩薪酬主要指由员工业绩考评成绩确定的业绩奖金——从事相同工作的员工由于业绩表现不同最终导致收入可能有较大差异。

除此之外，公司也可能视年度效益情况决定年终奖金的发放。

福利是薪酬体系的必要补充，能有效缓冲员工对固定薪酬和业绩薪酬的相对不满。举例来说，大多数外资企业就是通过提供优惠的福利政策来降低员工流动率，人力资源部门也应参考其他企业的福利水平制定公司福利制度。

（三）员工发展和薪酬提升

合理的薪酬体系能够推动员工薪酬水平不断上升。人力资源部门必须明确不同岗位的职业发展路线，完善培训制度，为员工提供竞争上岗或进一步提升的机会。

一方面，人力资源部门需要主动实施培训计划，给员工提高技能的机会。员工技能的提高往往伴随着工资级别的提高和工作业绩考评的上升，这在以考核奖惩体系为核心的人力资源管理系统中显得尤其重要。培训能大幅提高员工素质,激发员工积极性,是一条重要的辅助性管理措施。

另一方面,公司应提供公平上岗的机会,使员工职业发展之路切实可行。公司可通过竞争上岗,推行轮岗、定期交流等制度赋予职工尽可能多的争取高薪岗位的机会。如竞争上岗,员工有能力上哪个岗位就竞聘哪个岗位,当竞聘不上的时候,薪酬比别人拿得少,也就无话可说。竞聘不应是一次性的,而应是定期的,例如每年一次,这样就给了每个员工均等的机会,也鼓励每个员工奋发向上。

微型案例

薪酬激励重新激活了员工的积极性

某房地产集团属下一家物业经营管理公司,成立初期,该公司非常注重管理的规范化和充分调动员工积极性,制定了一套较科学完善的薪酬管理制度,公司得到了较快的发展,短短的两年多时间,公司的业务增长了110%。随着公司业务的增加和规模的扩大,员工也增加了很多,人数达到了220多人。但公司的薪酬管理制度没有随公司业务发展和人才市场的变化而适时调整,还是沿用以前的。

公司领导原以为公司的发展已有了一定的规模,经营业绩理应超过以前,但事实上,整个公司的经营业绩不断滑坡,客户的投诉也不断增加,员工的工作失去了往日的热情,出现了部分技术骨干、管理骨干离职,其他人员也出现不稳定的预兆。其中,公司工程部经理在得知自己的收入与后勤部经理的收入相差很少时,感到不公平,他认为工程部经理这一岗位相对后勤部经理,工作难度大、责任重,应该在薪酬上体现出这种差别,所以,在工作上没有了以前那种干劲,后来辞职而去。因为员工的流失、员工工作缺乏积极性,致使该公司的经营一度出现困难。在这种情况下,该公司的领导意识到问题的严重性,经过对公司内部管理的深入了解和诊断,发现问题出在公司的薪酬系统上,而且关键的技术骨干力量的薪酬水平较市场明显偏低,对外缺乏竞争力;公司的薪酬结构也不尽合理,对内缺乏公平,从而导致技术骨干和部分中层管理人员流失。针对这一具体问题,该公司就薪酬水平进行了市场调查和分析,并对公司原有薪酬制度进行调整,制定了新的与企业战略和组织架构相匹配的薪资方案,激发了员工工作的积极性和创造性,公司发展又开始恢复良好的势头。

第二节　福利与保险管理

福利是现代组织中培养员工归属感和忠诚感的独特手段,也是薪酬的另一个重要组成部分,与工资一起共同构成组织平等的、有竞争性的整体的薪酬体系。为员工缴纳社会保险是国家要求组织必须履行的法定义务。

一、福利管理

福利是指企业从生活的诸多方面来确保和提高员工及其家属生活质量而开展的活动和措施的总称。福利是为了吸引员工到企业来工作或维持企业骨干人员的稳定而支付的作为工资的补充项目报酬,如失业金、养老金、医疗费、退休金、工作午餐、节日礼物、有偿假期、住房补贴以及利润分红等。从本质上说,福利是企业给予员工的一种保障性质的薪酬。福利具有均等性、共享性、补充性和保证性的特点。

(一)福利的种类

国内学者孙海法在其编著的《现代企业人力资源管理》一书中,对员工福利的种类进行了归纳,大致包括以下几种:

1. 额外金钱收入。如在春节、中秋、端午、国庆等特殊节日的加薪、过节费、分红、物价补贴、小费、购物券等。

2. 超时酬金。超时加班费、节假日值班费或加班优待的饮料、膳食等。

3. 住房性福利。免费单身宿舍、夜班宿舍、廉价公房出租或廉价出售给本企业员工、提供购房低息或无息贷款、发放购房补贴等。

4. 交通性福利。企业接送员工上下班的班车服务、市内公交费补贴或报销、个人交通工具购买的低息或无息贷款以及补贴、交通工具的保养费及燃料补助等。

5. 饮食性福利。免费或低价的工作餐、工间休息的免费饮料、餐费报销、免费发放食品、集体折扣代购食品等。

6. 教育培训性福利。企业内部的在职或短期的脱产培训、企业外公费进修(业余、部分脱产或脱产)、报刊订阅补贴、专业书刊购买补贴等。

7. 医疗保健福利。免费定期体检、免费防疫注射、药费或滋补营养品报销或补贴、职业病免费防护、免费或优惠疗养等。

8. 意外补偿金。意外工伤补偿费、伤残生活补助、死亡抚恤金等。

9. 离退休福利。包括退休金、公积金、养老金等。

10. 带薪休假。除每周末及法定节假日和病假、产假外,每月或每年向员工提供若干带薪休假日。

11. 文体旅游性福利。有组织的集体文体活动,企业自建文体设施,免费或折扣电影、戏曲、表演、球赛票券,旅游津贴,免费提供的车、船、机票的订票服务等。

12. 金融性福利。信用储金、存款户头特惠利率、低息贷款、预支薪金、额外困难补助金等。

13. 其他生活性福利。洗澡、理发津贴,降温、取暖津贴,优惠价提供本企业产品或服务等。

(二)福利管理的作用

福利是企业整体薪酬体系中免费赠送的部分,它所提供的内容似乎与员工的工作业绩无任何关联,但实际上不同岗位、不同级别的员工所享受的福利是不一样的。

企业福利最终就是为了促进经营目标的实现,通过优越的福利待遇满足员工的基本物质需求,以使企业形成稳定的员工队伍。企业应该使员工意识到企业为他们提供的福利是其作为组织一员所获得的全部薪酬的一部分。

随着经济的发展、生活水平的提高及观念的变化,人们对福利要求的种类和范围也发生了变化,由于受收入所得税的限制,各组织间的薪资水平相差不大,这样福利待遇就成为各企业争夺人才的关键。

1. 传递企业的文化和价值观

现代社会中企业是否有一个积极的、得到员工认可的文化氛围,将对企业的发展产生重要影响。而福利恰恰是体现企业的管理特色,传递企业对员工的关怀,创造一个和谐大家庭的重要手段。

2. 吸引和留住人才

福利，一方面是企业管理的特色，另一方面也是员工所需要的，因此更多的人才开始关注企业的福利待遇，那么对企业而言，能否吸引和留住人才就要看企业向员工提供怎样的具有吸引力的、能够给员工带来实惠的福利措施。

(三)福利管理的原则

1. 合理性和必要性原则

企业福利费用务求以最小的费用达到最大的效果，为达到这一目的，就必须设立合理的福利管理制度。在合理性之外，还要考虑必要性的问题，提供给员工的福利需能满足员工的基本要求。另外，福利的提供要适度：福利过少，不能激发员工的积极性，反而会引起员工的不满；福利过多，会使员工没有工作的斗志，得过且过。

2. 量力而行的原则

企业在设立福利项目时，需结合自身的经济实力和需实现的经济效益目标来定夺。如果不顾及企业长期的发展利益，而只满足一时之需，那么企业的目标就会受到影响，也就无法保证员工的长期利益。

3. 公平的原则

福利面对的是全体员工，应体现公平的精神。不论是谁，只要符合条件，就应该享受到同等的福利待遇。如果企业没有这种公平性，员工福利将会引起员工的质疑和反抗，进而会影响企业经营的正常进行。

二、保险管理

社会保险是指国家依法建立的劳动者因年老、患病、生育、伤残、死亡等丧失劳动能力(暂时丧失劳动能力)或因失业中断劳动，本人及家属失去生活来源时，能够从社会(国家)获得物质帮助的制度。组织给员工的保险，实际上是福利中的一部分，在福利中占有很大比重的一块，是保障性的福利。

社会保险制度通过实行有保障的货币支付，发挥如下的具体作用：(1)保护退出劳动领域的劳动者的正当权益，维护劳动力再生产的正常运行；(2)保障劳动者及其家庭成员的基本生活，免除他们的后顾之忧，调动劳动者的积极性；(3)促进安全生产和劳动力合理流动；(4)实现社会安定。

(一)社会保险的特征

1. 强制性。社会保险是通过立法强制实施的，社会保障的内容和实施都是通过法律进行的，凡属于法律规定范围内的成员都必须无条件地参加社会保险。

2. 普遍性。社会保险要求社会化，凡是符合法律规定的所有企业和社会成员都必须参加。

3. 福利性。它是指社会保险不以营利为目的，实施社会保险完全是为了保障社会成员的基本生活。

4. 社会公平性。公平分配是宏观经济政策的目标之一，社会保险作为一种分配形式具有明显的公平特征。

5. 基本保障性。社会保险的保障标准是满足保障对象的基本生活需要，因为社会保险的根本目的是保证人们的收入稳定、生活安定，发挥社会稳定器的作用。

6. 互济性。社会保险通过法律的形式向全社会有缴纳义务的单位和个人收取社会保险费，建立社会保障基金，并在全社会统一用于救助被保障对象，同时各项社会保险基金可以从统一基金中相互调节。

(二)社会劳动保险的种类

目前,我国组织办理的社会劳动保险有养老保险、医疗保险、生育保险、工伤保险、失业保险、住房公积金等。

关于养老保险、失业保险和医疗保险的支取,只有在法定允许的情况下才可以进行,由社保登记部门来发放,比如“养老保险”要达到法定的年龄才可以,失业保险金的领取也要具备条件,比如到户口所在地的街道办事处办理失业证明,同时又办了求职证,就是指失业以后还必须有求职的意愿,只有具备这样的条件,才可以领取。

如果失业之后不想工作,就不能发放保险金。另外,养老金和失业金是不能同时享受的。

在试用期内也应该享受保险,因为试用期是合同期的一个组成部分,它不是隔离在合同期之外的。所以在试用期内也应该上保险。另外,企业给员工上保险是法定的义务,不取决于当事人的意愿或自愿与否,而且商业保险不能替代社会保险。

1. 养老保险。它是为了解决员工在达到国家规定的解除劳动义务的劳动年龄界限,保障年老体弱者在退出劳动岗位后继续生活而建立的一种社会保险制度。这是员工享有的基本社会保障之一。

2. 医疗保险。它是由政府制定、用人单位和职工共同参加的一种社会保险。它是按照用人单位和职工的承受能力来确定大家的基本医疗保障水平。基本医疗保险费用由用人单位和职工共同缴纳。

3. 生育保险。它是指可以报销与生育有关的费用。报销范围包括生育津贴、生育医疗费用、计划生育手术医疗费用、国家和本省市规定的其他与生育有关的费用。

4. 失业保险。它是指国家通过立法强制实行的,由社会集中建立基金,对因失业而暂时中断生活来源的劳动者提供物质帮助的制度。它是社会保障体系的重要组成部分,是社会保险的主要项目之一。失业保险基金主要来源于社会,由单位、个人和国家三方共同负担,缴费比例、缴费方式相对稳定。

5. 工伤保险。它包括工伤医疗、工伤补偿、工伤康复、工伤预防等方面的保险,体现组织对员工的福利保障。

6. 住房公积金。它是指国家机关、国有企业、城镇集体企业、外商投资企业、城镇私营企业及其他城镇企业、事业单位、民办非企业单位、社会团体及其在职职工缴存的长期住房储备金,用于职工日后支付购买、建造自住用房,翻修、大修自住住房等费用的具有储备金性质的资金。根据规定,住房公积金只能用于职工住房的消费和职工住房建设资金的融通,不得挪作他用。

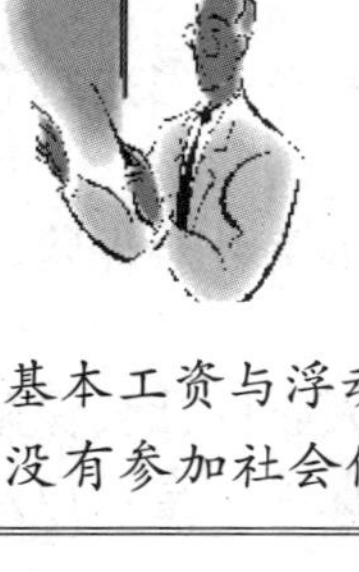

微型案例

保险发到职工手里了该怎么办?

李某在一家公司上班,从事文职工作,每月工资 5 000 元。公司与李某没有签订劳动合同,也不负责档案的保管,也没为李某上各种法定的社会保险。关于这一点,在李某上班的第一天,经理就已经与她说了,并说工资包括基本工资与浮动工资,其中浮动工资包括津贴、各种社会保险费用、奖金等。换句话说,公司没有参加社会保险,而是把社会保险费以现金的形式发到员工的手中。李某自然知道这不对，但由于那时找工作很不容易，所以便没有说什么。现在李某已工作一年多了，便想换个工作，找个正规的公司，同时又想能否通过劳动仲裁等法律途径让公司给其补缴社会保险费用。

[案例分析]

签订劳动合同，参加社会保险，缴纳社会保险费用是用人单位与劳动者都必须履行之义务。这个案例中，最后可能出现两种结果：(1)公司抗辩时举证不力，无法有效充分证明李某确已知晓此事，那么公司最后只能是补办手续，支付经济赔偿金，补缴社会保险费用。(2)公司抗辩时提交的证据充分有力，证明李某确已知晓公司将应缴的那部分社会保险费用转作现金发放了，那么李某也将承担不利的后果。由于公司本应参保却未参保，反而将应缴的社会保险费用以现金形式发放给了员工，所以得从员工手中收回，也就是说，最后李某虽能让公司补缴公司应缴的那一部分社会保险费用，但也得将拿到手中的本属于个人缴纳的那一部分社会保险费用"吐"出来，然后再由该公司补办登记参保手续和补缴相关费用。当然由于公司本就是违法行为在先的，所以可能得承担其他的一些责任，比如被劳动行政部门处以罚款等行政处罚。倘若真的是第二种结局，那我们还可换个角度试想一下：比如这名员工的工资看起来是有点高，但如果除去属于所谓发放的那部分社会保险费用，最后的工资余额可能根本没有达到社会最低工资标准，那将如何处理？不过，在此种情况下，李某可另有收获，公司因不签订劳动合同，同样可能需要支付其一笔经济赔偿金。

第三节　激励机制

在知识经济时代，随着市场竞争的日益加剧、人才的流动性加强，企业间人才争夺也愈演愈烈。在现代企业中人的因素越来越重要，企业在人力资源管理中也越来越重视员工激励问题。企业愿意将更多的精力和财力花费在员工激励上。如何引进人才，如何能调动员工的积极性，使员工尽自己最大才能为企业效力是企业采用员工激励机制的关键。

一、激励的概念

"激励"一词译自英文 Motivation，是指一个有机体在追求某些既定目标时的能动程度，也就是人们常说的为了调动人的积极性和创造性，充分激发人的主观能动性。激励对于调动人们潜在的积极性，出色地去实现既定目标，不断提高工作绩效，具有十分重要的作用。

员工激励是人力资源管理中的一个重要组成部分。它是根据激励的原理，采取具体的激励方法，来提高员工工作效率和员工生活质量的一种人力资源管理方式。具体来说，员工激励就是指组织或机构通过各种有效的手段，对员工的各种需要予以不同程度的满足或者限制，以激发员工的需要、动机、欲望，从而使员工在追求某一特定目标的过程中保持高昂的情绪和持续的积极状态，充分挖掘潜力，全力达到预期目标的过程。

提醒您

正确理解员工激励这一概念，还要着重了解其内涵。

(1)激励的出发点是满足组织或机构成员的外在和内在需要。

(2)科学的激励需要奖励和惩罚并举。

(3)激励贯穿于企业员工工作的全过程，包括对员工个人需要的了解、个性的把握、行为过程的控制和行为结果的评价等。

(4) 激励的最终目的是在实现组织预期目标的同时，也能让组织成员实现其个人目标，即达到组织目标和员工个人目标在客观上的统一。

二、激励的原则

组织的激励原则一般包括物质激励与精神激励、正激励与负激励、外激励与内激励相结合、按需激励、合理性激励的原则。

(一)物质激励和精神激励并举的原则

物质激励是基础，精神激励是根本。在两者结合的基础上，逐步过渡到以精神激励为主。物质需要是人类生存与发展不可缺少的物质条件，是人们从事一切社会活动的基本动因。物质激励就是从满足人们的物质需要出发，对物质利益关系进行调节，从而激发人们的劳动热情。人类除了物质需要之外，还有精神上的追求，如荣誉感、成就感等。精神激励就是从满足人们的精神需要出发，通过对人们的心理状态的影响来达到激励的目的。

(二)正激励与负激励相结合的原则

所谓正激励就是通过奖赏的方式对员工符合组织目标的行为进行激励，以达到调动员工工作积极性的目的。所谓负激励就是对员工违背组织目的的非期望行为进行制裁或惩罚，通过制裁的方式来抑制这种行为，从反方向来实施激励。正激励是对行为的肯定，表现为奖赏与鼓励；负激励是对行为的否定，表现为批评与制裁。正激励与负激励不仅作用于当事人，而且会间接地影响周围其他人，从而达到激励先进、鞭策后进的目的。

(三)外激励与内激励相结合的原则

所谓外激励就是运用环境条件来制约人们的动机，以此来强化或削弱各种行为，进而提高工作意愿。外激励多表现为通过制定各项合理的政策和制度鼓励或限制员工的行为。而内激励是通过启发诱导的方式，激发人的主动精神，使人们的工作热情建立在自觉自愿的基础上，充分发挥人的主观能动性。内激励多表现为动之以情、晓之以理，通过思想教育工作，使员工从思想深处受到激励。

(四)按需激励原则

激励的目的是满足员工的需要，调动员工的积极性和工作热情。但员工的需要因人而异、因时而异，只有满足员工最迫切需求的措施，其激励的效果才是最恰到好处的。因此，组织领导只有不断了解员工需要层次和需要结构的变化趋势，才能有针对性地采取激励措施，才能使激励达到最佳效果。

(五)合理性激励原则

激励的合理性原则，是指激励员工的措施要合理、适度，要根据所实现目标本身的价值大小确定适当的激励量。另外，奖罚要公平、一视同仁。奖励时要普遍推及基层，对有功之人不能忽视和遗漏；惩罚时要追究责任，不论职务高低，不能有过失就掩饰或开脱。

三、激励的作用

对一个组织来说，科学的激励制度主要有三个方面的作用。

（一）有利于提高员工的自觉性和能动性

组织的目标是依靠人的行为来实现的，而人的行为是由人的积极性来推动的。要实现组织的目标就必须激励员工，通过采取一系列激励措施使员工自觉发挥出最大的能动性来完成目标，这也是员工自身内在的需要促使员工更有热情地完成工作。因此，在国内外企业竞争日益激烈的状况下，企业为了生存和发展，必须不断地提高自己的竞争能力，最大限度地激励员工，充分挖掘人力资源的内在潜力，促使更多的员工自觉地去完成企业的目标。

（二）有助于提高员工的职业素养

组织激励员工的行为也是树立良好职业素养的示范，通过对先进人物和事件的表扬与奖励，或对不良行为的惩罚或批判，提高员工职业素养，培养员工积极的进取心和坚强的意志，树立正确的是非观和价值观，并能自觉地规范自己的思想和行为，从而提高组织员工整体的职业素养。

（三）有助于组织的发展与员工个人价值的实现相结合

员工个人价值和个人需求的满足是员工从事职业的动力，而这些与组织的发展方向并不相违背，而是一种相辅相成的关系。员工个人价值的实现有助于推动企业的发展，而组织的发展更能体现员工的个人价值。当两者发生背离时，个人价值的实现往往会阻碍组织目标的实现。因此，组织采取激励措施的重要功能在于以个人利益和需求的满足为基本的动力，去引导员工把实现个人价值与企业整体目标的完成相统一，推动员工积极完成工作任务，从而促进组织的发展与员工的个人价值共同实现。

四、激励的措施

根据现代组织行为学理论，激励的本质是员工主动去做某件事情的意愿程度，这种意愿以满足员工的个人需要为条件，因此激励的核心在于对员工内在需求的把握与满足。那么，激励员工所采取的措施就要能充分调动员工主动做事情的意愿。

（一）满足员工的基本物质需求

这些基本的物质需求是人们维持生命、延续种族的基本需要，包括对衣食住行等多方面的需求，这样就要求组织在激励员工的时候，可以通过提高员工的工资、社会福利和保险等生活方面的基本保障来让员工无后顾之忧，全身心地投入到工作中。

在现代社会中，薪酬和福利待遇在很大程度上影响着一个人的情绪，影响着员工的积极性和能力的发挥，因为这些不仅是员工维持自身家庭生存和发展的一种手段，而且能满足员工的价值感。心理学家研究表明，一个员工在积极提高自己工作绩效的同时也在不断争取更高级别的薪酬待遇，在此不断追求的过程中，员工会体验到由工作晋升和待遇的提高带来的一种成就感，而这种成就感又会进一步激发员工的潜力来继续提升自己。

（二）员工参与和授权激励

员工的参与指的是企业通过鼓励员工参与组织的决策工作，来激发员工的积极性，调动员工工作的热情，以使员工和组织共同得到发展的一种模式。员工参与管理可以增强组织内的沟通和协调，也可以增强员工的主人翁意识，使员工感到自己在组织中存在的意义和价值，能主动地为自己的行为负责。员工参与也是一种角色的转换，使员工由表面的被雇用者转变为组织的主人，从而激发员工工作的动力。

授权是指组织领导在工作中适当地放权于有能力的员工，使有能力的员工在压力面前感受到组织的信任，从而更加主动地承担工作中的责任和义务，为组织服务。

员工参与和授权激励能激起员工对工作的自豪感和责任感，同时也是员工工作积极性的源泉。大多数人都有一种心理需求，希望能主动支配自己的生活和工作，而不是被动地、无助地去接受、去适应。

（三）建立目标激励

任何一项活动设立目标的本身就体现出一种激励、激发的因素。联想集团董事会主席柳传志说："目标是最大的激励，给员工一个值得努力的宏伟目标，比任何物质激励都来得实在，也比任何精神激励都来得坚挺。"在建立目标激励的时候要注意目标本身的挑战性和协调性，也就是所建立的目标要有适当的高度，能否实现，并能激发员工的工作欲望。另外，在设立目标时要注意将员工的个人目标和组织的发展目标相结合，通过完成组织的大目标来实现员工的小目标，通过实现员工的小目标来完成组织的大目标，两个目标之间要能相互促进。

（四）建立员工持股激励体制

员工持股激励实际上是把员工提供的劳动作为分享组织利润的依据，它将员工个人利益同组织的发展、员工自身努力、组织管理等因素结合起来，以唤起员工对期望目标的向往和追求，让员工既为组织成长而骄傲，又可为自身带来财富。

员工持股激励的作用：一方面可以激励员工努力工作，通过取得更高的绩效，直接把个人未来养老保险收入的多少与组织经营好坏和个人努力的程度直接相联系；另一方面，员工可以通过定期了解组织经营状况，参与组织的管理，在心理上感受主人翁的地位，从而提高心理的满意度。

小技巧

激励员工的小技巧

1. 为员工提供一份有挑战性的工作。
2. 确保员工工作顺利进行的相应设备的齐全。
3. 组织或企业的领导应当为员工出色地完成工作提供必要的信息。
4. 当员工出色地完成工作时，组织或企业应给予奖励或祝贺。
5. 开庆功会，鼓舞士气。
6. 领导要经常与员工保持联系，了解员工的实际困难与个人需求。
7. 将奖惩与员工的工作绩效相联系。
8. 员工的薪酬要有竞争力。

第四节 奖惩管理

奖惩是指公司经营管理中对突出成绩的奖励和严重错误行为的惩罚。组织的奖惩管理就是为了调动员工工作的积极性并促进其发展，将对员工的奖惩与组织目标有机地结合起来的一系列管理活动。良好的奖惩管理不仅能够激励员工努力工作，而且能够形成公平合理的组织氛围，将员工的工作绩效与组织目标融为一体。

一般而言，对员工的奖励依据以员工日常的业绩考核和素质考核结果为主，其他因素为辅。对员工的处罚，要坚持以思想教育为主、惩罚为辅的原则。

一、奖惩的原则

组织对员工的奖惩一般遵循平等、适当、精神与物质鼓励结合、教育与惩罚结合的原则。

（一）平等的原则

企业或组织为了更好地调动员工的积极性和热情，就要做到奖惩分明，做到公正、公平。制定了奖惩制度，企业就要严格按照奖惩制度来办理，不能擅自改动奖惩条例，做到一视同仁。

（二）适当的原则

组织不仅要做到奖罚分明，而且要在奖励或惩罚员工的时候，尽量采用适当的方式，恰到好处地奖惩。组织制定的奖惩条例目的并非在于奖或惩，而是通过奖励来激励更多的员工为组织做出贡献，通过惩罚来约束和规范员工的行为，同时也是为了激励员工。

（三）精神鼓励与物质鼓励相结合，教育与惩罚相结合的原则

员工奖惩管理的目的是激发员工的工作积极性和热情，所以在实行奖惩的时候，不仅要从员工的生理需要，也要从员工心理需要的角度来奖励或惩罚。组织可以通过文件通报、信息、会议以及网络等宣传媒介，对先进事迹进行表扬，对不良行为进行批评。从而达到弘扬正气、抵制歪风的目的，形成奋发向上、你追我赶的良好气氛。

提醒您

企业在奖励员工过程中常犯的错误

美国著名管理专家拉伯福将企业在奖励员工方面最常犯的也是最应该避免的十大错误归纳如下：

1. 需要有好业绩，却去奖励那些看起来最忙、工作最久的人；
2. 要求工作的质量，却设下不合理的完工期限；
3. 希望对问题有治本的答案，却奖励治标的方法；
4. 光谈对公司的忠诚度，却不提供工作保障，而是付最高的薪水给新进或威胁要离职的员工；
5. 需要事情简化，却奖励使事情复杂化和制造琐碎的人；
6. 要求和谐的工作环境，却奖励那些最会抱怨且光说不做的人；
7. 需要有创意的人，却责罚那些敢于独行的人；
8. 光说要节俭，却以最大的预算增幅，来奖励那些将他们所有的资源耗得精光的职员；
9. 要求团队合作，却奖励团队中某一成员而牺牲了其他人；
10. 需要创新，却处罚未能成功的创意，而且奖励墨守成规的行为。

二、奖惩管理办法

（一）对员工的奖励

一般而言，组织对员工的优秀行为的奖励主要包括对员工的嘉奖、记功、奖金及升迁或晋级等。

1. 应予以嘉奖的情况

（1）品德良好，作为同事表率，并具有先进事迹者；

（2）有利于本公司或公众利益的行为，并有先进事迹者。

2. 视情节轻重应予以记功或记大功的情况

（1）细心维护公司财务及设备，节省费用，有显著成效者；

（2）担任临时重要任务，能如期完成，并达到预期目标者；

（3）及时制止重大意外事件或变故的发生者。

3. 应予以发放奖金的情况

（1）对工作及管理等方面有重大改善，因而提高质量或降低成本者；

（2）对公司设备维护恰当，或抢修工作提前完成，因而增加了企业效益者；

（3）对工作或管理的方法做重大改革的建议或发明，经采纳施行而成效显著者；

（4）对采购销售、会计处理、人力运用等方法有重大改善，因而降低成本或增加收入，可明确计算其价值者；

（5）对因天灾、人祸或有损害公司利益的事件，能奋勇维护或预先防止，使公司免遭损失的。

以上三项的奖金数额，应视其贡献大小由组织决定。

4. 应予以晋级或升迁的情况

（1）一年内记功两次以上者；

（2）对自己的业务表现出卓越的才能，品德优良，服务成绩特优，且有具体事迹者；

（3）工作上有特殊功绩，使公司增加收益或减少损失者。

（二）对员工的惩处

一般而言，组织对员工不好的行为的处罚主要包括警告、记过、降级及免职等。

1. 应予以解聘或免职的情况

（1）假借职权、营私舞弊者；

（2）盗窃公司财务，挪用公款，故意损毁公物者；

（3）携带违禁品进入工作场所者；

（4）在工作场所聚赌或者斗殴者；

（5）不服从主管的指挥调遣，且有威胁行为者；

（6）泄露公司机密，捏造谣言或酿成意外灾害，致使公司遭受重大损失者；

（7）品行不端，严重损害公司信誉者；

（8）连续旷工 3 天或全年旷工 7 天以上者；

（9）记大过 2 次者；

（10）模仿上级主管人员签字，盗用印信者或擅用公司名义，使公司受损者。

2. 应予以降级，记大过处分的情况

（1）直属主管包庇下属的舞弊行为，而予以降级，记大过处分；

(2)故意浪费公司财务或办事疏忽使公司遭受损失者；
(3)违抗命令，或有威胁侮辱主管的行为，情节轻者；
(4)泄露机密或虚报事实者；
(5)品行不端有损公司信誉者；
(6)在物料仓库或危险场所违背禁令，或吸烟引火者；
(7)全年旷工达 4 天以上者。

3. 应予以记过处分的情况
(1)疏忽过失致使公物损害者；
(2)工作不力，屡错不改者；
(3)在工作场所酗酒闹事，影响秩序者。

4. 应予以警告处分的情况
(1)遇非常事变，故意规避者；
(2)在工作场所内喧哗或口角，不服管教者；
(3)办事不力，在工作时间内偷闲怠懈者；
(4)浪费物料者；
(5)科室主任以上人员，当月内迟到、早退累计 5 次以上者。

5. 其他事项

可因情节轻重，予以惩处。

微型案例

某企业的处罚程序

1. 对员工的处罚，应认真调查核实，根据所犯错误的性质，慎重做出处理决定。员工处罚审批权限如下：

(1)总公司行政部可对公司全单位违纪违规员工进行处罚，其处罚流程为：行政部提出→被处罚员工部门相关领导签署意见→总经办相关领导审核审批。对公司属部门经理、分公司经理的处罚决定，由总经理审批。

(2)各分公司厂办可对本公司部长/工程师以下违纪违规员工进行处罚，其处罚流程为：各班组提出→被处罚员工部门相关领导签署意见→分公司领导审核审批。

(3)分公司/部的部长/工程师(含)以上违纪违规员工的处罚流程为：各部/行政部提出→被处罚员工部门相关领导签署意见→总经办相关领导审核。

(4)所有处罚在实施后需提交处罚资料给人力资源部存档。

2. 对员工的惩处，应将处理决定书面通知本人，员工本人须在过失单上签字，其处罚材料记入本人档案，并办好相关手续(凡受到惩罚的员工，如事实确凿，拒绝签字时，惩罚决定仍然有效)。

3. 受惩处的员工，如对处理不服，可在接到处理通知后的三天内，以书面形式向公司人力资源部提出申诉，相关部门核实无误后予以通知本人，否则重新处理。

4. 辞退、开除和解聘的人员按公司相关规定办理离职手续，如在公司无理取闹，扰乱生产、工作和社会秩序的，将移送公安部门处理。

小 结

关键术语

员工激励　员工工资管理　福利管理　保险管理　员工奖惩管理

本章小结

1. 员工激励就是指组织或机构通过各种有效的手段，对员工的各种需要予以不同程度的满足或者限制，以激发员工的需要、动机、欲望，从而使员工在追求某一特定目标的过程中保持高昂的情绪和持续的积极状态，充分挖掘潜力，全力达到预期目标的过程。

2. 员工激励的基本原则包括：(1)物质激励和精神激励并举的原则；(2)正激励与负激励相结合的原则；(3)外激励与内激励相结合的原则；(4)按需激励原则；(5)合理性激励原则。

3. 员工激励的作用包括：(1)有利于提高员工的自觉性和能动性；(2)有助于提高员工的职业素养；(3)有助于组织的发展与员工个人价值的实现相结合。

4. 员工激励的措施包括：(1)满足员工的基本物质需求；(2)员工参与和授权激励；(3)建立目标激励；(4)建立员工持股激励体制。

5. 员工工资是薪酬中相对稳定的部分，也称基本薪酬，是指以员工工作的熟练程度、复杂程度、所负责任及劳动强度为基准，按照员工实际完成的工作标准、工作时间或劳动消耗而计付的报酬。

6. 福利是指企业从生活的诸多方面来确保与提高员工及其家属生活而开展的活动和措施的总称。福利是现代企业中，培养员工归属感和忠诚感的独特手段，也是薪酬的另一个重要组成内容，与工资一起共同构成一个组织平等的、有竞争性的整体的薪酬体系。

7. 保险，实际上是福利中的一部分，在福利中占有很大比重的一块，是保障性的福利，包括养老保险、医疗保险、失业保险及工伤保险。

8. 员工的奖惩管理是为了调动员工工作的积极性并促进其发展，将对员工的奖惩与组织目标有机地结合起来的一系列管理活动。员工奖惩管理的原则包括：(1)平等的原则；(2)适当的原则；(3)精神鼓励与物质鼓励相结合的原则；(4)教育与惩罚相结合的原则。

知识结构图

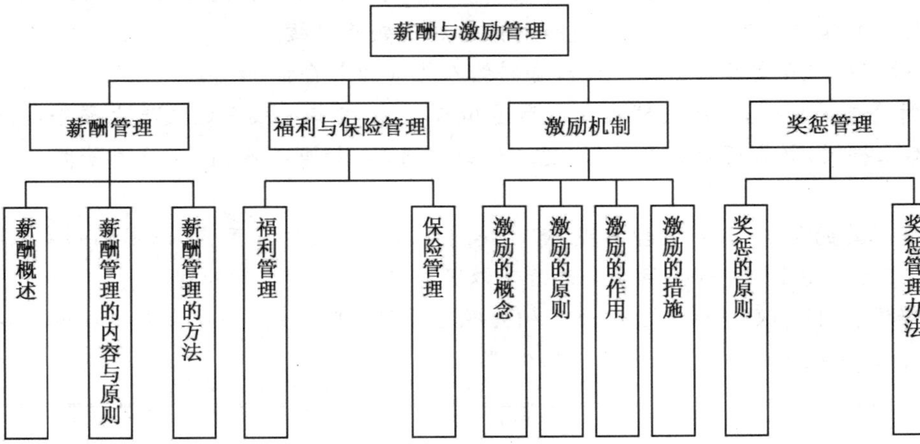

应 用

案例研究

发生在玩具厂的故事

童友玩具厂是一家内地与中国香港合资的小型企业，主要生产简单的木制玩具。其产品质量甚佳，成本低廉，不久前开始出口，订货有迅增之势。据此，老板决定增加投资，对生产“瓶颈”——喷漆工段——进行工作设计，请当地一家设计院的林工程师拿出改进方案。

喷漆工段其实只相当于一个小班组，由 8 名女工组成，归一名工段长领导，原来全部由手工操作，现在做了流程改造。待漆的玩具放在每名女工右手边的托盘里，她们取来，放在模板下，把彩漆按照设计的图案喷到玩具上没被模板挡住的部位。喷完后，取出来挂到前上方经过的吊钩上，自动进炉烘干。吊钩的移动速度是设计工程师做过时间动作研究，并经过计算后设置的。

女工们的奖金发放采用小组集体计奖制。由于对新工艺还不熟练，在半年实习期内，她们还达不到新定额，所以，发给一笔“学习津贴”，但逐月减少 1/6，半年后全部取消。那时就只有靠全组超过定额方能得到集体奖金了。当超额越多，奖金也就越多。

半年实习期头一个月，生产率还马马虎虎；第二个月则显著停滞，进展极慢。工段长问女工怎么才能加速，女工中被称为“大姐”的一名年长女工列举了新流程的一大堆问题：吊钩太快；奖金计算偏低；环境温度太高等。

工段长请示了主任，马上买来 3 台大风扇，以解决工作环境温度过高的问题。女工们对这样解决似乎很满意，跟工段长的对立情绪也消退很多。工段长也很高兴，决定开几次会，彻底解决工作环境问题。

会议上，女工们主要提出了吊钩速度问题。王主任和林工也在座。女工们提议：“能不能把吊钩速度搞成快、中、慢三挡，换挡开关在“大姐”手边，由我们来调节控制？”王主任和工段长决定研究后答复。

会后，王主任和工段长仔细讨论了很久，最后决定按女工们的建议先试一试。林工很快把变速装置装好，换挡开关设在“大姐”工作台。女工们大为兴奋，研究出一种最佳速度设置模式，工作效率明显提高。

经过改进后，次品率很快下降。在原定的半年实习期还差两个月左右时，生产率即超出原预计值 30%以上。于是，奖金也高于原预计水平。6 个月期满，学习津贴取消，女工们更熟练，也干得更欢了。结果，喷漆工段收入比邻近的其他班组高出不少，甚至超过了其他班组的高级技工。

其他班组感到不平，反映到厂长处。厂长下来了解情况，批评让工人自己掌握生产节奏是“瞎胡闹”。他下令停止这新一套做法，恢复原方案。

到下个月，生产大幅下降，8 名女工中，包括“大姐”在内的 6 名女工在以后的两个月中走掉了。又过了两个月，工段长也挂冠而去，另谋高就了。

资料来源：张岩松、李健等：《人力资源管理案例精选精析》(第三版)，中国社会科学出版社 2010 年版。

问题：

如果你是公司主抓生产的副总经理，你应该如何处理？

实验实训

冯经理新的激励手段

冯敢赢是西屋机械公司供应部的经理，公司的同事乃至公司外的同行们都知道他是有名的敢想敢说、为人热情的人，尤其对新发明、新理念很感兴趣，自己也常爱在工作中搞点新名堂。

前段时间，常听见冯经理对人说："我们公司的那套奖金分配制度是非改不可了，奖金总额不跟公司绩效挂钩，每月固定按工资总额拿出5%当奖金，一共才那么一点钱。具体每人分多少，由各部门领导按每人每月工作表现定，还要求搞什么'重赏重罚，承认差距'。可是，谈何容易，总共就那么一点，还玩得出什么花样？如果真要对干得好的多给，一般的少给，差的不给，不闹起来才怪呢！"

最近，冯经理又在跟人说："改革公司奖金分配制度，琢磨了好久了，可就是想不出好点子。直到上个月，公司派我去市经济管理干部学院参加一期中层管理干部短训班。有一天，请来一位美国教授给我们做了一次讲演。那位教授说，对员工的激励，不能太依靠高工资和奖金。钱并不能真正调动人的积极性，能影响人积极性的因素很多，按重要性高低，他列出了一长串单子，好像最要紧的是工作的挑战性。照他解释，就是指工作不能太简单，轻而易举地就完成，要艰巨点，让人得动点脑筋，花点力气，那活儿才有干头。再就是工作要有趣，要有变化，多点花样，别老一套，太单调。他说，再就是要给自主权，给责任，要让人们感到自己有所成就、有所提高。还有什么表扬啦，跟同事们关系友好融洽啦，劳动条件要舒服安全啦什么的，我也记不准。可有一条我是记准了：工资和奖金是摆在最后一位的，也就是说，最无关紧要了。""那位教授还说，这理论仅适用于工程师、会计师、医生这类高级知识分子，对别类人未见得合适。""短训班办完，回到公司里，正赶上年末工作总结，要发年终奖金了。这回我有了新主意。我们供应部里，论工作，就属李促维最突出。他大学本科毕业，积极肯干，还能动脑筋，于是我把他找来谈话。""我先强调了他这一年的贡献，特别表扬了他的成绩，还细致讨论了明年的具体指标，最后才谈到这最不要紧的事——奖金。我说，这回年终奖，因为奖金总额有限，你就跟大伙儿拿得差不多吧！""可是，小李竟发起火来了，真的火了。他忽然站起来说：'什么？就给我那一点儿？说了那一大堆好话，到头来我就值那么一点儿？得啦，您那一套好听的，请收回去送给别人吧，我不稀罕，表扬又不能当饭吃！'"

"这是怎么一回事，把我搞糊涂了。"

资料来源：张岩松、李健等：《人力资源管理案例精选精析》(第三版)，中国社会科学出版社2010年版。

实践训练：

(1)教师讲授完本节内容后，随机从班级里挑出包括班长在内的8名学生，扮演背景材料中的角色。演练安排在下一次课进行。

(2)班长负责分配角色，适当调整和完善情节，可以增加角色。

(3)演练完毕后，班级讨论"冯经理新的激励手段失败的原因是什么？"以及"应该如何激励员工才是恰到好处的？"

复习思考题

1. 员工的激励机制包括哪些内容?

2. 设置激励目标的原则和步骤有哪些?

3. 制定员工奖惩制度应该遵循哪些原则?

4. 了解父母或朋友所在的单位的激励机制,结合本章所学的内容,分析该单位激励机制的优劣,在班级内展开讨论。

第八章　劳动关系管理

学习目标

通过本章学习，你应能够：

了解和掌握劳动关系的概念和特征；

掌握劳动合同管理的相关原理；

理解劳动合同的建立、履行、变更与解除的基本程序和责任；

掌握劳动争议的处理方法。

导入案例

单位口头解除劳动合同是否生效？

周某等人作为厨师就职于某饭店，饭店和周某等人签订了劳动合同，但劳动合同期限尚未到期。由于经营状况发生变化，饭店将餐厅厨房承包给了其他人，承包人自带其他厨师经营该厨房，不再需要原厨房的17名厨师。

饭店并没有和周某等人协商变更工作岗位事宜。人事部门在3月的一天，突然口头通知周某等人，他们已被单位开除，并责令该17名员工立即搬离饭店宿舍，并不得再进入饭店及厨房工作。

同时，饭店向周某等人提出经济补偿金的支付问题，但由于饭店未按员工实际工龄支付经济补偿金，周某等人不同意饭店的解雇赔偿方案，因此，双方发生争议。之后，该饭店人事经理再次以口头、短信的形式，通知厨师代表，劳动合同已被解除，并由其通知其他厨师。

次日，该17名厨师向劳动监察部门投诉，要求单位支付违法解除劳动合同的赔偿金(违法解除劳动合同的赔偿金的金额，是正常解雇劳动者经济补偿金的两倍)。饭店抗辩，之前人事部口头通知解除劳动合同的行为，不具有法律效力。该口头通知，并没有得到法定代表人签字或公司盖章的确认，因此，解除劳动合同行为并没有成立，也不具有效力。

问题：

1. 饭店违反了《劳动合同法》哪些条款的规定？

2. 请查阅《劳动合同法》的相关条款，分析这些厨师应该得到多少经济赔偿金。

第一节　劳动关系

为了明确劳资双方当事人的权利和义务，保护劳动者的合法权益，构建与发展和谐稳定的劳动关系，我国颁布了关于劳动合同、劳动争议、职工带薪休假等方面的一系列法律法规，其中与劳动关系最紧密相关的两部法律有《中华人民共和国劳动法》(以下简称《劳动法》)和《中华人民共和国劳动合同法》(以下简称《劳动合同法》)。就两者的关系来看，劳动合同法是劳动法的重要组成部分。劳动法除了包括劳动合同法以外，还包括劳动就业法、劳动条件法、劳动保护法、劳动争议处理法、劳动监察法等法律法规。

《中华人民共和国劳动法》是为了保护劳动者的合法权益，调整劳动关系，建立和维护适应社会主义市场经济的劳动制度，促进经济发展和社会进步，根据宪法制定。它是 1994 年 7 月 5 日由第八届全国人民代表大会常务委员会第八次会议通过，并于 2009 年 8 月 27 日进行了第一次修正，于 2018 年 12 月 29 日进行了第二次修正。

《中华人民共和国劳动合同法》是为了完善劳动合同制度，明确劳动合同双方当事人的权利和义务，保护劳动者的合法权益，构建与发展和谐稳定的劳动关系。它是由中华人民共和国第十届全国人民代表大会常务委员会第二十八次会议于 2007 年 6 月 29 日通过，自 2008 年 1 月 1 日起施行。并于 2012 年 12 月 28 日，进行了修订，自 2013 年 7 月 1 日起施行。

一、劳动关系的含义与特征

(一)劳动关系的含义

劳动关系是指劳动者与用人单位(包括各类企业、个体工商户、事业单位等)在实现劳动过程中建立的社会经济关系。从广义上讲，生活在城市和农村的任何劳动者与任何性质的用人单位之间因从事劳动而结成的社会关系都属于劳动关系的范畴。从狭义上讲，现实经济生活中的劳动关系是指依照国家劳动法律法规规范的劳动法律关系，即双方当事人是被一定的劳动法律规范所规定和确认的权利与义务联系在一起的，其权利与义务的实现，是由国家强制力来保障的，劳动法律关系的一方(劳动者)必须加入某一个用人单位，成为该单位的一员，并参加单位的生产劳动，遵守单位内部的劳动规则；而另一方(用人单位)则必须按照劳动者的劳动数量或质量给付其报酬，提供工作条件，并不断改进劳动者的物质文化生活。因此，劳动关系的三要素包括主体、内容和客体。

劳动关系的主体是指劳动法律关系的参与者，包括劳动者、劳动者的组织(工会、职工代表大会)和用人单位。

劳动关系的内容是指主体双方依法享有的权利和承担的义务。

劳动关系的客体是指主体的劳动权利和劳动义务共同指向的事物，如劳动时间、劳动报酬、劳动纪律、福利保险、安全卫生、教育培训、劳动环境等。

(二)劳动关系的特征

《劳动法》中所规范的劳动关系主要包括五个方面的法律特征。

1. 劳动关系主体之间既有法律上的平等性，又具有客观上的隶属性。劳动关系主体双方在法律面前享有平等的权利，劳动者向用人单位提供劳动或服务，用人单位向劳动者支付劳动报酬，双方在平等自愿的基础上建立劳动关系。同时，劳动者作为用人单位的成员，在实现劳动过程中理所当然地应当遵守用人单位的规章制度，服从用人单位的管理，双方形成领导与被领导的隶属关系。

2. 劳动关系产生于劳动过程之中。劳动者只有与用人单位提供的生产资料相结合，在实现劳动过程中才能与用人单位产生劳动关系，没有劳动过程便不可能形成劳动关系。因此，从严格意义上讲，劳动法所涉及的范围只限于劳动过程之中，不应包括未形成劳动关系之前的就业过程。但是，由于我国是一个劳动力资源大国，就业问题成为一个社会问题，在今后相当长的时期内，都关系到社会经济的发展和稳定。同时就业与劳动关系又有特别紧密的联系。因此，我国的《劳动法》将就业纳入自己的调整范围，是出于我国实际的考虑，不能因此将就业也归于劳动关系的范畴。

3. 劳动者与用人单位间的劳动关系具有排他性。劳动关系只能产生于劳动者与用人单位之间，劳动者与其他社会主体之间发生的社会关系不能称之为劳动关系。同时，作为自然人的劳动者，在同一时间只能与一个用人单位签订劳动合同、建立劳动关系。任何劳动者都不能与两个用人单位同时签订劳动合同、建立劳动关系；任何两个用人单位也不得同时与一个劳动者签订劳动合同、建立劳动关系，劳动关系具有排他性。至于现实社会中存在的灵活就业者，比如作家、自由撰稿人、小时工等，他们可以和不同的用人单位建立劳动关系。笔者认为灵活就业者在本质上并没有违背劳动关系排他性，因为灵活就业者在工作时间上是相互错开的，依然符合劳动者在同一时间只能与一个用人单位签订劳动合同、建立劳动关系的规范，只不过这“同一时间”更为灵活、更为具体而已。

4. 劳动关系的存在以劳动为目的。用人单位与劳动者建立劳动关系，是为了实现劳动过程，为社会生产或社会产品提供服务。劳动者的劳动成果归属于用人单位，也就是说，劳动者是在用人单位组织指挥下，为了最终实现用人单位的利益而劳动的。相应地用人单位必须为劳动者实施劳动行为提供有利条件和物质保障，并向劳动者支付合理的报酬。

5. 劳动关系具有国家意志和当事人意志相结合的双重属性。劳动关系是依据劳动法律规范的规定和劳动合同的约定形成的，既体现了国家意志，又体现了双方当事人的共同意志。我国劳动合同法对用人单位和劳动者的权利、义务做了明确的规定，体现了国家对劳动关系的强制干预性质，同时当事人双方对劳动关系的具体事项可以在平等自愿的基础上自由约定，体现了契约自由的本质属性。

二、劳动关系的内容

劳动关系的内容是指劳动关系主体双方依法享有的权利和承担的义务。一般包括劳动者与用人单位之间在工作时间、休息时间、劳动报酬、劳动安全、劳动卫生、劳动纪律及奖惩、劳动保护、职业培训等方面形成的关系。员工依法享有的权利有：劳动权、民主管理权、休息权、劳动报酬权、劳动保护权、职业培训权、社会保险、劳动争议提请处理权等。员工承担的主要义务有：按质、按量完成工作任务；学习文化、科学、技术和业务知识；遵守劳动纪律和规章制度；保守国家和企业的机密。企业的主要权利有：依法录用、调动和辞退职工；决定企业的机构设置；任免企业的行政干部；制定工资、报酬和福利方案；依法奖惩职工。其主要义务有：依法录用、分配、安排职工的工作；保障工会和职代会行使其职权；按职工的劳动质量和数量支付劳动报酬；加强对职工思想、文化和业务的教育、培训；改善劳动条件，做好劳动保护和环境保护。

三、劳动关系的原则

建立劳动关系的原则是指由劳动立法所确定的用人单位在招收、录用员工时应遵循的基本法律准则。

1. 平等就业原则。劳动者享有平等的就业权利和平等的就业机会，不能因民族、种族、性别、宗教信仰不同而受到歧视。

2. 互选原则。企业与劳动者互相选择，即劳动者自由选择企业，而企业自主择优录用劳动者。我国《劳动法》第三条规定：劳动者享有选择职业的权利。

3. 公开竞争就业原则。劳动者通过企业或组织公开招聘考核获得就业岗位。企业在招聘员工时必须遵循“面向社会、公开招收、全面考核、择优录取”的原则。

4. 照顾特殊群体的就业原则。对谋求职业有困难或处境不利的人员，如妇女、残疾人、少数民族人员、退出现役的军人等特殊群体要给予特殊照顾。

5. 禁止未成年人就业的原则。《劳动法》第十五条规定：“禁止用人单位招用未满 16 周岁的未成年人。”禁止任何用人单位和个人（包括父母或监护人）使用童工。但是，文艺、体育和特种工艺单位确须招用未满 16 周岁未成年人时，必须按照国家有关规定，履行审批手续，并保障其接受义务教育的权利。

6. 先培训、后就业的原则。从事技术工种的劳动者和未接受过职业培训的求职人员，以及需要转换职业的劳动者，应在就业或上岗前接受必要的就业训练。我国《宪法》第四十二条规定：“国家对就业前的公民进行必要的劳动就业培训。”《劳动法》第六十八条规定：“用人单位应当建立职业培训制度，按照国家规定提取和使用职业培训费，根据单位的实际，有计划地进行职业培训。从事技术工种的劳动者，上岗前必须经过培训。”

第二节　劳动合同管理

一、劳动合同概述

劳动合同又称劳动契约，是指劳动者与用人单位之间为确立劳动关系，依法协商达成双方权利和义务的协议。劳动合同是确立劳动关系的法律依据。2007 年 6 月 29 日第十届全国人民代表大会常务委员会第二十八次会议通过，自 2008 年 1 月 1 日起开始施行的《劳动合同法》是我国第一部较完整的调整劳动合同关系的法律。该法的颁布和施行，对我国的用人单位和劳动者依法保护自己的合法权益提供了更完整的法律依据。

（一）劳动合同的特点

劳动合同除具有合同的一般特点外，还具有自身的法律特征。

1. 劳动合同的主体是劳动者和用人单位。劳动者必须是依法具有劳动权利能力和行为能力的公民。作为劳动合同另一方当事人的用人单位，必须是依法设立的企业、事业组织、国家机关、社会团体或者个体经济组织。

2. 劳动合同的内容是劳动者与用人单位双方的权利和义务。劳动者要承担一定的工种、岗位或者职务工作，完成劳动任务，遵守单位内部劳动规则和其他规章制度；用人单位根据劳动法规和双方协议为劳动者提供必要的劳动条件，支付劳动报酬，并且保证劳动者享受本单位成员的各种权利和福利待遇。

3. 劳动合同的标的是劳动者的劳动行为。劳动者实现就业权利后，相应地有完成其他劳动行为的义务；用人单位实现用人权利后，组织管理劳动者完成约定的劳动行为，并有义务支付劳动者的报酬。

4. 劳动合同的目的在于确立劳动关系，使劳动过程得以实现。劳动合同是确立劳动关系的法律形式，劳动合同一经订立，就成为规范双方当事人劳动权利和义务的法律依据。

（二）劳动合同与专项协议

劳动关系当事人的部分权利和义务可以专项协议的形式规定。所谓专项协议，是劳动关系当事人为明确劳动关系中特定的权利和义务，在平等自愿、协商一致的基础上达成的契约。专项协议可以在订立劳动合同的同时协商确定，也可以在劳动合同的履行期间因满足主客观情况的变化需要而订立。前者通常包括服务期限协议、培训协议、保守用人单位商业秘密协议、竞业禁止协议、补充保险协议、岗位协议书、聘任协议书等；后者通常适用于用人单位劳动制度改革过程中，因劳动制度的变化、结构调整、拖欠劳动者工资、应报销的医疗费或者其他债务以及劳动者因个人原因离岗或下岗而签订的专项协议书。此种专项协议书约定在特定条件下用人单位和劳动者的权利与义务，此时，劳动合同中约定的权利与义务暂时中止执行。各项协议书是劳动合同的附件。

（三）劳动合同与劳务合同

劳务合同一般是指一方为完成某项工作而使用另一方提供的劳动、为此而支付报酬的协议。它与劳动合同的共同之处在于一方提供劳动，另一方支付报酬，但仔细分析二者的关系，却有很大区别。它们之间的区别主要表现在：

1. 提供劳动一方的主体不同。劳动合同的主体是确定的，只能是接受劳动的一方为单位，提供劳动的一方是自然人；劳务合同的主体可以双方都是单位，也可以双方都是自然人，还可以一方是单位，另一方是自然人。

2. 双方当事人关系不同。劳动合同的劳动者在劳动关系确立后成为用人单位的成员，须遵守用人单位的规章制度，双方有领导与被领导、支配与被支配的隶属关系；劳务合同的一方无须成为另一方的成员，即可为需方提供劳务，双方之间的法律地位是平等的。

3. 承担劳动风险责任的主体不同。劳动合同的双方当事人由于在劳动关系确立后具有隶属关系，劳动者必须服从用人单位的组织、支配，因此提供劳动过程中的风险责任须由用人单位承担；劳务合同提供劳动的一方有权自行支配劳动，因此劳动风险责任自行承担。

4. 约定劳动报酬的方式不同。因劳动合同支付的劳动报酬称为工资，具有按劳分配性质，工资除当事人自行约定数额外，其他如最低工资、工资支付方式都要遵守法律、法规的规定；而劳务合同支付的劳动报酬称为劳务费，主要由双方当事人自行协商价格、支付方式等，国家法律不过分干涉。

5. 适用法律和争议解决方式不同。劳动合同关系受劳动法及其配套法规的调整，发生劳动争议时，应先到劳动机关的劳动仲裁委员会进行仲裁，不服仲裁结果的，在法定期限内才可以到人民法院起诉，劳动仲裁是前置程序；劳务合同关系受民法的调整，发生劳务争议，可以直接诉诸法院。

二、劳动合同的内容

劳动合同的内容是指劳动者与用人单位双方通过协商所达成的关于劳动权利和劳动义务的具体规定。根据《劳动合同法》第十七条规定，劳动合同应当以书面形式订立，并包括法定条款和协商条款。

（一）法定条款

法定条款又称必备条款，是指根据劳动法的规定，劳动合同中必须具备的条款。劳动合同应当具备的条款有：

1. 用人单位的名称、住所和法定代表人或者主要负责人。

2. 劳动者的姓名、住址和居民身份证或者其他有效身份证件号码。

3. 劳动合同期限。《劳动合同法》第十二条规定："劳动合同分为固定期限劳动合同、无固定期限劳动合同和以完成一定工作任务为期限的劳动合同。"固定期限劳动合同，是指用人单位与劳动者约定合同终止时间的劳动合同。用人单位与劳动者协商一致，可以订立固定期限劳动合同。

《劳动合同法》第十四条规定，无固定期限劳动合同，是指用人单位与劳动者约定无确定终止时间的劳动合同。

用人单位与劳动者协商一致，可以订立无固定期限劳动合同。有下列情形之一，劳动者提出或者同意续订、订立劳动合同的，除劳动者提出订立固定期限劳动合同外，应当订立无固定期限劳动合同：

第一，劳动者在该用人单位连续工作满十年的。

第二，用人单位初次实行劳动合同制度或者国有企业改制重新订立劳动合同时，劳动者在该用人单位连续工作满十年且距法定退休年龄不足十年的。

第三，连续订立两次固定期限劳动合同，且劳动者没有以下情形，续订劳动合同的：

(1)在试用期间被证明不符合录用条件的；

(2)严重违反用人单位的规章制度的；

(3)劳动者患病或者非因工负伤，在规定的医疗期满后不能从事原工作，也不能从事由用人单位另行安排的工作的；

(4)劳动者不能胜任工作，经过培训或者调整工作岗位，仍不能胜任工作的。

用人单位自用工之日起满一年不与劳动者订立书面劳动合同的，视为用人单位与劳动者已订立无固定期限劳动合同。

微型案例

老王该怎么办?

老王在一个单位干了十多年，对这个单位也挺有感情的。一天他的劳动合同到期了，而单位又想让他留下来，所以双方就续签了劳动合同。老王心想，自己已经在本单位工作十多年了，按《劳动法》规定，是可以与单位签订无固定期限合同的，想到这儿，他本想提醒单位一下。可是又一想，单位人事部的政策水平一定比自己高，肯定早就知道这条规定了，自己就用不着提醒人家了，所以他一直没吱声。而单位人事部的负责人只起草了一份一年期的合同，让老王签字。当时，老王也没细看，大笔一挥，就签上了自己的名字。

过了一个月后，老王无意间又看了一眼合同，发现上面的劳动合同期限是一年。于是他拿着合同去找人事部经理，问："为什么没跟我签无固定期限合同?"人事部经理回答："当时你并没有说要签无固定期限合同啊，我们现在的合同并不违法。"

请问：老王应该怎么办?

4. 工作内容和工作地点。工作内容是劳动合同的核心条款之一，这项条款应明确员工在用人单位中所从事的工作岗位、性质、工种以及完成的任务,应达到的目标等,劳动者应事先对从事的工作做到心中有数。工作地点是劳动合同的履行地,是劳动者从事劳动合同中所规定的工作内容的地点。它关系到劳动者的工作环境、生活环境以及劳动者的就业选择,劳动者有权在与用人单位建立劳动关系时知悉自己的工作地点,所以这也是劳动合同中必不可少的内容。

5. 工作时间和休息休假。工作时间是指劳动者在用人单位中,必须用来完成其所担负的工作任务的时间。一般由法律规定劳动者在一定时间内(工作日、工作周)应该完成的工作任务,以保证最有效地利用工作时间,不断地提高工作效率。这里的工作时间包括工作时间长短、工作时间方式的确定,如是8小时工作制还是6小时工作制,是日班还是夜班,是正常工时制还是不定时工作制,或者是综合计算工时制。工作时间的不同,对劳动者的就业选择、劳动报酬等均有影响,因此成为劳动合同不可缺少的内容。

休息休假是用人单位的劳动者按规定不必进行工作而自行支配的时间。休息休假的权利是每个国家的国民都应享有的权利。《劳动合同法》第七十四条规定:"用人单位遵守国家关于劳动者工作时间和休息休假规定的情况。"休息休假的具体时间根据劳动者的工作地点、工作种类、工作性质、工龄长短等各有不同,用人单位与劳动者在约定休息休假事项时应当遵守国家的《劳动法》、《劳动合同法》及相关法律法规的规定。

6. 劳动报酬。用人单位和劳动者协商约定劳动者的工资额(含试用期工资)、工资调整的权限、发放时间、报酬的构成和变更,对于生产型企业,还可以有最低工资条款。劳动报酬是劳动者的权利,合理的报酬可以使劳动者维持劳动力的再生产,从而更好地为社会创造财富,因此,在劳动合同中必须加以规定。

7. 社会保险。社会保险是政府提供立法强制实施,由劳动者、劳动者所在的工作单位或社区以及国家三方面共同筹资,帮助劳动者及其亲属在遭遇年老、疾病、工伤、教育、失业等风险时,防止收入的中断、减少和丧失,以保障其基本生活需求的社会保障制度。社会保险一般包括医疗保险、养老保险、失业保险、工伤保险和生育保险。社会保险强调劳动者、劳动者所在用人单位以及国家三方共同筹资,由国家成立的专门性机构进行管理和发放,体现了国家和社会对劳动者提供基本生活保障的责任。由于社会保险由国家强制实施,因此成为劳动合同不可缺少的内容。

8. 劳动保护、劳动条件和职业危害。劳动保护是指用人单位为了防止劳动过程中的安全事故,采取各种措施来保障劳动者等生命安全和健康。在劳动生产过程中,存在着各种不安全因素,如不采取措施加以保护,将会发生工伤事故。例如,矿井发生瓦斯爆炸,建筑施工可能高空坠落、物体碰撞等,国家为了保护劳动者的身体安全和生命健康,通过制定相应的法律和行政法规、规章,规定劳动保护规则,用人单位也应根据自身的具体情况,规定相应的劳动保护规则,以保证劳动者的健康和安全。

劳动条件主要是指用人单位为使劳动者顺利完成劳动合同约定的工作任务,为劳动者提供必要的物质和技术条件,如必要的劳动工具、机械设备、工作场地、劳动经费、辅助人员、技术资料、工具书以及其他一些必不可少的物质、技术条件或其他工作条件。

职业危害是指用人单位的劳动者在职业活动中,因接触职业性有害因素(如粉尘、放射性物质以及其他有毒有害物质等)而对生命健康所引起的危害。根据《中华人民共和国职业病防治法》第三十三条的规定,用人单位与劳动者订立劳动合同时,应当将工作过程中可能产生的职业病危害及其后果、职业病防护措施和待遇等如实告知劳动者,并在劳动合同中写明,不得隐瞒或者欺骗。用人单位应当按照有关法律、法规的规定严格履行职业危害防护义务。

9. 法律、法规规定应当纳入劳动合同的其他事项。

(二)商定条款

劳动合同除法律规定的必备条款外,用人单位与劳动者可以约定试用期、培训、保守秘密、补充保险和福利待遇等其他事项。

商定条款又称约定条款或补充条款,即双方当事人在法定条款之外,根据具体情况,经协商可以约定的条款。主要有:

1. 试用期。根据《劳动合同法》第十九条的规定,劳动合同期限 3 个月以上不满 1 年的,试用期不得超过 1 个月;劳动合同期限 1 年以上不满 3 年的,试用期不得超过 2 个月;3 年以上固定期限和无固定期限的劳动合同,试用期不得超过 6 个月。同一用人单位与同一劳动者只能约定一次试用期。以完成一定工作任务为期限的劳动合同或者劳动合同期限不满 3 个月的,不得约定试用期。试用期包含在劳动合同期限内。劳动合同仅约定试用期的,试用期不成立,该期限为劳动合同期限。

为了保障劳动者在试用期间的权益,《劳动合同法》第二十条规定:"劳动者在试用期的工资不得低于本单位相同岗位最低档工资或者劳动合同约定工资的 80%,并不得低于用人单位所在地的最低工资标准。"第二十一条规定:"用人单位在试用期解除劳动合同的,应当向劳动者说明理由。"

2. 培训。《劳动合同法》第二十二条规定,用人单位为劳动者提供专项培训费用,对其进行专业技术培训的,可以与该劳动者订立协议,约定服务期。劳动者违反服务期约定的,应当按照约定向用人单位支付违约金。违约金的数额不得超过用人单位提供的培训费用。用人单位要求劳动者支付的违约金不得超过服务期尚未履行部分所应分摊的培训费用。用人单位与劳动者约定服务期的,不影响按照正常的工资调整机制提高劳动者在服务期间的劳动报酬。

3. 保守商业秘密。《劳动法合同法》第二十三条规定:"用人单位与劳动者可以在劳动合同中约定保守用人单位的商业秘密和与知识产权相关的保密事项。对负有保密义务的劳动者,用人单位可以在劳动合同或者保密协议中与劳动者约定竞业限制条款,并约定在解除或者终止劳动合同后,在竞业限制期限内按月给予劳动者经济补偿。劳动者违反竞业限制约定的,应当按照约定向用人单位支付违约金。"商业秘密,是指不为公众所熟悉,能给用人单位带来经济利益,被用人单位采取保密措施的技术、经济和管理信息。保守商业秘密包括合同期内的保密问题以及合同终止后的竞业禁止。保密条款一般包括需要保守商业秘密的对象、保密范围期限及相应的补偿。

4. 补充条款和福利待遇。用人单位和劳动者除应当参加社会保险外,可以协商约定补充医疗、补充养老和人身意外伤害等条款。明确有关福利,如带薪休假、子女入托、入学、通勤班车以及住房补贴等条件。

5. 其他事项。双方认为需要约定的其他内容,如限制第二职业、对归还物品的约定等。

三、劳动合同的订立

劳动关系确立的标志是劳动合同的签订。劳动合同依法订立即具有法律约束力,当事人必须履行劳动合同规定的义务。订立和变更劳动合同应当遵循平等自愿、协商一致的原则,不得违反法律、行政法规的规定。

微型案例

劳动合同的签订问题

某公司在与员工签订劳动合同时遇到一个棘手问题，员工小王今年1月1日进厂，但公司人事部门相关人员一直未与员工小王签订劳动合同。小王知道公司如果不与其签订书面劳动合同，依法需要向其支付双倍的工资，因此一直不动声色，直至5月1日，公司对劳动合同进行了一次普查，才发现与小王漏签了劳动合同，公司表示要与小王补签劳动合同，小王同意补签，但是公司要先支付其1月至4月的另一倍工资，否则员工小王只愿意将补签劳动合同日期定在5月1日。

问题：公司应当如何妥当地处理上述案件？

(一)劳动合同订立的原则

《劳动法》第十七条规定："订立和变更劳动合同应当遵循平等自愿、协商一致的原则，不得违反法律、行政法规的规定。劳动合同依法订立即具有法律约束力，当事人必须履行劳动合同规定的义务。"根据这一规定，订立劳动合同应遵循以下原则：

1. 平等自愿、协商一致原则

在订立劳动合同过程中，双方当事人的法律地位平等，都是以劳动关系主体资格出现的，不存在命令与服从的关系。而且，劳动合同的订立完全是出于当事人自己的意志，是其真实意思的表示，任何一方不得将自己的意志强加于对方，也不允许他人非法干预。在签订劳动合同时，双方当事人对劳动合同的内容进行讨论协商，在取得完全一致的意见后签订劳动合同。

2. 依法订立、依法履行原则

在订立劳动合同时，不得违反法律、法规的规定，这是劳动合同有效并受法律保护的前提条件。具体包括劳动合同的主体合法、劳动合同的目的和内容合法、劳动合同订立的程序和形式合法。

劳动合同的主体合法，即劳动合同当事人必须具有订立劳动合同的资格。

劳动合同的目的和内容合法，即双方当事人的意思表示必须真实；劳动合同的内容不违反国家法律、法规的规定。

订立劳动合同的程序和形式合法，即劳动者和用人单位在签订劳动合同时，应当遵循一定的步骤，未经双方协商一致、强迫订立的劳动合同无效；劳动合同必须以书面的、明确的形式订立。

(二)劳动合同订立的程序

劳动者和用人单位在签订劳动合同时，应遵循一定的手续和步骤。根据劳动法的有关规定以及订立劳动合同的具体实践，签订劳动合同的程序一般为：

1. 提议、承诺。在签订劳动合同前，劳动者或用人单位提出签订劳动合同的建议，称为要约，如用人方通过相关的渠道提出招聘要求，另一方接受建议并表示完全同意，称为承诺。一般由用人单位提出和起草合同草案，提供协商的文本。

2. 协商。双方对签订劳动合同的内容进行认真磋商，包括工作任务、劳动报酬、劳动条件、内部规章、合同期限、保险福利待遇等。协商的内容必须做到明示、清楚、具体、可行，充分表达双方的意愿和要求，经过讨论、研究，相互让步，最后达成一致意见。

3. 签约。在认真审阅合同文书，确认没有分歧后，用人单位的法定代表人或者其书面委托的代理人代表用人单位与劳动者签订劳动合同。劳动合同由双方分别签字或者盖章，并加盖用人单位印章。订立劳动合同可以约定生效时间。没有约定的，以当事人签字或者盖章的时间为生效时间。当事人签字盖章时间不一致的，以最后一方签字或盖章的时间为准。

四、劳动合同的变更

《劳动合同法》第三十五条规定："用人单位与劳动者协商一致，可以变更劳动合同约定的内容。变更劳动合同，应当采用书面形式。变更后的劳动合同文本由用人单位和劳动者各执一份。"劳动合同的变更，是指劳动合同在履行过程中，经双方协商一致，对合同条款进行的修改、补充、废止的行为，具体包括工作内容、工作地点、工资福利的变更等。劳动合同的变更，其实质是双方的权利与义务发生改变。合同变更的前提是双方原已存在着合法的合同关系，变更的原因主要是客观情况发生变化，变更的目的是为了继续履行合同。劳动合同的变更一般限于内容的变更，不包括主体的变更。

微型案例

擅自变更劳动合同枉费心机

石某是杭州市滨江区某生产型企业的员工，她在公司担任生产设备统计工作。上个月，石某发现自己怀孕了，也开始感到腰酸背痛。为此，她到医院就诊，医生认为这是她孕后的正常反应，建议她注意休息。于是，石某拿着医院的证明按公司规定向公司请假。公司认为，石某怀孕了，以后需时常请假休息，必将对公司的经营造成一定影响，加上公司质检部门需要人手，故通知石某到质检部门上班，按质检岗位的标准享受相关待遇。

石某认为，自己怀孕需休息且按公司规定请假合理合法。现公司不与她协商，擅自变更劳动合同，将她调到了一个工作更辛苦的岗位，不利于生育，待遇也降了不少，显然是损害了她的合法权益，故向当地劳动仲裁委提起仲裁申请，要求恢复原工作岗位及原工资待遇。而公司认为，石某作为公司的员工，当然要以公司利益为重，服从公司的安排，公司根据需要有权变动员工工作岗位，这是理所当然的。

劳动仲裁委经审理认为，女工怀孕并非法定的客观情况发生重大变化的情形，且女工在孕期应得到相应的保护。在本案中，该公司未与石某协商，也未考虑其已怀孕应注意休息的需要，擅自变更劳动合同，调动员工工作，降低工资待遇，从实体及程序上均违反了法律规定，因此公司单方变更劳动合同内容的行为属于无效行为，故裁决公司立即恢复石某原工作及原工资待遇。

（一）变更劳动合同的条件

1. 遵循平等自愿、协商一致的原则，必须经双方协商同意。

2. 订立劳动合同所依据的法律、法规已经修改或失效的。

3. 用人单位发生合并或者分立等情况，原合同继续有效，劳动合同由继承权利与义务的用人单位继续履行。

4. 劳动合同订立时所依据的客观情况发生重大变化，致使原劳动合同部分条款无法履行的，当事人一方要求变更其相关内容；劳动者部分丧失劳动能力或身体健康情况发生变化而引起的合同变更。

《劳动合同法》第三十三条、第三十四条规定:“用人单位变更名称、法定代表人、主要负责人或者投资人等事项,不影响劳动合同的履行。用人单位发生合并或者分立等情况,原劳动合同继续有效,劳动合同由承继其权利和义务的用人单位继续履行。”

(二)劳动合同变更的程序

1. 提出要求。要求变更的当事人,以书面形式向对方提出变更合同的要求和理由。

2. 做出答复。15 日内答复同意、不同意或提议再协商,逾期不答复的,视为不同意。

3. 签订协议。在变更协议书上签字盖章后生效。

五、劳动合同的解除

劳动合同的解除,是劳动合同在期限届满之前,双方或单方提前终止劳动合同效力的法律行为,分为法定解除和协商解除。法定解除指法律、法规或劳动合同规定可以提前终止劳动合同的情况。协商解除指双方经协商一致而提前终止劳动合同的法律效力。

微型案例

劳动关系还存在吗?

某公司员工杨某,于去年 11 月入职,任普通员工。今年 1 月 4 日,杨某向公司请病假,后一直未回公司上班,亦未做任何说明,公司将其视为旷离处理。

半年后,杨某因病去世,其亲属向公司所在地劳动争议仲裁委起诉,要求公司支付丧葬补助费、供养直系亲属一次性救济金、一次性抚恤金。

问题:杨某是否仍与单位存在劳动关系?

(一)用人单位单方解除

1. 过失性解除

根据《劳动合同法》第三十九条规定,劳动者有下列情况之一的,用人单位可以解除劳动合同。

(1)在试用期间被证明不符合录用条件的;

(2)严重违反劳动纪律或者用人单位规章制度的;

(3)严重失职,营私舞弊,对用人单位利益造成重大损害的;

(4)劳动者同时与其他用人单位建立劳动关系,对完成本单位的工作任务造成严重影响,或者经用人单位提出,拒不改正的;

(5)劳动合同是在欺诈、胁迫或者乘人之危,违背当事人真实意思的情况下订立而无效的;

(6)被依法追究刑事责任的。

以上六种情况是由于劳动者本身的原因造成的,劳动者主观上有严重过失,因而用人单位有权随时解除合同。过失性解除,不受提前通知的限制,不受用人单位不得解除劳动合同的法律限制,且不给予经济补偿。

2. 非过失性解除

根据《劳动合同法》第四十条规定,劳动者有下列情形之一的,用人单位应当提前 30 日以书面形式通知劳动者本人或者额外支付劳动者 1 个月工资后可以解除劳动合同:

(1)劳动者患病或者非因工负伤,在规定的医疗期满后不能从事原工作,也不能从事由用人单位另行安排的工作的；

(2)劳动者不能胜任工作，经过培训或者调整工作岗位，仍不能胜任工作的；

(3)劳动合同订立时所依据的客观情况发生重大变化，致使劳动合同无法履行，经用人单位与劳动者协商，未能就变更劳动合同内容达成协议的。

3. 经济性裁员

这是一种特殊的用人单位单方解除劳动合同的情况。根据《劳动合同法》第四十一条的规定，有下列情形之一，需要裁减人员20人以上或者裁减不足20人，但占企业员工总数10%以上的，用人单位提前30日向工会或者全体员工说明情况，听取工会或者员工的意见后，裁减人员方案经向劳动行政部门报告，可以裁减人员：

(1)依照企业破产法规定进行重整的；

(2)生产经营发生严重困难的；

(3)企业转产、重大技术革新或者经营方式调整，经变更劳动合同后，仍需裁减人员的；

(4)其他因劳动合同订立时所依据的客观经济情况发生重大变化，致使劳动合同无法履行的。

裁减人员时，应当优先留用下列人员：

(1)与本单位订立较长期限的固定期限劳动合同的；

(2)与本单位订立无固定期限劳动合同的；

(3)家庭无其他就业人员，有需要抚养的老人或者未成年人的。

用人单位依照本条第一款规定裁减人员，在6个月内重新招用人员的，应当通知被裁减的人员，并在同等条件下优先招用被裁减的人员。

4. 用人单位不得解除劳动合同的规定

为了保护劳动者合法权益，防止不公正解雇，《劳动合同法》除规定用人单位可以解除劳动合同的情形外，还规定了用人单位不得解除劳动合同的情形。根据《劳动合同法》第四十二条的规定，劳动者有下列情形之一的，用人单位不得依据第四十条、第四十一条的规定解除劳动合同。

(1)从事接触职业病危害作业的劳动者未进行离岗前职业健康检查，或者疑似职业病病人在诊断或者医学观察期间的；

(2)在本单位患职业病或者因工负伤并被确认丧失或者部分丧失劳动能力的；

(3)患病或者非因工负伤，在规定的医疗期内的；

(4)女职工在孕期、产期、哺乳期的；

(5)在本单位连续工作满十五年，且距法定退休年龄不足五年的；

(6)法律、行政法规规定的其他情形。

(二)劳动者单方解除

根据《劳动合同法》第三十八条的规定，用人单位有下列情形之一的，劳动者可以解除劳动合同：

1. 未按照劳动合同约定提供劳动保护或者劳动条件的；

2. 未及时足额支付劳动报酬的；

3. 未依法为劳动者缴纳社会保险费的；

4. 用人单位的规章制度违反法律、法规的规定，损害劳动者权益的；

5. 以欺诈、胁迫的手段或者乘人之危，使对方在违背真实意思的情况下订立或者变更劳动合同致使劳动合同无效的；

6. 法律、行政法规规定劳动者可以解除劳动合同的其他情形。

用人单位以暴力、威胁或者非法限制人身自由的手段强迫劳动者劳动的，或者用人单位违章指挥、强令冒险作业危及劳动者人身安全的，劳动者可以立即解除劳动合同，不需事先告知用人单位。

微型案例

病假期间收到辞退通知

张某是某公司老员工，至今已在该公司连续工作15年，张某提出与公司的劳动合同变更为无固定期限劳动合同，公司没有同意。后来，张某星期六陪孩子在公园游玩时，不慎跌伤。经医生诊断需要在家休息5个月以上。张某遂向单位请病假后一直在家休息。在张某请假休息的第四个月时该公司更换总经理，进行企业内部改制，针对张某的情况，公司认为其身体状况与以前岗位无法适合，公司便决定提前30天电话通知张某解除劳动合同，并支付12个月的经济补偿金。

问题：请问公司的做法有哪些不当之处？

(三)用人单位解除劳动合同给予劳动者经济补偿的规定

根据《劳动合同法》第四十六条、第四十七条、四十八条的规定，用人单位违反本法规定解除或者终止劳动合同，应当向劳动者支付一定的经济补偿或经济赔偿。

1. 用人单位解除劳动合同的经济补偿和经济赔偿

用人单位依法解除劳动合同的，应给劳动者经济补偿金；用人单位违法解除劳动合同或者终止劳动合同的，劳动者要求继续履行劳动合同的，用人单位应当继续履行，劳动者不要求继续履行劳动合同或者劳动合同已经不能继续履行的，应给劳动者经济补偿金。

用人单位支付的经济补偿金，按劳动者在本单位工作的年限，以每满1年支付1个月工资的标准向劳动者支付。6个月以上不满1年的，按1年计算；不满6个月的，向劳动者支付半个月工资的经济补偿。

用人单位违反法律规定解除或者终止劳动合同的，应当以经济补偿金标准的2倍向劳动者支付赔偿金。

劳动者月工资高于用人单位所在直辖市、设区的市级人民政府公布的本地区上年度员工月平均工资3倍的，向其支付经济补偿的标准按员工月平均工资3倍的数额支付，向其支付的经济补偿金的年限最高不超过12年。

2. 劳动者解除劳动合同的经济补偿和经济赔偿

劳动者违反法律规定解除劳动合同或者违反劳动合同中约定的保密事项，对用人单位造成损失的应当依法承担赔偿责任，赔偿的范围包括：

(1)用人单位招收录用其所支付的费用。

(2)用人单位为其支付的培训费用，双方另有约定的按约定办理。

(3)对生产、经营和工作造成的直接经济损失。

(4)劳动合同约定的其他赔偿费用。劳动者违反劳动合同中约定的保密事项，对用人单位造成经济损失的，按《中华人民共和国不正当竞争法》的规定向用人单位支付赔偿费用。

用人单位招用尚未解除劳动合同的劳动者，给原用人单位造成经济损失的，该用人单位应当与劳动者共同承担连带赔偿责任。

六、劳动合同的终止与续订

（一）劳动合同的终止

劳动合同的终止是指合同期限届满或者双方当事人约定的终止条件出现，劳动合同规定的权利、义务即行消灭的制度，劳动合同的终止，并非双方的积极行为所致，一般是由于合同本身的因素或者法律规定、不可抗力所致。根据《劳动合同法》第四十四条规定，符合下列条件之一的，劳动合同即行终止：

1. 劳动合同期满的；
2. 劳动者开始依法享受基本养老保险待遇的；
3. 劳动者死亡，或者被人民法院宣告死亡或者宣告失踪的；
4. 用人单位被依法宣告破产的；
5. 用人单位被吊销营业执照、责令关闭、撤销或者用人单位决定提前解散的；
6. 法律、行政法规规定的其他情形。

根据 1995 年 8 月 4 日《劳动部关于贯彻执行〈中华人民共和国劳动法〉若干问题的意见》第三十八条的规定，劳动合同期限届满或者当事人约定的劳动合同终止条件出现，劳动合同即行终止，用人单位可以不支付劳动者经济补偿金。

（二）劳动合同的续订

劳动合同经双方当事人协商一致，可以续订。续订劳动合同不得约定试用期，具体内容包括：

1. 双方协商续订劳动合同；
2. 劳动者在同一用人单位连续工作满 10 年以上，当事人双方同意续订劳动合同的，如果劳动者提出订立无固定期限劳动合同，用人单位应当与劳动者订立无固定期限劳动合同；
3. 劳动者患有职业病或者因工负伤并被确认达到伤残等级，要求续订劳动合同的用人单位应当续订劳动合同；
4. 劳动者在规定的医疗期内或者女员工在孕期、产期、哺乳期内，劳动合同期限届满时，用人单位应当将劳动合同的期限顺延至医疗期、孕期、产期、哺乳期满为止。

第三节　劳动争议处理

一、劳动争议概述

劳动争议又称劳动纠纷，是指劳动关系当事人之间因劳动权利与义务产生分歧而发生的争执或争议。在我国，具体指劳动者与用人单位之间，在劳动法调整范围内，因订立、履行、变更、终止和解除劳动合同以及其他与劳动关系直接相联系的问题而引起的纠纷。劳动争议是劳动关系不协调的反映，只有妥善、合法、公正、及时处理劳动争议，才能维护劳动关系双方当事人的合法权益。

根据《劳动法》第七十七条规定："用人单位与劳动者发生劳动争议，当事人可以依法申请调解、仲裁、提起诉讼，也可以协商解决。调解原则适用于仲裁和诉讼程序。"

用人单位与劳动者在劳动用工过程中，发生劳动争议的可能原因如下：

1. 用人单位与劳动者因确认劳动关系是否存在而发生劳动争议。

在劳动用工过程中，有些用人单位在招录新员工后，对双方之间关系的性质到底是劳动关系还是劳务关系发生争议，有些用人单位在招录新员工后没有按照《劳动合同法》规定的期限与新员工签订书面劳动合同，对是否存在劳动关系发生争议；有些用人单位在老员工劳动合同期满后，没有按照《劳动合同法》的规定与老员工续签劳动合同又没有办理终止劳动合同手续，对是否存在劳动关系发生争议。

2. 用人单位与劳动者因劳动合同的订立、履行、变更、解除和终止而发生争议。

用人单位与劳动者建立劳动关系后，应当按照《劳动合同法》的规定进行劳动合同的订立、履行、变更、解除和终止，否则可能发生争议。

3. 用人单位与劳动者因除名、辞退、辞职、离职发生争议。

用人单位与劳动者在发生除名、辞退、辞职、离职等情形时，应当按照法律法规规定的条件和程序办理，否则可能发生争议。

4. 用人单位与劳动者因工作时间、休息休假、社会保险、福利、培训及劳动保护发生争议。

有关工作时间、休息休假、社会保险、福利、培训及劳动保护等内容，用人单位与劳动者应当按照劳动法律法规的规定在劳动合同中详尽约定并严格履行，否则可能发生争议。

5. 用人单位与劳动者因劳动报酬、工伤医疗费、经济补偿或赔偿金等发生争议。

有关劳动报酬、工伤医疗费、经济补偿或赔偿金等内容，用人单位与劳动者应当按照劳动法律法规的规定严格履行，否则可能发生争议。

6. 用人单位与劳动者可能发生的其他劳动争议。

二、劳动争议的解决途径及程序

（一）处理劳动争议的原则

劳动争议的处理原则是指劳动争议处理机构在解决劳动争议过程中应当遵循的行为原则：《劳动法》和《企业劳动争议处理条例》对这一问题做了规定。根据《劳动法》第七十八条规定："解决劳动争议，应根据合法、公正、及时处理的原则，依法维护劳动争议当事人的合法权益。"因此，处理劳动争议要在查清事实的基础上，遵循法律规定的原则进行。

1. 合法原则

合法原则是指劳动争议处理机构在处理劳动争议案件的过程中应当坚持以事实为依据，以法律为准绳，依法处理劳动争议。合法原则要求劳动争议处理机构要查清案件事实，并在此基础上正确使用法律。

2. 公正原则

公正原则是指劳动争议处理机构在处理劳动争议时，要秉公执法，不徇私情，客观、公平、合理地处理劳动争议，不偏袒任何一方，保证双方当事人都不存在超越另一方当事人的特权，任何一方在申请调解、仲裁和提起诉讼时，在参加调解、仲裁和诉讼活动中，都享有同等权利，承担的义务也相同。

3. 及时处理原则

及时处理原则是指劳动争议案件处理中，当事人要及时申请调解或仲裁，超过法定期限将不予受理。劳动争议处理机构在处理劳动争议案件时，要在规定的时间内完成，否则要承担相应的责任。

4. 调解原则

调解是指在第三方的主持下，依法劝说争议双方当事人进行协商，在互谅互让的基础上达成协议，从而解决争议的一种方法。劳动争议经过说服教育和协商对话有可能及时化解。

（二）我国的劳动争议处理程序

《劳动法》第七十七条规定："用人单位与劳动者发生劳动争议，当事人可以依法申请调解、仲裁、提起诉讼，也可以协商解决。"同时规定"调解原则适用于仲裁和诉讼程序"。这指出了劳动争议当事人解决劳动争议的基本方法：申请调解、仲裁和提起诉讼，劳动争议双方当事人也可以自行协商解决。

我国现行的劳动争议处理程序为：协商、调解、仲裁和人民法院诉讼。我国法律规定，劳动争议发生后，当事人可以通过协商解决；不愿协商或者协商不成的，可以向本单位劳动争议调解委员会申请调解；调解不成的，可以向劳动争议调解委员会申请仲裁，当事人也可以直接向劳动争议仲裁委员会申请仲裁；对仲裁裁决不服的，可以向人民法院提起诉讼。

由此可见，协商和调解不是劳动争议处理的必经程序，而仲裁是劳动争议处理的必要程序；同时只有不服仲裁裁决的，才可以向人民法院提起诉讼，不能一发生劳动争议就向人民法院起诉。

1. 劳动争议调解

劳动争议调解是指调解委员会对用人单位一方与劳动者一方发生劳动争议，以国家的劳动法律、法规为准绳，以民主协商的形式使双方当事人达成协议，消除劳动纠纷。劳动争议调解是单位内基层群众组织所做的调解，是我国处理劳动争议的基本形式之一。

劳动争议调解委员会调解劳动争议，一般包括调解准备、调解开始、实施调解、调解终止几个阶段。

按照我国现行劳动法律法规的规定，劳动争议发生后，当事人申请调解，应当自知道或应当知道其权利被侵害之日起 30 日内，以口头方式或书面形式向劳动争议调解委员会提出申请，并填写劳动争议调解申请书，其中写明争议的原因、经过，并提出具体的要求，如果是劳动者在 3 人以上并具有共同申请理由的劳动争议案件，劳动者当事人一方应当推举代表参加调解活动。

劳动争议调解委员会接到一方当事人的调解申请后，应当征询对方当事人的意见，对方当事人不愿意调解的，应做好记录，在 3 日内以书面形式通知申请人。对方当事人愿意参加调解的，调解委员会应在 4 日内做出受理或者不受理的决定。

劳动争议调解委员会调解劳动争议应在当事人申请调解之日起 30 日内结案。在此期限内，双方当事人协商一致、自愿达成协议的，应由调解委员会制作调解协议书，协议书送达双方当事人后，双方当事人应当严格地自觉履行；双方协商未果或者达成协议后后悔不履行协议的，在法定期限内，可以向劳动争议仲裁委员会申请仲裁。

2. 劳动争议仲裁

劳动争议仲裁是指劳动争议仲裁委员会对用人单位与劳动者之间发生的争议，在查明事实、明确是非、分清责任的基础上，依法做出裁决的活动。

根据我国劳动法律法规的规定，仲裁程序是处理劳动争议法定的必经程序。劳动争议当事人只有在仲裁委员会裁决后，对裁决不服时，才能向人民法院起诉，否则法院不予受理。

劳动争议仲裁的基本程序具体为：

（1）申请仲裁的期限。根据我国《劳动法》第八十二条的规定，劳动争议当事人申请仲裁的，应当从知道或应当知道其权利被侵害之日起 60 日内，以书面形式向劳动争议仲裁委员会申请仲裁。如果超过这一期限，就丧失请求保护其权利的申诉权，劳动争议仲裁委员会对其仲裁申请不予受理。

(2)提交书面申请。劳动争议当事人向劳动争议仲裁委员会申请仲裁,应当提交书面申请。劳动争议当事人提交申诉书时应当载明:双方当事人基本情况、仲裁请求和所根据的事实和理由、证据等材料。劳动争议申诉书要按照被诉人数提交副本。

(3)仲裁受理。劳动争议仲裁委员会应当自收到当事人的仲裁申请之日起7日内做出受理或不受理的决定。决定受理的应当自做出决定之日起将申诉书的副本送达被诉人,并组织仲裁庭;决定不受理的应当说明理由。

(4)做出裁决的期限。劳动争议仲裁委员会受理劳动争议案件,仲裁裁决一般应在收到仲裁申请的60日内做出。

(5)仲裁裁决的效力。当事人对仲裁裁决不服的,自收到裁决书之日起15日内,可以向人民法院起诉。若当事人对仲裁裁决无异议,或者对裁决不服但在超过法定期限后未起诉的,裁决书即发生法律效力。

3. 劳动争议诉讼

劳动争议诉讼是指劳动争议当事人不服劳动争议仲裁委员会的裁决,在规定的期限内向人民法院起诉,人民法院依法受理后,依法对劳动争议案件进行审理的活动。实行劳动争议诉讼制度对提高劳动争议仲裁质量十分有利。

劳动争议诉讼是解决劳动争议的最终程序,人民法院审理劳动争议案件适用民事诉讼法所规定的诉讼程序。

根据《劳动法》第八十三条的规定,劳动争议当事人可以依法向人民法院起诉。而当事人提起劳动争议诉讼必须符合法定条件,否则法院不予受理。依照我国诉讼法的有关规定,起诉条件是:

(1)起诉人必须是劳动争议的当事人,当事人因故不能亲自起诉的,可以委托代理人代其起诉,其他人未经委托授权的无权起诉;

(2)必须是不服劳动争议仲裁委员会裁决而向法院起诉,不能未经仲裁程序直接向人民法院起诉;

(3)必须有明确的被告、具体的起诉请求和事实依据;

(4)起诉不得超过起诉时效,即自收到仲裁裁决书之日起15日内起诉,否则法院可以不予受理;

(5)起诉应依法向有管辖权的法院起诉,一般应向仲裁委员会所在地的人民法院起诉。

劳动争议案件的诉讼由人民法院的民事审判庭按照民事诉讼法规定的普通诉讼程序进行审理。

小　结

关键术语

劳动关系　劳动合同　劳动争议

本章小结

1. 与劳动关系最紧密相关的两部法律有《劳动法》和《劳动合同法》。就两者的关系来看,劳动合同法是劳动法的重要组成部分。劳动法除了包括劳动合同法以外,还包括劳动就业法、劳动条件法、劳动保护法、劳动争议处理法、劳动监察法等法律法规。

2. 劳动关系是指劳动者与用人单位在实现劳动过程中建立的社会经济关系。劳动关系的主体是指劳动法律关系的参与者，包括劳动者、劳动者的组织（工会、职工代表大会）和用人单位。劳动关系的内容是指主体双方依法享有的权利和承担的义务。劳动关系的客体是指主体的劳动权利和劳动义务共同指向的事物，如劳动时间、劳动报酬、劳动纪律、福利保险、安全卫生、教育培训、劳动环境等。

3. 劳动合同又称劳动契约，是指劳动者与用人单位之间为确立劳动关系，依法协商达成双方权利和义务的协议。

4. 劳动合同订立的原则：(1)平等自愿、协商一致原则；(2)依法订立、依法履行原则。

5. 劳动合同订立的程序：(1)提议、承诺；(2)协商；(3)签约。

6. 变更劳动合同的条件：(1)遵循平等自愿、协商一致的原则；(2)订立劳动合同所依据的法律、法规已经修改或失效的；(3)用人单位发生合并或者分立等情况，原合同继续有效，劳动合同由继承权利与义务的用人单位继续履行；(4)劳动合同订立时所依据的客观情况发生重大变化，致使原劳动合同部分条款无法履行的，当事人一方要求变更其相关内容；劳动者部分丧失劳动能力或身体健康情况发生变化而引起的合同变更。

7. 劳动合同在期限届满之前，双方或单方提前终止劳动合同效力的法律行为，分为法定解除和协商解除。

8. 根据《劳动合同法》第四十四条规定，符合下列条件之一的，劳动合同即行终止：(1)劳动合同期满的；(2)劳动者开始依法享受基本养老保险待遇的；(3)劳动者死亡，或者被人民法院宣告死亡或者宣告失踪的；(4)用人单位被依法宣告破产的；(5)用人单位被吊销营业执照、责令关闭、撤销或者用人单位决定提前解散的；(6)法律、行政法规规定的其他情形。

9. 劳动合同经双方当事人协商一致，可以续订。(1)双方协商续订劳动合同；(2)劳动者在同一用人单位连续工作满10年以上，当事人双方同意续订劳动合同的，如果劳动者提出订立无固定期限劳动合同，用人单位应当与劳动者订立无固定期限劳动合同；(3)劳动者患有职业病或者因工负伤并被确认达到伤残等级，要求续订劳动合同的用人单位应当续订劳动合同；(4)劳动者在规定的医疗期内或者女员工在孕期、产期、哺乳期内，劳动合同期限届满时，用人单位应当将劳动合同的期限顺延至医疗期、孕期、产期、哺乳期满为止。

10. 劳动争议又称劳动纠纷，是指劳动关系当事人之间因劳动权利与义务产生分歧而发生的争执或争议。

11. 劳动争议仲裁的基本程序具体为：(1)申请仲裁的期限；(2)提交书面申请；(3)仲裁受理；(4)做出裁决的期限；(5)仲裁裁决的效力。

12. 劳动争议诉讼：(1)起诉人必须是劳动争议的当事人，当事人因故不能亲自起诉的，可以委托代理人代其起诉；(2)必须是不服劳动争议仲裁委员会裁决而向法院起诉，不能未经仲裁程序直接向人民法院起诉；(3)必须有明确的被告、具体的起诉请求和事实依据；(4)起诉不得超过起诉时效，即自收到仲裁裁决书之日起15日内起诉，否则法院可以不予受理；(5)起诉应依法向有管辖权的法院起诉，一般应向仲裁委员会所在地的人民法院起诉。

知识结构图

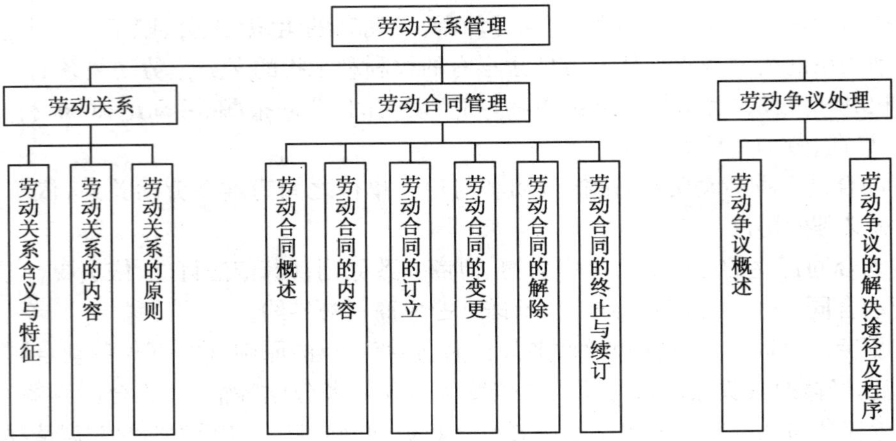

应　用

案例研究

是否应该支付违约金

蔡明毕业于上海某高校的市场营销专业，上学期间曾对自己的未来充满了憧憬。但是，在毕业的时候，蔡明赶上了“扩招效应”，找工作非常不容易，每天忙着赶招聘会，经过数个回合的锻炼，通过层层筛选，终于落实了一家药品公司，负责销售工作。该药品公司开出的条件非常具有吸引力，但是公司也明文规定：合同期限为三年，提前一年离职，就要赔偿违约金 1 万元。蔡明想：找工作很不容易，有机会就应该好好地把握，而且承担的工作与所学的专业也非常对口，只要自己努力，我定能做出成绩的。于是，蔡明与公司签订了劳动合同。

然而，事情并不像蔡明所想的那样简单，工作以后，蔡明的销售业绩始终没有起色，刚开始，蔡明以为这是自己刚入行，需要一个过程。可过了半年，虽然自己依然很努力，但业绩还是没有很大的改变。经过与同事的聊天，蔡明才发现了其中的奥秘，原来很多销售人员都是依靠请客送礼、给回扣，甚至直接行贿等不正当的方式拉拢客户来提高销售业绩的。而蔡明生性耿直，不愿意做这种事情，开始后悔自己当初的选择。经过考虑，蔡明毅然向公司提出了辞职的申请，并递交了辞职函。公司人力资源部门很快回复了一张书面通知，要求蔡明按照劳动合同的约定支付 2 万元的违约金，否则将不予办理相关手续。

蔡明对公司的决定非常气愤，认为劳动者单方面解除劳动合同的权利是法律赋予的，任何人都不得剥夺，因此，单位以他没有支付违约金为由拒绝办理相关手续的做法是不对的。但是，公司人力资源部门也振振有词：普通的买卖合同里面可以约定违约金，劳动合同也是合同，劳动法又没有禁止，当然也可以约定违约金。因此，蔡明应该按合同支付违约金，否则就是违约，职工违约在先，公司就可以采取相应的措施。双方据理力争、争论不休，导致蔡明处于失业状态。

资料来源：胡蓓、王通讯：《人力资源开发与管理》(第二版)，华中科技大学出版社 2010 年版，有删减。

问题：

1. 你认为蔡明是否应该支付违约金。

2. 该案例给你的启示是什么？

实验实训

劳动纠纷仲裁和处理

一、实训目的

1. 掌握处理劳动纠纷的程序、方法及法律依据，掌握其实施流程；

2. 通过角色扮演，熟练运用劳动关系管理的理论进行劳动纠纷的处理，并能够分析、总结实施过程中应注意的问题。

二、实训的内容及要求

内容：依据《劳动法》进行劳动纠纷的仲裁和处理。

要求：模拟某公司人力资源部经理和员工小张发生的劳动纠纷，进行劳动纠纷的仲裁和处理。

(1)模拟的背景资料

小张刚工作两年，就顺利地跳到一家知名外企，收入不菲，为庆祝自己试用过关，周末下班时间一过，他就邀请部门的同事聚一聚，表示自己埋单。

饭桌上，小张透露了自己以前和现在的工资，并问大家："你们的工资是多少，不妨透露一下！"不料，一说到工资，饭桌上的人都沉默起来。部门经理解释说："公司的劳动合同和员工守则中都规定，禁止向同事们打听工资，否则将被公司辞退。"

星期一刚上班，小张就被公司人力资源部经理叫到办公室，将一张已经打印盖章的"解除劳动合同的决定"交到小张手中："你违反了合同约定，也违反了公司的规章制度，现在立即办理离职手续。"小张虽然一再解释，最终未能改变公司的决定，气愤之下，小张说："咱们仲裁见！"

(2)构建实训小组，进行角色分工

第一步，建立实训小组(6～8 人)，以小组为单位开展活动。

第二步，进行小组内部的角色分工，2 名学生分别扮演小张和人力资源部经理，4～6 名学生扮演仲裁者。

第三步，扮演仲裁的一组讨论仲裁的实施步骤、程序等。

(3)劳动纠纷的仲裁和处理

第一步，小张和人力资源部经理进入指定的地点(可安排在教室或者会议室等)，完成背景资料的情景对话。

第二步，转换一个场景，仲裁者落座，形式模拟仲裁场面，小张和人力资源部经理各自陈述自己的理由，然后由仲裁机构调解或仲裁。

第三步，实训小组成员一起讨论自己角色扮演的体会，并分析劳动纠纷处理的原理、程序、法律依据、注意事项等，并深刻领会劳动法有关劳动纠纷处理的具体章程和应用。

三、实训时间

本项目实训时间为 2 个小时，其中：前期准备 30 分钟；模拟纠纷场面 20 分钟；仲裁及处理 40 分钟；讨论总结 30 分钟。

复习思考题

1. 劳动关系的三要素是什么？
2. 加强劳动关系管理的原则有哪些？
3. 我国劳动关系的特点是什么？
4. 劳动合同管理中包含哪些内容？应如何进行管理？
5. 什么是劳动争议？解决劳动争议的途径有哪些？
6. 劳动争议处理的程序有哪些？

参考文献

1. 陈维政、余凯成、黄培伦:《人力资源管理与开发高级教程》,高等教育出版社 2013 年版。

2. 付亚和:《工作分析》,复旦大学出版社 2009 年版。

3. 葛玉辉等:《人力资源管理》,清华大学出版社 2012 年版。

4. 胡君辰、郑绍濂:《人力资源开发与管理》,复旦大学出版社 2004 年版。

5. 黄维德、董临萍:《人力资源管理》,高等教育出版社 2004 年版。

6. 加里·德斯勒、陈水华著,赵曙明、高素英译:《人力资源管理》,机械工业出版社 2013 年版。

7. 李虹:《人力资源管理》,北京大学出版社 2006 年版。

8. 廖泉文:《人力资源管理经典案例》,高等教育出版社 2005 年版。

9. 廖泉文:《招聘与录用》,中国人民大学出版社 2010 年版。

10. 刘永仁:《人力资源管理》,中国人事出版社 2002 年版。

11. 雷蒙德·A. 诺伊等著,刘昕译:《人力资源管理师:赢得竞争优势》,中国人民大学出版社 2013 年版。

12. 罗伯特·马希斯、约翰·杰克逊著,赵曙明译:《人力资源管理》,电子工业出版社 2008 年版。

13. 彭剑锋:《人力资源管理概论》,复旦大学出版社 2011 年版。

14. 秦志华:《人力资源管理》,中国人民大学出版社 2003 年版。

15. 王惠忠:《企业人力资源管理》,上海财经大学出版社 2004 年版。

16. 章达友:《人力资源管理》,厦门大学出版社 2005 年版。

17. 孙泽厚、罗帆:《人力资源管理——理论与实务》,武汉理工大学出版社 2005 年版。

18. 张德:《人力资源开发与管理》,清华大学出版社 2006 年版。

19. 张文贤:《人力资源总监——人力资源管理创新》,复旦大学出版社 2005 年版。

20. 张一驰:《人力资源管理教程》,北京大学出版社 2004 年版。

21. 赵曙明:《人力资源战略与规划》,中国人民大学出版社 2012 年版。

22. 张文贤:《人力资源总监——人力资源管理创新》,复旦大学出版社 2005 年版。

23. 张岩松、李健等:《人力资源管理案例精选精析》(第三版),中国社会科学出版社 2010 年版。